# 智能财税基础

主　编　付美华　江小美
副主编　谢　莉　刘　露　程华平
　　　　李带好　刘金燕
参　编　蔡忠慧　胡　乐　赵　印
　　　　黄月荣

北京理工大学出版社
BEIJING INSTITUTE OF TECHNOLOGY PRESS

## 内 容 简 介

为了满足企业对会计信息化人才的需求，强化读者会计信息化核心技能与职业素养，本书在分析会计工作岗位相关职责后，结合会计职业道德规范等内容，以会计工作财务共享处理为导向，精心编写而成。全书共有四个专题十八个项目，包括面向一般纳税人开展的社会共享代理服务、面向小规模纳税人开展的社会共享代理服务、社会共享初级外包服务、社会共享初级企业管家四个专题。

本书内容对接社会实际，真实业务实例或仿真案例教学贯穿其中，通过强化训练，能够使学习者快速适应财税职业工作岗位的初级任职需要。

本书可作为企业财会类岗位的培训用书。

**版权专有　侵权必究**

### 图书在版编目(CIP)数据

智能财税基础 / 付美华, 江小美主编. -- 北京：北京理工大学出版社, 2025.1.
ISBN 978-7-5763-4728-9

Ⅰ.F810-39

中国国家版本馆 CIP 数据核字第 20256BW620 号

| | | | |
|---|---|---|---|
| **责任编辑**：王晓莉 | | **文案编辑**：王晓莉 | |
| **责任校对**：周瑞红 | | **责任印制**：施胜娟 | |

出版发行 / 北京理工大学出版社有限责任公司
社　　址 / 北京市丰台区四合庄路 6 号
邮　　编 / 100070
电　　话 / (010) 68914026 (教材售后服务热线)
　　　　　 (010) 63726648 (课件资源服务热线)
网　　址 / http://www.bitpress.com.cn

版 印 次 / 2025 年 1 月第 1 版第 1 次印刷
印　　刷 / 定州市新华印刷有限公司
开　　本 / 889 mm×1194 mm　1/16
印　　张 / 17.5
字　　数 / 347 千字
定　　价 / 89.00 元

图书出现印装质量问题，请拨打售后服务热线，负责调换

# 前言

为了满足企业对会计信息化人才的需求，强化读者会计信息化核心技能与职业素养，本书在分析会计工作岗位相关职责后，结合会计职业道德规范等内容，以会计工作财务共享处理为导向，精心编写而成。全书共有四个专题十八个项目，包括面向一般纳税人开展的社会共享代理服务、面向小规模纳税人开展的社会共享代理服务、社会共享初级外包服务、社会共享初级企业管家四个专题。本书内容对接社会实际，真实业务实例或仿真案例教学贯穿其中，通过强化训练，能够使学习者快速适应财税职业工作岗位的初级任职需要。

本书具有以下几个特色：

1. 以智能财税社会共享平台为依托，体现时下新技术、新技能特色。本书以中联公司智能财税社会共享平台为背景，整合行业企业财务会计岗位工作新业务、新技能、新案例，具有很强的实用性，也极具代表性。

2. 反映了会计相关的法律规范的变化，与实际紧密结合。本书涉及的增值税、企业所得税及个人所得税等，都是根据我国最新的税法规定来处理的。

3. 增加综合技能训练，突出业财一体化能力。本书分为四个专题，实行分项实训，所用资料案例贴合实际，将贴近行业前沿的先进组织模式、优化业务流程下的财务工作置于案例中，旨在培养一批能够服务行业、推动企业数字化转型发展的信息化应用专业人才。

本书由付美华、江小美任主编，谢莉、刘露、程华平、李带好、刘金燕任副主编，蔡忠慧、胡乐、赵印、黄月荣参编，具体分工如下：专题一由付美华编写，专题二由程华平、李带好、刘金燕编写，专题三由江小美、刘露、胡乐编写，专题四由谢莉、蔡忠慧和黄月荣编写。

在本书编写过程中参考并采纳、吸收了相关文献，得到了不少同行的指导，在此表示万分感谢！由于编者水平有限，书中难免存在不足之处，恳请广大读者在使用本书的过程中予以批评指正，并提出宝贵的意见或建议，以便修订时完善。

编　者

# 目录

绪　论 ……………………………………………………………………………… 1

## 专题一　面向一般纳税人开展的社会共享代理服务

**项目一　账套初始化设置** …………………………………………………… 6
　任务一　新建账套 …………………………………………………………… 6
　任务二　初始设置 …………………………………………………………… 9

**项目二　代理开具发票** ……………………………………………………… 17
　任务一　代开纸质发票 ……………………………………………………… 17
　任务二　代开电子发票 ……………………………………………………… 25

**项目三　票据整理制单** ……………………………………………………… 30
　任务一　销售类发票整理与制单 …………………………………………… 30
　任务二　成本类发票整理与制单 …………………………………………… 36
　任务三　银行结算单据整理与制单 ………………………………………… 40
　任务四　费用类票据整理与制单 …………………………………………… 45

**项目四　期末处理** …………………………………………………………… 56
　任务一　期末结转 …………………………………………………………… 56
　任务二　日常财务业务审核 ………………………………………………… 61

## 项目五　一般纳税人涉税事项 ············································· 67
### 任务一　财务报表的申报 ················································ 67
### 任务二　增值税及相关税种申报 ········································ 70
### 任务三　企业所得税申报 ················································ 74

# 专题二　面向小规模纳税人开展的社会共享代理服务

## 项目六　账套初始化设置 ···················································· 80
### 任务一　新建账套 ··························································· 80
### 任务二　初始设置 ··························································· 82

## 项目七　税务局代开发票 ···················································· 88

## 项目八　票据整理制单 ······················································ 96
### 任务一　销售类发票整理与制单 ········································ 96
### 任务二　成本类发票整理与制单 ······································ 101
### 任务三　银行结算单据整理与制单 ··································· 103
### 任务四　费用类票据整理与制单 ······································ 107

## 项目九　期末处理 ··························································· 112
### 任务一　月末结转 ························································· 112
### 任务二　日常财务业务审核 ············································· 115

## 项目十　小规模纳税人涉税事项 ········································· 119
### 任务一　增值税申报 ······················································ 119
### 任务二　企业所得税申报 ················································ 123

## 专题三　社会共享初级外包服务

**项目十一　票据外包服务** ·········································································· 130
　　任务一　费用类票据处理及审查 ························································ 130
　　任务二　员工费用报销票据处理及审查 ·············································· 137
　　任务三　办公费用类票据处理及审查 ·················································· 141
　　任务四　电子发票处理与审查 ···························································· 144

**项目十二　财务核算外包服务** ·································································· 148
　　任务一　采购业务核算 ······································································ 149
　　任务二　生产成本核算 ······································································ 165
　　任务三　销售业务核算 ······································································ 181

**项目十三　纳税申报外包服务** ·································································· 187

**项目十四　工资及社保业务外包服务** ······················································ 195

## 专题四　社会共享初级企业管家

**项目十五　企业设立登记** ·········································································· 202
　　任务一　企业设立登记 ······································································ 202
　　任务二　企业变更登记 ······································································ 215
　　任务三　企业信息公示 ······································································ 219

**项目十六　资金管理** ·················································································· 227
　　任务一　企业开立银行账户业务管理 ·················································· 227
　　任务二　资金日常管理 ······································································ 232

## 项目十七　企业社保和公积金账户开设 ·········· 239
　　任务一　首次参保人员社保登记 ·········· 239
　　任务二　住房公积金办理 ·········· 243

## 项目十八　税务管理 ·········· 251
　　任务一　税务登记 ·········· 252
　　任务二　税务变更 ·········· 258
　　任务三　发票管理 ·········· 263

## 参考文献 ·········· 269

# 绪　论

## 一、智能财税的发展历程

进入 21 世纪，我国会计财务软件进一步升级。随着会计制度的改革和财务制度的信息化，软件开始全面网络化和数字化。网络财务报税软件逐渐取代传统的桌面应用程序，用户可以随时随地通过网络访问财务报表，进行财务报税等操作，极大提升了财务管理的便捷性。

这一时期，信息技术与财务管理理念的融合为我国财务管理带来了积极的影响。会计财务软件的数字化不仅使财务数据得以共享和传递，提高了财务管理的效率，还为财务管理带来了更多的信息，有助于提高财务决策的准确性。同时，网络财务报税软件的应用使财务管理更加便捷高效。

随着人工智能技术的突飞猛进，智能财税开始崭露头角。智能财税能够自动识别、分析和处理各种财税信息，为企业提供更加高效、智能的服务。我国智能财税的研究始于 2015 年，经过几年的迭代，从最初服务财税中介代理机构发展到今天能够服务大中小微型企业。智能财税的出现为企业带来了全新的财税处理方式，提升了企业财税处理的效率和质量，使企业能够更好地应对复杂的财税问题。

智能财税技术的发展离不开 RPA(机器人流程自动化)和 AI(人工智能)的有力支持。RPA 和 AI 的有机融合，进一步加速了智能财税技术的进步和成熟。如今，智能财税已经成为企业财税管理的重要工具之一，未来随着技术的不断进步和应用范围的不断扩大，智能财税将为企业带来更多的便利和效益。

智能财税是依托人工智能技术和大数据应用，为企业提供高效、准确的财税管理服务的新型财税管理模式。它通过自动化、智能化的数据处理和分析，帮助企业实现财税管理的数字化、智能化和精细化，提高财税管理的效率和准确性，降低财税的风险和成本。

## 二、企业开展智能财税的重要性

智能财税的重要性体现在多个方面。

首先，智能财税可以提高企业的效率和生产力。通过自动化和智能化的财税处理，企业

可以大大减少人工处理的时间和人力成本，提高工作效率。同时，智能财税系统可以快速、准确地处理大量的数据和信息，减少错误率，提高数据的质量和可靠性。

其次，智能财税可以增强企业的合规性和风险管理。随着企业规模的扩大和业务范围的拓展，财税法规和政策也在不断变化，企业需要不断更新和调整财税处理方式以符合法规要求。智能财税系统可以及时获取最新的法规和政策信息，自动调整财税处理流程，确保企业的合规性，降低违规风险。

再次，智能财税可以提供更好的数据分析和决策支持。通过对大量财税数据的分析和挖掘，智能财税系统可以为企业提供有关经营状况、财务状况、成本效益等方面的深入洞察，帮助企业做出更加明智的决策。这些数据可以为企业的战略规划、市场分析、产品定价等多个方面提供有力支持。

最后，智能财税有助于提升企业的竞争力和市场地位。通过高效的财税处理和精准的数据分析，企业可以更好地掌握市场动态和客户需求，快速响应变化，提高自身的竞争力和市场地位。同时，智能财税系统还可以帮助企业建立更加现代化的管理体系和运营模式，提升企业的综合实力。

### 三、智能财税的意义

智能财税的意义主要体现在以下几个方面：

(1)提高效率：智能财税系统通过自动化处理大量数据和信息，快速完成各种财税工作，比如记账、报税等，极大地提高了工作效率。

(2)降低成本：传统财税工作需要大量的人工操作，而智能财税系统可以替代部分人工，降低了人力成本。

(3)提高准确性：智能财税系统基于预设的规则和算法进行计算和判断，避免了人工操作可能出现的错误和误差，提高了财税工作的准确性。

(4)促进财务管理规范化：智能财税系统要求企业提供规范化的财务数据和信息，有助于推动财务管理规范化，提高企业的财务管理水平。

(5)辅助决策：智能财税系统通过对企业财税数据的分析和挖掘，为企业提供决策支持，帮助企业更好地制定经营策略和发展规划。

总的来说，智能财税的意义在于提高企业财税工作的效率、降低成本、提高准确性、促进财务管理规范化以及辅助决策等方面。

### 四、智能财税平台介绍

(1)使用的软件：谷歌浏览器。

(2)登录网址：https：//zledusx.cailian.net/#/home。

(3)用户名：(机构代码+)您的手机号码。

(4)密码：123456。

(5)功能模块。

①票天下：主要有云开票、基础设置、查询统计、税控管理等功能。

②财天下：主要有票据、凭证、基础设置、智能工资、资产管理、月末结账等功能。

③金税师：主要有数据导入、纳税工作台、纳税统计、纳税申报、纳税计算器、申报日志等功能。

## 专题一

# 面向一般纳税人开展的社会共享代理服务

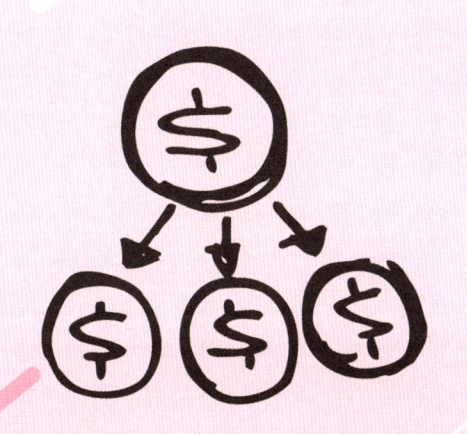

# 项目一

# 账套初始化设置

【知识目标】
- 理解账套的概念
- 熟悉企业会计准则

【技能目标】
- 掌握如何建立新的账套
- 掌握如何对账套进行修改、备份、恢复、删除等操作
- 掌握如何设置账套的基础资料并进行初始化数据录入

【素养目标】
- 培养良好的学习习惯
- 培养知法、懂法、守法的意识

## 任务一 新建账套

### 任务背景

北京紫霖财税共享服务中心公司（以下简称"共享中心"）是一家为企业提供财税咨询和代理的专业服务公司，该公司管家岗员工郑小波与北京陈鸿商贸有限责任公司（以下简称"陈鸿公司"）签订了代理记账合同。

陈鸿公司基本信息如下：

北京陈鸿商贸有限责任公司(简称"陈鸿公司")成立于2023年11月，根据企业工商注册等资料显示，公司基础信息如下：

公司名称：北京陈鸿商贸有限责任公司

账套编号：BJ022659

会计准则：2023年新会计准则

建账会计期：2023年12月

统一社会信用代码(纳税人识别号)：91110105397030000N

纳税人类型：一般纳税人

经营地址：北京西城区复兴路25号

电话：010-88000000

开户行：中国工商银行复兴路支行

开户行银行账号：02002198009200017600

## 认领任务

假设你是共享服务中心的员工刘杰，请完成下列任务：

(1)认真核查陈鸿公司的基础信息；

(2)认真填写陈鸿公司的建账信息。

## 知识准备

帮客户代理记账前，首先需要在系统中建立该客户的信息、核算方法、编码规则等，这个称为建账。建账其实就是创建一个用来存储财务数据的数据库。建账时需要将服务对象的名称、行业属性、纳税人等基础信息进行录入。

## 任务要领

(1)注意账套的启用时间；

(2)账套信息里"三天下"均应勾选；

(3)看清账套名称。

## 任务实施

(1)进入平台后选择应用中心，然后单击进入系统，单击右上方的新建账套，如图1-1所示。

**新建账套**

图 1-1　登录建账平台

（2）根据陈鸿公司基本信息填写账套信息，如图 1-2 所示。

图 1-2　填写账套信息

（3）查看建好的账套，如图 1-3 所示。

图 1-3　查看建好的账套

## 任务评价

任务评价如表 1-1 所示。

表 1-1　任务评价

| 核心工作任务 | 自我评价 | 教师评价 |
| --- | --- | --- |
| 查询纳税主体基本信息 | | |
| 登录平台进入建账界面 | | |
| 填写建账信息 | | |
| 查看建好的账套 | | |
| 学习态度 | | |
| 收获: | | |

## 任务二　初始设置

### 任务背景

陈鸿公司主要销售方便面、矿泉水、糖心苹果等商品，该公司 2023 年 11 月购入一辆货车价值 100 000 元，预计使用年限 4 年，残值率 5%，采用平均年限法计提折旧。公司设立行政部、采购部、销售部、库管部 4 个部门，部门及职员信息如表 1-2 所示。

公司在 11 月份发生采购业务，货款已结清，未发生工资等其他业务。12 月初开始正式建账，现有发生额或余额的会计科目及期初数据，如表 1-3 所示。

现有供应商和客户名称如表 1-4、表 1-5 所示。

表1-2 陈鸿公司员工信息

| *工号 | *姓名 | *部门 | *证照类型 | *证照号码 | *国籍(地区) | *性别 | *出生日期 | *人员状态 | *任职受雇从业类型 | 手机号码 |
|---|---|---|---|---|---|---|---|---|---|---|
| 2019001 | 李云飞 | 行政部 | 居民身份证 | 341221xxxxxxxxxxxx | 中国 | 男 | 1981/12/08 | 正常 | 雇员 | 189xxxxxxxx |
| 2019002 | 张大彪 | 行政部 | 居民身份证 | 341221xxxxxxxxxxxx | 中国 | 男 | 1983/11/23 | 正常 | 雇员 | 158xxxxxxxx |
| 2019003 | 孔捷 | 行政部 | 居民身份证 | 251321xxxxxxxxxxxx | 中国 | 女 | 1988/04/03 | 正常 | 雇员 | 138xxxxxxxx |
| 2019004 | 赵刚 | 采购部 | 居民身份证 | 521221xxxxxxxxxxxx | 中国 | 男 | 1989/12/08 | 正常 | 雇员 | 137xxxxxxxx |
| 2019005 | 楚静 | 库管部 | 居民身份证 | 211101xxxxxxxxxxxx | 中国 | 女 | 1984/08/11 | 正常 | 雇员 | 138xxxxxxxx |
| 2019006 | 魏尚 | 销售部 | 居民身份证 | 121521xxxxxxxxxxxx | 中国 | 男 | 1990/06/21 | 正常 | 雇员 | 138xxxxxxxx |
| 2019007 | 田雨 | 销售部 | 居民身份证 | 110121xxxxxxxxxxxx | 中国 | 男 | 1988/12/08 | 正常 | 雇员 | 134xxxxxxxx |
| 2019008 | 李斯 | 销售部 | 居民身份证 | 281221xxxxxxxxxxxx | 中国 | 男 | 1993/12/08 | 正常 | 雇员 | 138xxxxxxxx |

表1-3 陈鸿公司12月期初余额

单位：元

| 科目编码 | 账户名称 | 年初余额借方 | 年初余额贷方 | 1—11月份累计发生额借方 | 1—11月份累计发生额贷方 | 11月末余额借方 | 11月末余额贷方 | 11月末余额数量 | 11月末余额计量单位 | 11月末余额单价 | 核算辅助 |
|---|---|---|---|---|---|---|---|---|---|---|---|
| 1001 | 库存现金 | | | 3 630.00 | 0.00 | 3 630.00 | | | | | |
| 1002 | 银行存款 | | | 500 000.00 | 387 780 | 112 220.00 | | | | | |
| 1405 | 库存商品 | | | | | 0.00 | | | | | |
| | 矿泉水 | | | 120 000.00 | | 120 000.00 | | 10 000 | 箱 | 12 | 存货核算、数量核算 |
| | 糖心苹果 | | | 100 000.00 | | 100 000.00 | | 2 000 | 箱 | 50 | 存货核算、数量核算 |
| | 方便面 | | | 35 000.00 | | 35 000.00 | | 1 000 | 箱 | 35 | 存货核算、数量核算 |
| 1122 | 应收账款 | | | | | | | | | | 存货核算、数量核算 |
| 1221 | 其他应收款 | | | | | | | | | | 客户往来 |

项目一 账套初始化设置

续表

| 科目编码 | 账户名称 | 年初余额 借方 | 年初余额 贷方 | 1—11月份累计发生额 借方 | 1—11月份累计发生额 贷方 | 11月末余额 借方 | 11月末余额 贷方 | 11月末余额 计量单位 | 11月末余额 数量 | 11月末余额 单价 | 核算辅助 |
|---|---|---|---|---|---|---|---|---|---|---|---|
| 122101 | 内部员工借款 | | | | | | | | | | 个人往来 |
| 1601 | 固定资产 | | | 100 000.00 | | | | | | | |
| 160104 | 运输工具 | | | 100 000.00 | | | | | | | |
| 2202 | 应付账款 | | | | | | | | | | 供应商往来 |
| 2221 | 应交税费 | | | | | | | | | | |
| 222101 | 应交增值税 | | | 29 150.00 | | | | | | | |
| 2.2E+07 | 进项税额 | | | 29 150.00 | | | | | | | |
| 2241 | 其他应付款 | | | | | | | | | | 个人往来 |
| 224104 | 员工垫付 | | | | | | | | | | |
| 4001 | 实收资本 | | | | 500 000.00 | | 500 000.00 | | | | |
| 6001 | 主营业务收入 | | | | | | | | | | 存货核算、数量核算 |
| 600101 | 销售商品收入 | | | | | | | | | | 存货核算、数量核算 |
| | 矿泉水 | | | | | | | 箱 | | | |
| | 糖心苹果 | | | | | | | 箱 | | | |
| | 方便面 | | | | | | | 箱 | | | |
| 6401 | 主营业务成本 | | | | | | | | | | 存货核算、数量核算 |
| 640101 | 销售商品成本 | | | | | | | | | | 存货核算、数量核算 |
| | 矿泉水 | | | | | | | 箱 | | | |
| | 糖心苹果 | | | | | | | 箱 | | | |
| | 方便面 | | | | | | | 箱 | | | |
| 合计 | | 0.00 | 0.00 | 887 780.00 | 887 780.00 | 500 000.00 | 500 000.00 | | | | |

11

表 1-4 陈鸿公司供应商信息明细表

| 编号 | 公司名称 | 统一社会信用代码（纳税人识别号） | 经营地址 | 电话 | 开户行 | 开户行银行账号 |
|---|---|---|---|---|---|---|
| 1 | 北京嘻哈哈饮品有限公司 | 9111010×××××××××××× | 北京市朝阳区安华西里三区××号楼 | 010-88×××××× | 中国建设银行安华北里支行 | 110060×××××××× |
| 2 | 北京面面聚食品有限公司 | 9111010×××××××××××× | 北京市朝阳区信息路××号 | 010-88×××××× | 中国银行股份有限公司朝阳支行 | 345464×××××× |

表 1-5 陈鸿公司客户信息明细表

| 编号 | 公司名称 | 统一社会信用代码（纳税人识别号） | 经营地址 | 电话 | 开户行 | 开户行银行账号 |
|---|---|---|---|---|---|---|
| 1 | 北京味道全餐饮有限公司 | 9111011×××××××××××× | 北京市房山区南京北路××号 | 010-60×××××× | 中国银行股份有限公司朝阳支行 | 345464×××××× |
| 2 | 北京爱佳生活超市有限公司 | 9111010×××××××××××× | 北京市朝阳区北沙滩××号院 | 010-58×××××× | 中国工商银行股份有限公司北京玛丽安路支行 | 020002×××××××××××× |

公司内部会计制度规定：

### 1. 销售与应收

应收账款会计科目设置为客户往来辅助核算；所有开具发票无论是否收款，系统开票后自动转入应收账款，财务人员根据收款情况进行结算处理。

### 2. 采购与应付

应付账款会计科目设置为供应商往来辅助核算；所有收到发票无论是否付款，系统扫描后自动转入应付账款，财务人员根据付款情况进行结算处理。

### 3. 内部往来

其他应收款——内部员工借款、其他应付款——员工垫付会计科目设置为人员辅助核算。

### 4. 存货核算

公司存货包括方便面、矿泉水、糖心苹果等；库存商品、主营业务收入、主营业务成本会计科目设置存货辅助核算、数量核算，确认销售收入后，软件按照全月加权平均法自动结转成本。

### 5. 职工薪酬

职工工资由基本工资、岗位津贴、绩效奖金三项构成。由单位承担并缴纳的养老保险、医疗保险、失业保险、工伤保险、生育保险、住房公积金分别按上一年度缴费职工月平均工资的16%、10%、0.8%、0.2%、0.8%、12%计算；由职工个人承担的养老保险、医疗保险、失业保险、住房公积金分别按本人上年月平均工资总额的8%、2%、0.2%、12%计算。

### 6. 固定资产

2023年11月购入货车费用100 000元，货车属于行政部，预计使用年限4年，残值率5%，采用平均年限法计提折旧。

### 7. 税金及附加

本公司为增值税一般纳税人，销售商品增值税税率为13%，城市维护建设税、教育费附加及地方教育附加分别按流转税的7%、3%、2%计算。企业所得税按月预计，按季预交，全年汇算清缴。

## 认领任务

假设你是共享服务中心的员工刘杰，请完成下列任务：
（1）完善陈鸿公司的辅助核算信息；
（2）完善陈鸿公司会计科目信息；
（3）录入科目期初余额；
（4）录入固定资产卡片。

## 知识准备

账套信息：在建立账套时，需要设置账套信息，包括账套号、企业名称、企业性质、会计期间、记账本位币等。这些信息是账套的基础资料，对账套的核算和管理具有重要影响。

会计科目设置：会计科目是账套核算的基础，需要根据企业具体业务需求进行设置。会计科目设置需要考虑科目的级别、编码规则、科目属性等内容，以保证核算的准确性和方便性。

初始数据录入：初始数据是指账套启用前的历史数据，如期初余额、未结算的凭证等。正确录入初始数据是保证账务处理正确的前提，也是账套运行的基础。在录入初始数据时，需要认真核对，确保数据的真实性和准确性。

## 任务要领

(1)期初余额填写注意借贷方向，检查期初余额是否平衡；

(2)会计科目设置结合会计制度和企业需求；

(3)固定资产卡片的正确录入是重难点。

## 任务实施

(1)进入财天下，在基础设置的账套信息里，对背景资料当中的陈鸿公司的基本信息进行设置。首先进入辅助核算相关信息的录入，根据任务背景里所提供的存货部门人员和往来单位等资料进行辅助信息的设置，如图1-4所示。

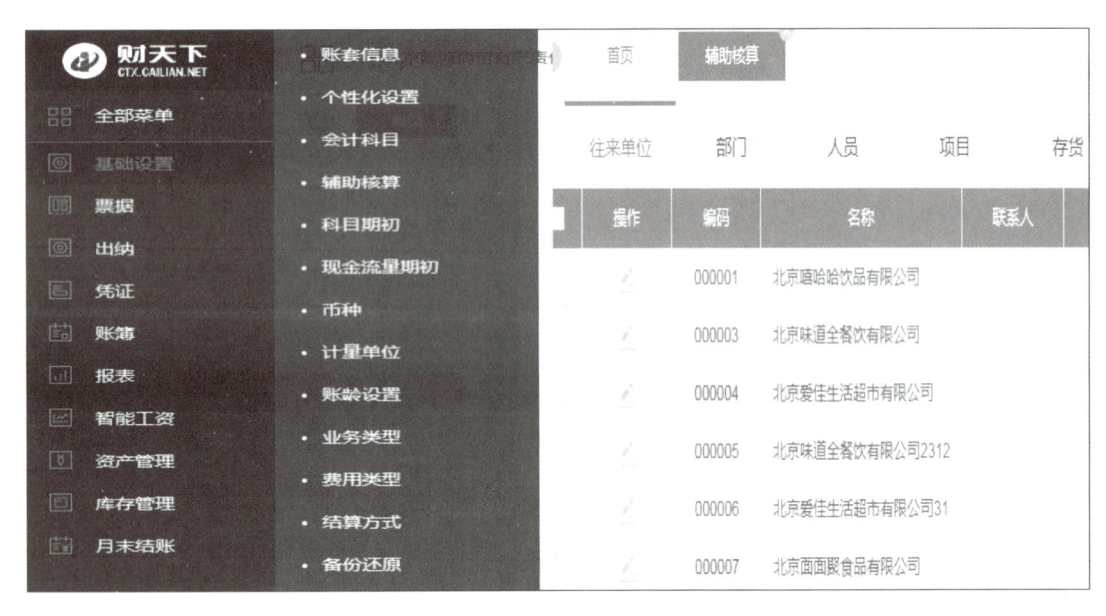

图1-4 辅助信息的设置

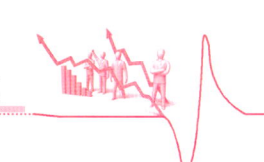

（2）进行会计科目的设置，根据企业会计核算需求，对部分会计科目的辅助核算进行相应的设置，根据任务背景中提供的会计内部制度，逐一对相关科目进行设置。

（3）录入期初余额，进行各个科目期初金额的填写，填写完毕后，核对资产和权益是否平衡，如图1-5所示。

初始设置

图 1-5　录入期初余额

（4）录入固定资产卡片，左边菜单栏单击"资产管理"选项，单击"资产卡片"选项，单击"增加"按钮，如图1-6所示。

图 1-6　录入固定资产卡片

## 任务评价

任务评价如表 1-6 所示。

表 1-6 任务评价

| 核心工作任务 | 自我评价 | 教师评价 |
| --- | --- | --- |
| 完善公司辅助核算信息 |  |  |
| 完善公司会计科目信息 |  |  |
| 录入科目期初 |  |  |
| 录入固定资产卡片 |  |  |
| 学习态度 |  |  |
| 收获： |  |  |

## 素养课堂

　　本项目通过完成企业账套的创建及账套设置等业务，让学生掌握创建账套是企业智能化会计核算的前提，让学生明白依法建账的必要性，初步培养学生良好的学习习惯以及知法、懂法、守法意识。

　　党的二十大报告强调"在法治轨道上全面建设社会主义现代化国家"，既凸显了法治建设事关根本的战略地位，又明确了法治建设服务保障党和国家工作大局的战略任务。落实这一要求，要坚持以习近平新时代中国特色社会主义思想为指导，深入贯彻习近平法治思想，坚持党的领导、人民当家作主、依法治国有机统一，更好地发挥法治固根本、稳预期、利长远的保障作用，为全面建设社会主义现代化国家保驾护航。

　　依法建账是会计核算中的最基本要求之一。建账是会计工作中的重要一环，是如实记录和反映经济活动情况的重要前提。各单位在建账时应遵守以下几点：①国家机关、社会团体、企业、事业单位和其他经济组织，要按照要求设置会计账簿，进行会计核算。不具备建账条件的，应实行代理记账；②设置会计账簿的种类和具体要求，要符合《中华人民共和国会计法》和国家统一的会计制度的规定；③各单位发生的经济业务应当统一核算，不得违反规定私设会计账簿进行登记、核算。

# 项目二

# 代理开具发票

【知识目标】
- 了解发票管理办法实施细则、网络发票管理办法等相关法律法规的基本内容，并能在实际业务中应用
- 能合理选择并准备代开发票所需要的设备、材料

【技能目标】
- 熟悉各种代开发票的操作流程
- 能正确在智能化票据平台上录入开票票面数据信息并能准确对税控信息进行匹配
- 能准确对开具发票的信息进行复核并完成发票的开具

【素养目标】
- 培养与时俱进的思想
- 树立依法开票的意识

## 任务一 代开纸质发票

### 任务背景

陈鸿公司将2023年12月的代理开具发票业务同时委托了共享中心，共享中心税务岗员工张皓的岗位职责是为委托客户代理开具发票、填制税务报表及纳税申报。12月1日，张皓接到客户陈鸿公司发来的销售合同及委托开具发票申请，并按发票信息为其代开发票。

委托开具发票信息如下：

**1. 代开增值税普通发票**

北京爱佳生活超市有限公司；纳税人识别号：91110105567900000Y；营业地址：北京市朝阳区北沙滩31号院；电话：010-58761111；开户银行：中国工商银行股份有限公司北京玛丽安路支行；账号：02000251119200030066。

开票日期：2023年12月1日；商品名称：糖心苹果；数量：400箱；单价：90元；不含税销售金额：36 000元；增值税税率：9%。

**2. 代开增值税专用发票**

购买方名称：北京味道全餐饮有限公司；纳税人识别号：91110111MA01EH600P；营业地址：北京市房山区南京北路58号；电话：010-60381111；开户银行：中国银行股份有限公司朝阳支行；账号：345464918970。

开票日期：2023年12月1日；商品名称：嘻哈哈矿泉水；数量：2 000箱；单价30元；不含税销售金额：60 000元；增值税税率：13%。

## 认领任务

假设你是共享服务中心的员工张皓，请完成下列任务：

（1）对开票信息进行认真核查；

（2）导入发票信息；

（3）填写购买方信息；

（4）填写商品信息；

（5）完善票面信息；

（6）审核开票信息并开具发票。

## 知识准备

**1. 发票**

发票是指单位和个人在购销商品、提供或接受服务以及从事其他经营活动中，所开具和收取的业务凭证，是财务收支的法定凭证，是会计核算的原始依据，也是审计机关、税务机关执法检查的重要依据。发票分为增值税发票和普通发票。常见的有：增值税专用发票、增值税普通发票、增值税电子普通发票、机动车销售统一发票、二手车销售统一发票、旅游景点门票、过路过桥费发票、定额发票、客运发票等。

**2. 发票委托开具**

发票委托开具是指把本公司（以下简称"委托公司"）的发票开具权限委托给具有专业会计业务处理能力的单位或个人（以下简称"代理记账公司"），由其代为开具发票的行为。

代理记账公司根据委托公司提供的销售项目和金额为委托公司开具相应种类和税额的发票。

### 3. 发票委托开具的优点

（1）成本低。中小微企业的销售量和额度相比大型集团公司相对较小，聘请专业团队或专业财务人员去完成开具发票、做账、报税等一系列财务工作的成本相对较高，而发票委托开具具有低成本的特点，中小微企业可以采用发票委托开具的方式。

（2）正确性高。进行发票委托开具的代理记账公司都需要根据国家会计相关法律法规的要求成立，其工作人员都具有一定的资格认证和多年的从业经验。

（3）质量和效率高。代理记账公司因为代理的公司众多，开票量大，会采购安全、便捷、高效、准确率高的开票软件，以提升开票的质量和效率。

## 任务要领

### 1. 代开纸质发票时必须使用委托企业的税控盘

如果委托企业同意，也可以利用科技手段实现远程开票，此时需要注意三点：一是委托企业应与受托方达成一致意见，允许受托方远程读取税控盘信息；二是委托方的税控盘应一直插在一台计算机上，计算机确保不能断电和断网；三是在受托方处可以适当留存部分纸质发票，由受托方直接打印，或者受托方填写开票信息，在委托方处由委托方自行打印，纸票号码必须连续开具，不能断号。

### 2. 发票备注栏的填写

当企业提供货物运输服务、建筑服务，租售出租不动产、销售预付卡、铁路运输企业提供货物运输服务等项目中，备注栏的填写具有相关规定，务必准确把握，如货物运输服务，在开具发票时，无论增值税专用发票还是普通发票，均应将起运地、到达地、车种车号以及运输货物信息等内容填写在发票备注栏中，如内容较多可另附清单；租售出租不动产业务中，应在发票"货物或应税劳务、服务名称"栏填写不动产名称及房屋产权证书号码（无房屋产权证书的可不填写），"单位"栏填写面积单位，备注栏注明不动产的详细地址。出租不动产，应在备注栏注明不动产的详细地址。

## 任务实施

### 1. 查阅纳税主体基本信息

单击系统左侧"基础设置"菜单，选择"纳税主体管理"，在纳税主体管理界面，单击开票公司名称"北京陈鸿商贸有限责任公司"，右侧显示该公司相关信息，如图2-1所示。

代开专票

图 2-1　纳税主体信息

**2. 导入发票**

（1）单击系统左侧"云开票"菜单，选择"发票登记"，显示发票领购界面，在"发票类型"选项下拉框中选择发票类型"普通发票"，如图 2-2 所示。

图 2-2　发票领购信息

（2）单击"领购"按钮，弹出"税控盘密码"窗口，输入密码：88888888，单击"确定"按钮，系统弹出"数量"窗口，输入本次领用数量"1"，单击"确定"按钮，如图 2-3 所示。

图 2-3　输入领用数量

（3）输入完成后，在系统界面，可以查看导入的发票信息，如图 2-4 所示。

图 2-4　发票领用信息

### 3. 填写购买方信息

（1）在票据管理系统"票天下"主界面，执行"基础设置""客户信息管理"，打开"客户信息管理"界面；

（2）单击"新增"按钮，填写购买方的开票信息，填写完成后如图 2-5 所示，单击"保存"按钮。

图 2-5　填写购买方信息

### 4. 填写商品信息

（1）在票据管理系统"票天下"主界面，执行"基础设置"|"商品服务档案"，打开"商品服务档案"界面；

（2）在"税收分类"选择最末级的"苹果"。

（3）单击"新增商品"按钮，填写"商品服务名称""税率（%）"等商品信息，填写完成后如图 2-6 所示，单击"确定"按钮。

图 2-6  填写商品信息

**5. 开具发票**

(1)单击系统左侧"发票开具"菜单,进入发票列表后,单击"新增"按钮,如图 2-7 所示。

图 2-7  进入发票开具界面

(2)在弹出框,选择所开票据类型为"普票(纸)",此时,系统会自动显示出销方信息。

(3)选择客户信息:单击购买方"名称"行右侧按钮,弹出选择客户窗口,在"客户名称"选项中输入"北京爱佳生活超市有限公司",系统会在已预置的客户中筛选出该客户信息,列示在下方,选择确定后,系统会自动将已预置好的客户信息填入发票的购买方,如图 2-8 所示。如果第一次使用票天下系统为购方客户开票,需要先在"客户信息管理"菜单中维护客户信息,第二次则可以直接使用,无须重复录入。

图 2-8 客户信息维护

(4) 选择商品信息：填写商品行信息时，点击"货物或应税劳务、服务名称"列第一行的 Q 按钮，在"商品名称"框中输入"苹果"，单击"查询"按钮，在下方显示的列表中，选择"糖心苹果"，如图 2-9 所示。如果第一次查询商品名称，需要先在"商品服务档案"菜单中维护商品信息，第二次则可以直接使用，无须重复录入。选择后，该商品名称会自动填入发票中。

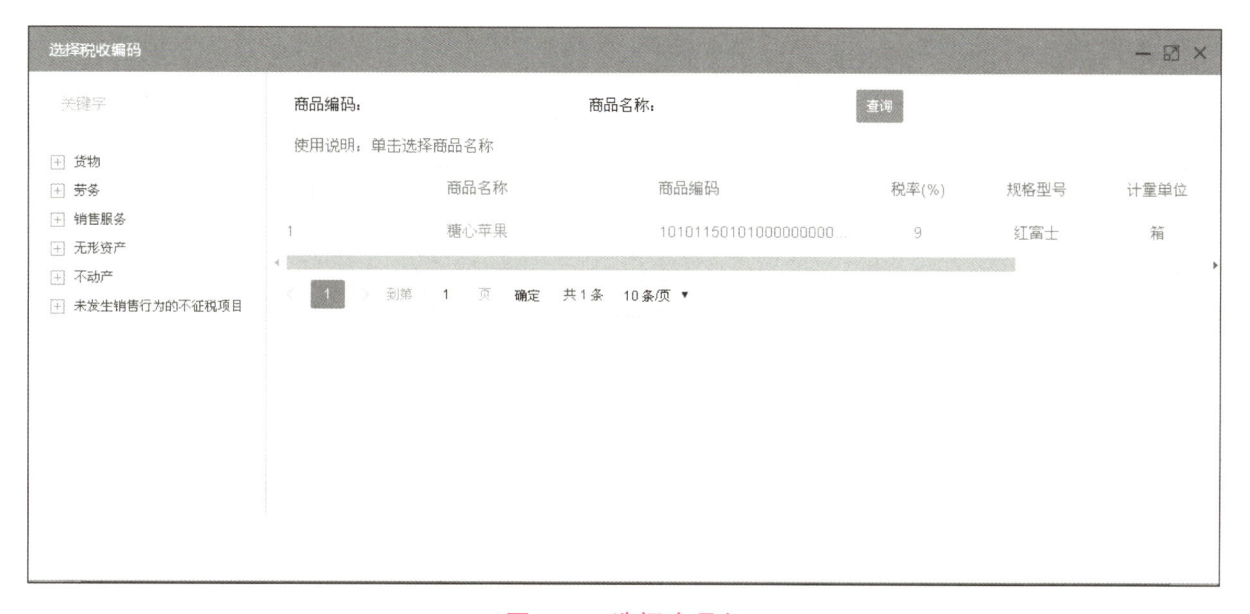

图 2-9 选择商品行

(5) 填写商品信息：确认商品名称后，输入数量：400；单价（不含税）：90；系统会自动计算金额和税款。

(6)确认发票信息无误后,单击"发票开具"按钮。等待开具成功后最终列表页面第一条数据就是刚刚开具的发票信息,点击旁边的 Q 按钮,会显示已开具的发票,如图 2-10 所示。

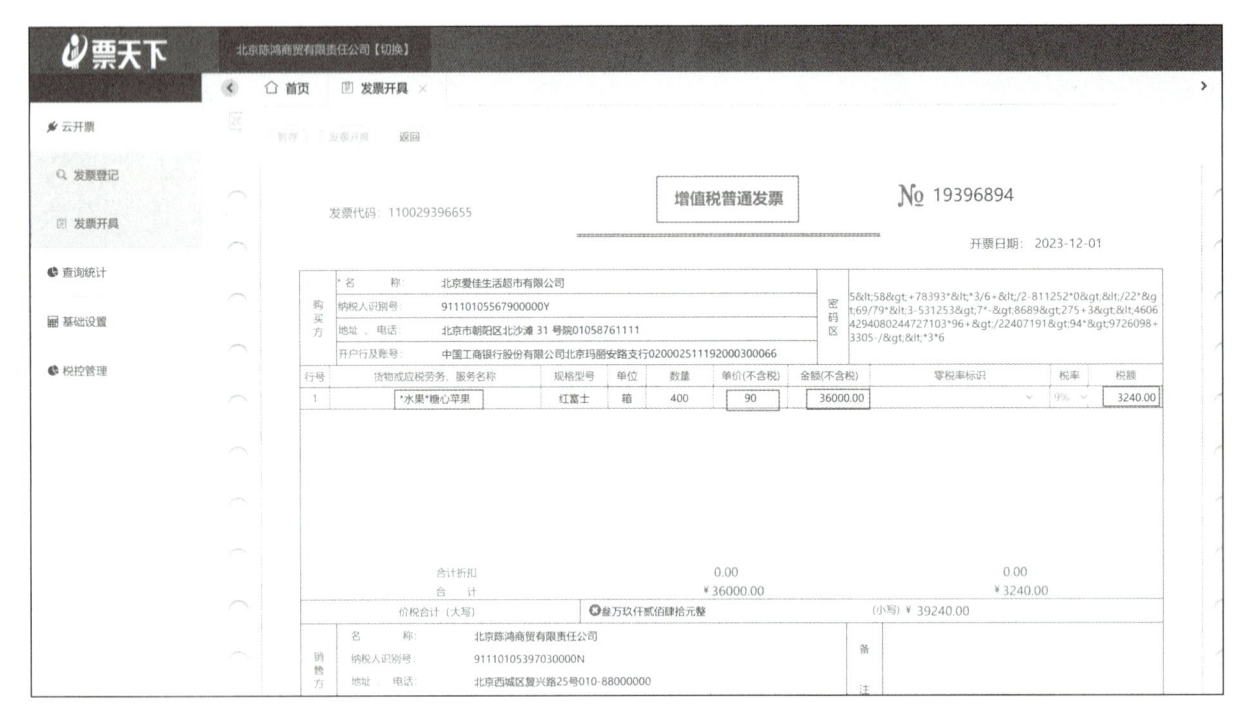

图 2-10 发票开具完成页面

## 任务评价

任务评价如表 2-1 所示。

表 2-1 任务评价

| 核心工作任务 | 自我评价 | 教师评价 |
| --- | --- | --- |
| 登录票天下云平台,查询纳税主体基本信息 | | |
| 在票天下云平台导入并申领发票 | | |
| 在智能化票天下云平台上填写录入相关的开票信息 | | |
| 在智能化票天下云平台完成纸质版发票的开具 | | |
| 学习态度 | | |
| 收获: | | |

## 任务二 代开电子发票

### 任务背景

陈鸿公司于2023年12月2日向北京味道全餐饮有限公司销售方便面，北京味道全餐饮有限公司要求提供电子发票一张，共享中心税务岗员工收到销售合同及开具电子发票的有关信息后，准备开具电子发票。

开具电子发票的有关信息如下：

商品名称：方便面；数量：200箱；单价：60元；不含税销售额：12 000元；增值税税率13%。

电子发票接收人电话：159110×××××，电子发票接收人邮箱：×××××@163.com；

### 认领任务

假设你是共享服务中心的员工张皓，请完成下列任务：

(1) 对开票信息进行认真核查；
(2) 导入发票信息；
(3) 填写商品信息；
(4) 完善票面信息；
(5) 填写电子发票的接收手机号或邮箱；
(6) 审核开票信息并开具发票。

### 知识准备

**1. 电子发票的诞生背景及意义**

电子发票的诞生背景主要是随着互联网和电子商务的快速发展，传统的纸质发票已经无法满足现代商业和税收征管的需求。

首先，互联网和电子商务的普及使得线上交易和线上支付成为可能，传统的纸质发票难以适应这种新型的商业模式，容易造成交易的不透明和不便。

其次，随着税收征管改革的深入推进，数字化升级和智能化改造成为必然趋势。电子发票作为一种新型的税收管理方式，能够实现自动化管理，提高税收征管效率，减少人为因素

导致的错误和疏漏。

电子发票的发行和实施具有非常积极的意义，如降低收到假发票的风险、方便保存和使用发票、对打印次数没有限制、不用再担心发票丢失从而影响维权或报销等，省去了传统纸质凭证入账的环节，提升了受票企业财务人员的工作效率。此外，电子发票的推广和应用也有助于降低企业的成本，包括节约发票印制成本和管理成本，提高企业的运营效率。同时，电子发票还可以方便消费者维权，提高消费者的权益保障水平。

### 2. 申请电子发票的条件

企业应按规定申请电子发票：

首先，企业应购买税控设备(百望股份有限公司的黑色税控盘或上海爱信诺航天信息有限公司的白色金税盘)。

其次，企业应携带相关材料至当地国税局进行核定和申领工作。具体携带材料如下所示：

(1)公章、发票专用章；

(2)税控盘或者金税盘；

(3)电子发票购票人身份证原件及复印件；

(4)税务登记证或三证合一证书复印件；

(5)网络(电子)发票业务申请表；

(6)纳税人领用发票票种核定表；

(7)纳税人票种核定流转单(注：根据所属分局的要求)。

材料中第(5)~(7)项按所属分局要求去税务局填写。

最后，选择一个电子发票服务商。国家税务总局统一制定电子发票服务平台的技术标准和管理制度，并发布《国家税务总局关于发布增值税发票系统升级版与电子发票系统数据接口规范的公告》(国家税务总局公告2015年第53号)，明确了电子发票系统数据接口规范。根据企业的规模和需求不同，企业可自建电子发票服务平台，也可选择第三方专业的电子发票服务平台。大型企业可以选择自建开票服务系统，满足高频发、大流转、大容量的开票需求。中小微企业可以选择以发票云的方式开具电子票，例如借助票天下云平台。

## 任务要领

(1)确认委托方使用的税控设备是增值税发票系统升级版；

(2)在委托方没有自建开票平台的条件下，协助委托方选择在税务局备案的第三方搭建电子发票服务平台；

(3)携带经办人身份证明原件及复印件、委托方发票专用章印模到委托方主管税务机关的办税服务大厅提出电子发票的票种核定申请，填写特制"纳税人领用发票票种核定表"(一式二份)，办理流程、所需资料与办理增值税普通发票票种核定一致。

## 任务实施

使用票天下开具电子发票与委托开具普通(专用)发票开具的操作基本相同，下面仅总结不同之处，以供学习者参考。

代开电子普通发票

### 1. 选择开票类型

新增填写发票信息前，选择所开票据类型时，选择"电子发票(普)"，如图2-11所示。填写联系方式，如图2-12所示。

图2-11 选择票据类型

图2-12 填写联系方式

### 2. 填写接收信息及开票信息

略。

### 3. 发票开具

审核发票开具的各项信息，无误后单击"发票开具"按钮，完成发票的开具。开具成功

27

后，所填写的手机或邮箱会在几秒钟后收到电子发票开具成功的信息，也可以在票天下中按需下载电子发票，进行留底。

## 任务评价

任务评价如表 2-2 所示。

表 2-2　任务评价

| 核心工作任务 | 自我评价 | 教师评价 |
| --- | --- | --- |
| 核实企业所在地税务机关网络发票电子信息的生成、存储、查询、验证、安全等情况 | | |
| 携带相关材料到当地税务局做电子发票发行，并填写相关表格 | | |
| 根据获取的开票信息在智能化票天下平台上完成电子发票的开具 | | |
| 学习态度 | | |
| 收获： | | |

## 素养课堂

本项目通过完成发票开具的业务，让学生掌握发票的相关知识，让学生明白企业应该依法开票、不虚开发票。培养学生与时俱进的思想，了解最近税收政策，明白政府为营造便利、良好的营商环境所做的努力，增进政治认同。

习近平总书记在党的二十大报告中指出："要加大税收、社会保障、转移支付等的调节力度。"为全面贯彻落实党的二十大和中央经济工作会议精神，持续深化"放管服"改革，不断优化营商环境，公开执法权责，统一执法尺度，公开透明执法，大力推进法治税务建设，切实提升整体税收法治工作水平，在一般纳税人登记、发票领用开具、反避税管理、欠税管理、大企业税收管理、税务稽查 6 个业务领域，推行说服教育、约谈警示、风险提醒、自查辅导等非强制性执法方式，建立权责清晰、标准明确、规则公平、程序规范、运行高效的非强制性执法制度，提升税务执法精确度和执法公信力，提升税法遵从度和社会满意度，推进税收治理体系和治理能力现代化。

北京市《2023年政府工作报告》将"加快智慧城市建设，拓展税务领域智慧应用"纳入报告内容。北京市税务部门紧跟"一件事"集成办理的思路，长期以来，先后推出在线导办、定制e服务等37个办税缴费场景，其中，2023年推出的"新办智能开业"场景，实现税务环节办理时长由90分钟压缩到5分钟，自动化办理率达到92%。积极推行智能咨询服务，通过12366热线、北京市电子税务局等多个渠道，提供"7×24小时"即时税费智能咨询服务，2023年以来共受理319万次，同比增长70%，智能答复准确率超过82%，解决实际问题的能力日益提升。

# 项目三

# 票据整理制单

【知识目标】
- 了解《中华人民共和国发票管理办法实施细则》《支付结算办法》和《企业银行结算账户管理办法》等法律法规的相关内容,并能在实际业务中应用
- 熟悉在智能化操作平台批量制单的流程并能一键生成记账凭证

【技能目标】
- 能正确对销售类、成本类、费用类发票资料的完整性和正确性进行核查并与实际业务核对一致,能准确对发票进行分类归档整理
- 能正确对纸质和电子版银行对账单进行核查并与收支核对,能根据业务内容将银行单据与发票单据进行对接
- 能准确对开具发票的信息进行复核并完成发票的开具,能按照业务类型划分票据的种类、准确记入会计科目并生成记账凭证

【素养目标】
- 养成做事细致认真的习惯
- 树立票据风险防范意识

## 任务一 销售类发票整理与制单

### 任务背景

共享中心员工周明是一名理票员,其岗位职责是对客户提供的各类票据进行整理并制

单。12月25日收到客户陈鸿公司交来的销售发票3张，如图3-1~图3-3所示。

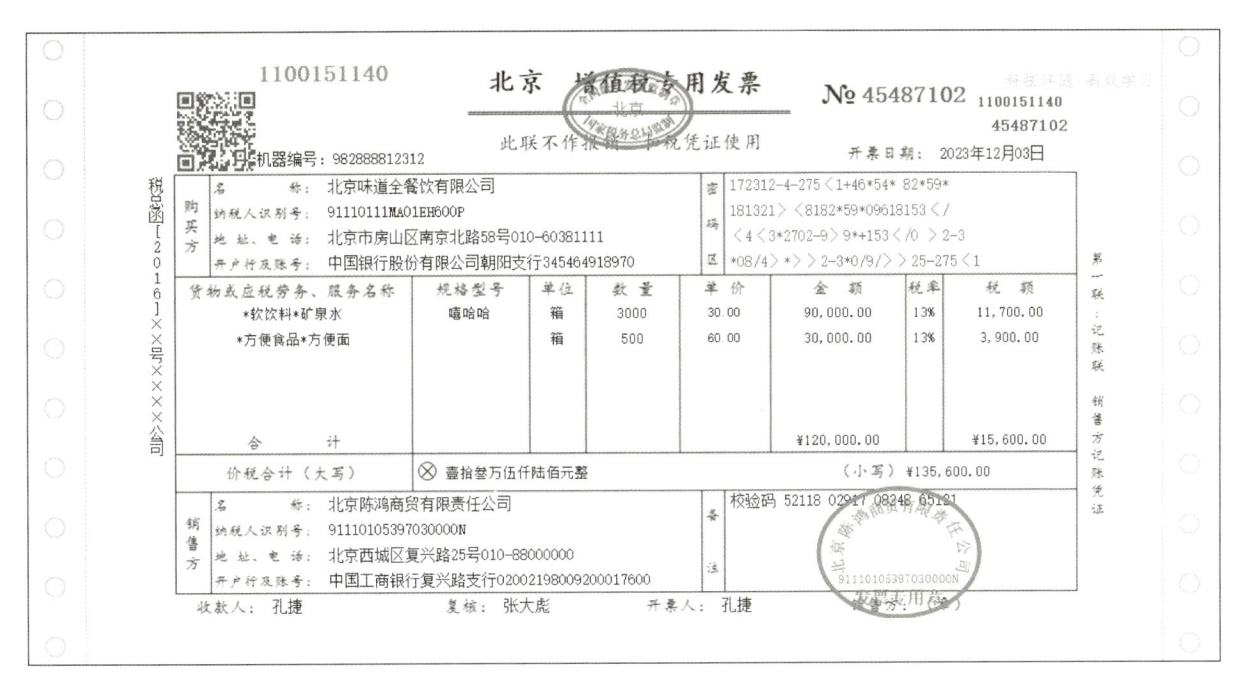

图 3-1　陈鸿公司销售专用发票

图 3-2　陈鸿公司销售普通发票

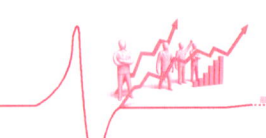

图 3-3　陈鸿公司销售专用发票

## 认领任务

财税共享中心员工周明按照合同业务要求为陈鸿公司整理票据并进行记账，具体要求如下：

(1) 对签收的销售发票进行检查，核对是否完整；

(2) 对销售发票进行归类整理；

(3) 对每张纸质票据进行过扫描或拍照，将纸质票据转成电子影像文件；

(4) 采集票据影像文件，自动识别票据并进行人工校验；

(5) 自动生成记账凭证并进行人工校验，或人工编制记账凭证。

## 知识准备

(1) 销售发票是销售业务发生时，销售方根据购销合同的要求，开具给购货方以记录销售商品的规格、数量、单价、销售金额、运费和保险费、开票日期、付款条件等内容的凭证。

(2) 发票的种类与使用范围。

①增值税专用发票：仅限于一般纳税人领取使用，部分小规模纳税人也可领取使用；

②普通发票：主要由小规模纳税人使用，增值税一般纳税人在不能开具增值税专用发票的情况下也可以使用普通发票；

③行业专业发票：指仅适用于特殊行业的特殊经营业务，如金融、保险企业的存贷、汇兑、转账凭证、保险凭证、国有邮政、电信企业的邮票、邮单、话务、电报收据等。

(3)发票内容。

发票内容一般包括：票头、发票号码、发票代码、联次及用途、客户名称、银行开户账号、商(产)品名称或经营项目、计量单位、数量、单价、大小写金额、经手人、单位印章、开票日期等。实行增值税的单位所使用的增值税专用发票还应有税种、税率、税额等内容。

(4)发票联次。

发票的基本联次包括存根联、发票联、记账联。存根联由收款方或开票方留存备查；发票联由付款方或受票方作为付款原始凭证；记账联由收款方或开票方作为记账原始凭证。增值税发票联次表如表3-1所示。

表3-1 增值税发票联次表

| 发票名称 | 联次分类 | 联次用途 |
| --- | --- | --- |
| 增值税专用发票 | 三联 | 第一联为记账联；第二联为抵扣联；第三联为发票联 |
| | 六联 | 第一联为记账联；第二联为抵扣联；第三联为发票联；第四联、第五联、第六联为副联 |
| 增值税普通发票 | 二联 | 第一联为记账联；第二联为发票联 |
| | 五联 | 第一联为记账联；第二联为发票联；第三联、第四联、第五联为副联 |

## 任务要领

销售类发票整理工作相对简单清晰，考虑到销售量发票构成增值税纳税申报表中收入的主要项目，因此在整理时应把握如下三点：

(1)要求委托企业提供从税控盘导出的全部开票记录的电子版文件，与企业提供的纸质发票和电子发票信息进行核对，检查是否完整；

(2)根据发票上注明的增值税税率不同分别整理，即相同税率的发票作为一个工作单元；

(3)确认增值税专用发票的栏次是否准确，企业应保留记账联等联次。

## 任务实施

(1)进入财天下，在界面左上角选择陈鸿公司，在左侧栏菜单中选择"票据"项，单击"票据采集"选项，进入票据采集界面，如图3-4所示。

图 3-4  单击票据采集

（2）进行发票采集并上传。单击"采集"按钮，选择"教学平台图片/PDF"上传图片，选择需要上传的图片，单击"确定"按钮，系统显示上传成功（进入销项发票栏），如图3-5所示。

图 3-5  票据上传成功

（3）核对信息及审核。票据上传结束需要进行信息核对，单击"审核"选项，如图3-6所示。若出现票面不清晰等错误情况，需核对右侧自动识别的票据信息。其中可以利用放大功能，对电子版票据进行局部放大和缩小，重点关注票面信息中票面金额等信息是否采集正确，与行信息是否一致。若审核中数据与票面信息不一致，可手动修改行信息及票据信息。若采集的票面信息经核对无误，单击"保存"按钮即可。信息核对无误后，输入校验码，单击"审核"按钮，如图3-7所示。

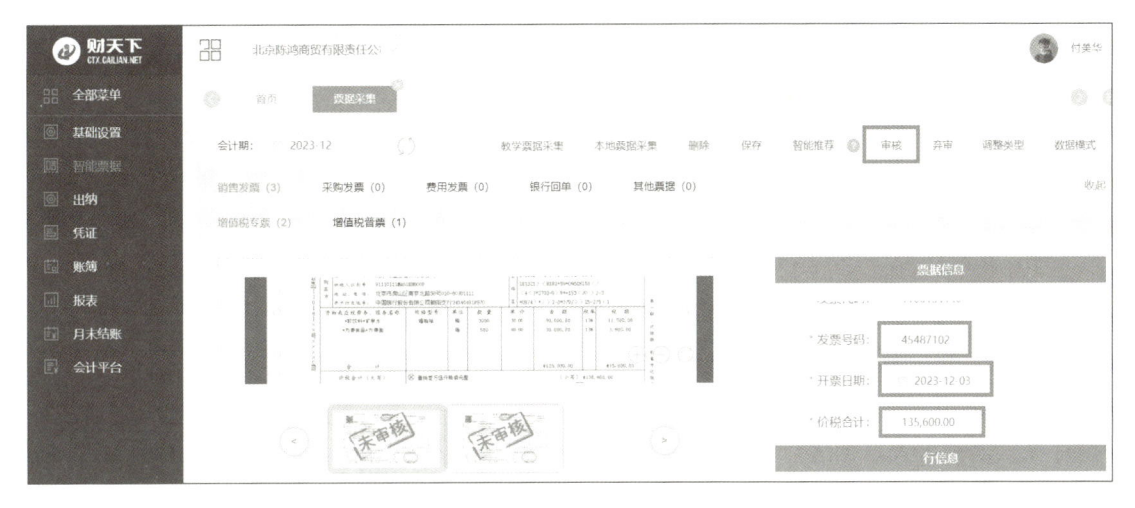

图 3-6　票据审核界面

（4）凭证制单。正确选择发票类型后进行审核，完成审核后的票据可自动生成凭证，如图 3-7 所示。可通过凭证→票据制单(凭证管理)查看凭证，如图 3-8 所示。

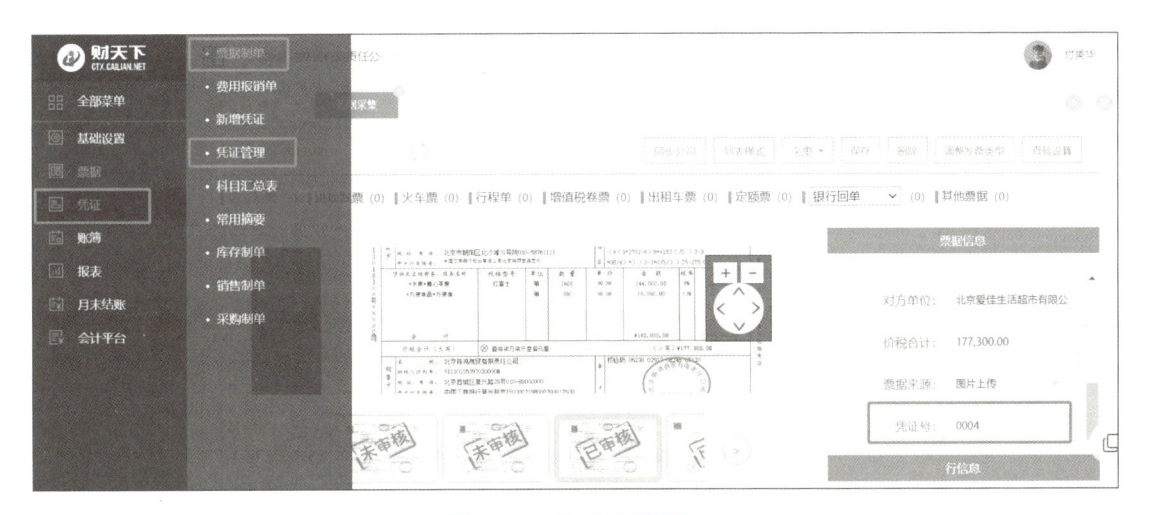

图 3-7　生成记账凭证

图 3-8　查看记账凭证

其中，如果出现无法自动生成凭证的情况或者出现错误，可手工填写或者修改记账凭证。

## 任务评价

任务评价如表 3-2 所示。

表 3-2　任务评价

| 核心工作任务 | 自我评价 | 教师评价 |
| --- | --- | --- |
| 对企业当月开具的销售类票据进行核查 | | |
| 对企业当月增值税专用发票与智能化税务操作平台的开票统计数据进行核查 | | |
| 对企业当月增值税专用普通发票与智能化税务操作平台的开票统计数据进行核查 | | |
| 在智能化票据操作平台上查找缺失发票，并跟客户沟通进行补寄 | | |
| 对企业当月开具的销售类票据进行分类归档整理、制单 | | |
| 学习态度 | | |
| 收获： | | |

# 任务二　成本类发票整理与制单

## 任务背景

共享中心理票员周明于 12 月 25 日接到客户陈鸿公司交来的增值税发票 2 张，如图 3-9、图 3-10 所示，经认真审核无误后签收。

图 3-9　陈鸿公司增值税专用发票发票联(一)

图 3-10　陈鸿公司增值税专用发票发票联(二)

## 认领任务

共享中心员工周明按照合同业务要求为陈鸿公司整理票据并进行记账，具体要求如下：
(1) 对签收的购进发票进行检查，核对是否完整；
(2) 对购进发票进行归类整理；
(3) 对每张纸质票据进行扫描或拍照，将纸质票据转成电子影像文件；
(4) 采集票据影像文件，自动识别票据并进行人工校验；

(5)自动生成记账凭证并进行人工校验，或人工编制记账凭证。

## 知识准备

**1. 成本及成本票的概念**

成本是企业为生产一定数量和种类的产品或为提供一定数量和种类的劳务而发生的各种耗费。成本票是企业从事生产经营过程中，购进用于加工商品或销售商品所需要的原材料、动力或货物等从销售方获得的发票和票据，这些票据是企业计算生产成本或经营成本的主要原始凭证。

**2. 成本票获取**

成本票是公司销售商品或者加工商品过程中所消耗的费用，主要是指直接或间接计入"生产成本"、计入"制造费用"等方面的发票和票据。

**3. 成本票获取时应注意的事项**

(1)未填写购买方的纳税人识别号或统一社会信用代码的普通发票不予报销。

(2)填写内容与实际交易不符的发票不予报销。

(3)取得提供货物运输服务未在备注栏注明规定信息的发票不予报销。

(4)取得提供建筑服务未在备注栏注明规定信息的发票不予报销。

(5)取得销售不动产未按规定要求填开的发票不予报销。

销售不动产，纳税人自行开具或者税务机关代开增值税发票时，应在发票"货物或应税劳务、服务名称"栏填写不动产名称及房屋产权证书号码（无房屋产权证书的可不填写），"单位"栏填写面积单位，备注栏注明不动产的详细地址。

(6)取得出租不动产未在备注栏注明规定信息的发票不予报销。

(7)未在增值税发票管理新系统中开具的二手车销售统一发票不予报销。

(8)未按规定要求开具的成品油发票不予报销。

(9)未填开付款方全称的发票不予报销。

(10)未加盖发票专用章的发票不予报销。

(11)商业企业一般纳税人零售消费品开具增值税专用发票不予报销。

商业企业一般纳税人零售的烟、酒、食品、服装、鞋帽（不包括劳保专用部分）、化妆品等消费品不得开具专用发票。

(12)单用途卡销售、充值与使用等环节发票开具不规范不予报销。

单用途卡发卡企业或者售卡企业向购卡人、充值人开具增值税普通发票，不得开具增值税专用发票。

(13)多用途卡销售、充值与使用等环节发票开具不规范不予报销。

支付机构向购卡人、充值人开具增值税普通发票，不得开具增值税专用发票。

## 任务要领

**1. 票面信息的核对**

主要是核对商品和服务税收分类编码是否正确。自2016年5月1日起，税务总局在全国范围内推行了商品和服务税收分类编码。自2018年1月1日起，纳税人通过增值税发票管理新系统开具增值税发票(包括：增值税专用发票、增值税普通发票、增值税电子普通发票)时，商品和服务税收分类编码对应的简称会自动显示并打印在发票票面"货物或应税劳务、服务名称"或"项目"栏次中。

**2. 发票、交付物与业务的核对**

发票是业务的具体体现，在整理票据时务必查阅发票对应的业务，即合同信息是否一致；发票与业务对应的交付物是否一致，如发票内容显示购进黄金饰品，实物管理是否有黄金饰品的验收和入库等材料。

**3. 成本费用类发票整理应注意增值税和企业所得税的不同要求**

如企业购进的用于职工福利的商品发票，这些发票不能进行增值税进项税额抵扣，但是可以作为企业所得税税前扣除凭证，因此在整理票据时应按照增值税的要求和企业所得税税前扣除的要求分别做好标记。

## 任务实施

与销售类发票操作相同。

(1)登录财天下，在界面左上角选择陈鸿公司，在左侧栏菜单中选择"票据"项，单击"票据采集"选项，进入票据采集界面。

(2)进行发票采集并上传。单击"采集"按钮，选择"教学平台图片/PDF"上传图片，选择需要上传的图片，单击"确定"按钮，系统显示上传成功(进入进项发票栏)。

采购类票据的整理与制单

(3)核对信息及审核。票据上传结束需要进行信息核对，单击"审核"按钮，若出现票面不清晰等错误情况，需核对右侧自动识别的票据信息。其中可以利用放大功能，对电子版票据进行局部放大和缩小，重点关注票面信息中票面金额等信息是否采集正确，与行信息是否一致。若审核中数据与票面信息不一致，可手动修改行信息及票据信息。若采集的票面信息经核对无误，单击"保存"按钮即可。信息核对无误后，输入校验码，单击"审核"按钮。

(4)凭证制单。正确选择发票类型后进行审核，完成审核后的票据可自动生成凭证，可通过凭证→票据制单(凭证管理)查看凭证。

## 任务评价

任务评价如表 3-2 所示。

表 3-3　任务评价

| 核心工作任务 | 自我评价 | 教师评价 |
|---|---|---|
| 对企业当月收到的成本类票据进行核查 | | |
| 对企业当月收到的成本类发票类别和实际发生业务的一致性进行核查 | | |
| 根据实际发生业务查找出缺失发票，并跟供应商沟通进行补寄 | | |
| 对核查正确的成本类票据进行分类归档整理并制单 | | |
| 学习态度 | | |
| 收获： | | |

## 任务三　银行结算单据整理与制单

### 任务背景

共享中心理票员周明接到客户陈鸿公司交来的转账支票、进账单、网上银行电子回单，如图 3-11~图 3-18 所示，经认真审核无误后签收。

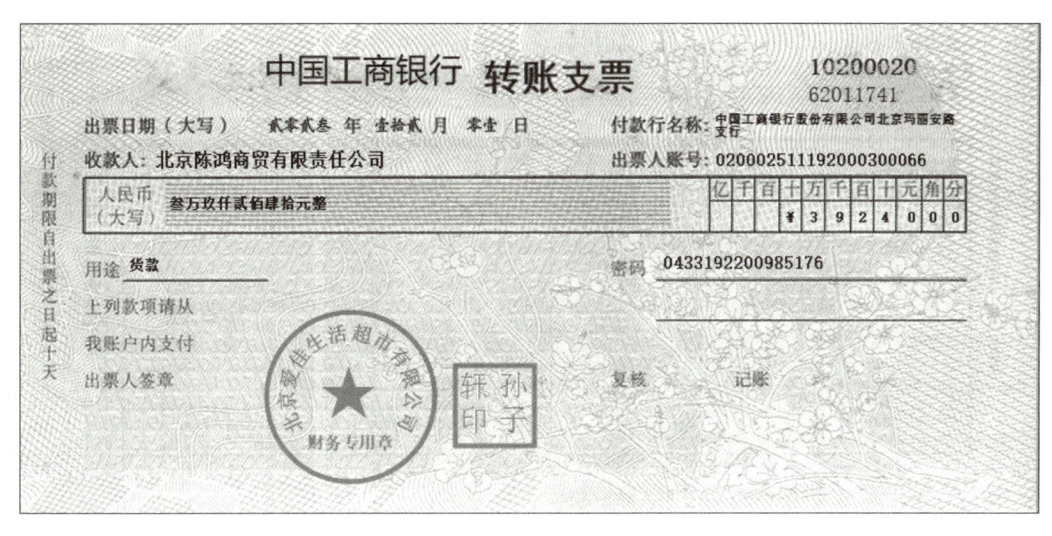

图 3-11　银行转账支票(1)

图 3-12　银行转账支票(2)

图 3-13　银行进账单回单(1)

## 智能财税基础

**中国工商银行 进账单（回单）1**

2023 年 12 月 03 日　　　　No 07160451

| | | | | | |
|---|---|---|---|---|---|
| 出票人 | 全称 | 北京味道全餐饮有限公司 | 收款人 | 全称 | 北京陈鸿商贸有限责任公司 |
| | 账号 | 345464918970 | | 账号 | 02002198009200017600 |
| | 开户银行 | 中国银行股份有限公司朝阳支行 | | 开户银行 | 中国工商银行复兴路支行 |
| 金额 | 人民币（大写） | 壹拾叁万伍仟陆佰元整 | | | ￥135600 00 |
| 票据种类 | | | | | |
| 票据号码 | | | | | |

中国工商银行复兴路支行 2023.12.03 转讫

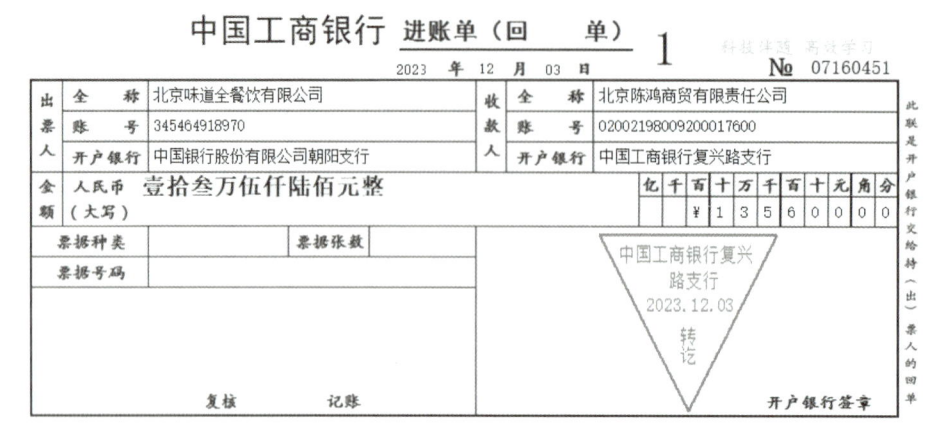

复核　　记账　　　　　　开户银行签章

**图 3-14　银行进账单回单(2)**

---

**中国工商银行 网上银行电子回单**

电子回单号码：35466709012

| | | | | | |
|---|---|---|---|---|---|
| 付款人 | 户名 | 北京味道全餐饮有限公司 | 收款人 | 户名 | 北京陈鸿商贸有限责任公司 |
| | 账号 | 345464918970 | | 账号 | 02002198009200017600 |
| | 开户银行 | 中国银行股份有限公司朝阳支行 | | 开户银行 | 中国工商银行复兴路支行 |
| 金额 | 人民币（大写）：陆万柒仟捌佰元整 | | | | ￥67,800.00 元 |
| 摘要 | | | 业务种类 | | |
| 用途 | | | | | |
| 交易流水号 | 46114946509198 | | 时间戳 | | 2023-12-01 |
| 备注： | | | | | |
| 验证码：94027042 | | | | | |
| 记账网点 | 363 | 记账柜员 | 941 | 记账日期 | 2023年12月01日 |

打印日期：2023年12月01日

**图 3-15　网上银行电子回单(1)**

---

**中国工商银行 网上银行电子回单**

电子回单号码：11419708432

| | | | | | |
|---|---|---|---|---|---|
| 付款人 | 户名 | 北京味道全餐饮有限公司 | 收款人 | 户名 | 北京陈鸿商贸有限责任公司 |
| | 账号 | 345464918970 | | 账号 | 02002198009200017600 |
| | 开户银行 | 中国银行股份有限公司朝阳支行 | | 开户银行 | 中国工商银行复兴路支行 |
| 金额 | 人民币（大写）：壹万叁仟伍佰陆拾元整 | | | | ￥13,560.00 元 |
| 摘要 | | | 业务种类 | | |
| 用途 | | | | | |
| 交易流水号 | 99971909086698 | | 时间戳 | | 2023-12-02 |
| 备注： | | | | | |
| 验证码：31291967 | | | | | |
| 记账网点 | 891 | 记账柜员 | 479 | 记账日期 | 2023年12月02日 |

打印日期：2023年12月02日

**图 3-16　网上银行电子回单(2)**

项目三 票据整理制单

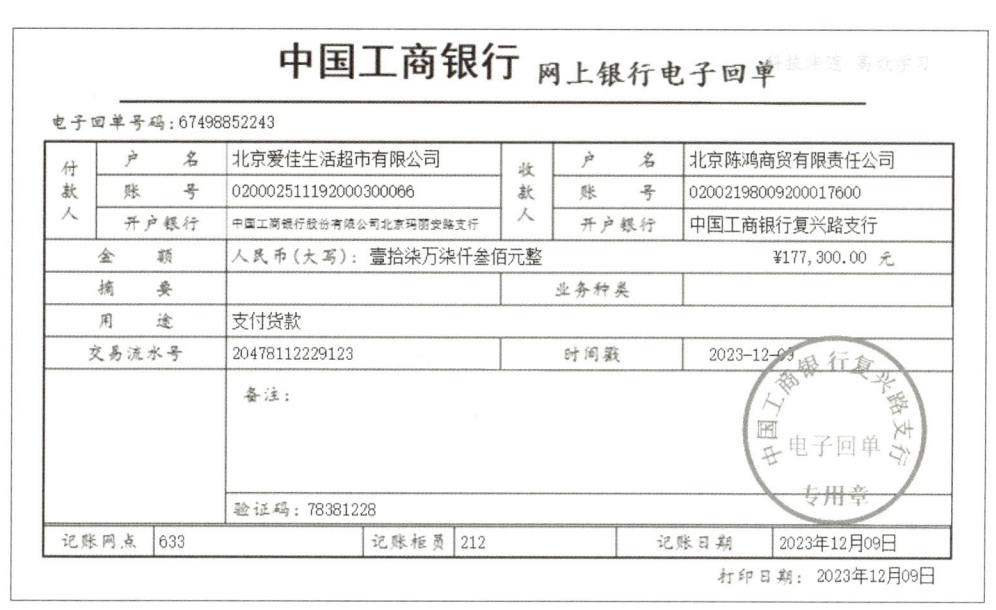

图 3-17 网上银行电子回单(3)

图 3-18 网上银行电子回单(4)

## 认领任务

共享中心员工周明按照合同业务要求为陈鸿公司整理票据并进行记账，具体要求如下：
(1)对签收的银行单据进行检查，核对是否完整；
(2)对银行单据与相对应的发票单据进行对接，按照业务类型归类整理；
(3)对每张纸质票据进行扫描或拍照，将纸质票据转成电子影像文件；
(4)采集票据影像文件，自动识别票据并进行人工校验；
(5)自动生成记账凭证并进行人工校验，或人工编制记账凭证。

## 知识准备

银行结算单据是用于银行结算过程中的各种票据和单证，是经济交易的凭证和记录。

银行结算单据主要包括支票、汇票、本票等。这些单据各有不同的用途和使用方式。

支票：支票是一种由出票人签发的票据，要求银行在见票时立即付款给特定人。支票分为转账支票和现金支票，是常用的银行结算方式之一。

汇票：汇票是由出票人签发的，要求受票人在一定时间内将款项支付给收款人的票据。汇票通常用于异地交易或国际贸易中。

本票：本票是由出票人签发的，承诺自己在见票时无条件支付确定金额给收款人的票据。本票通常用于同城交易或小额交易。

背书：在银行结算单据中，背书是指票据的持有人在票据背面签字或盖章，表示自己成为该票据的新持有人。背书人需要对票据的合法性和真实性负责。

票据交换：票据交换是指各家银行之间的结算通过票据交换进行。各家银行将收到的结算票据送到交换所，交换所根据票据的金额和交换规则，将各家银行的应收款项直接划拨到对方的银行账户中。

银行结算方式有很多种，包括信汇、电汇、银行转账、网上银行等。这些方式各有特点，适应不同的交易需求和经济环境。

法律责任：在银行结算过程中，各方的法律责任和权利都有明确的规定。如果发生纠纷，应通过法律途径解决。

## 任务要领

随着互联网支付的发展，在中小企业，小企业业主个人通过微信、支付宝等账户执行收付款业务的现象非常普遍。这些业务实际是公司行为，资金结算却未能通过公司账户完成，在整理结算单据时一定要注意询问企业主个人账户中可能混同的企业收付款事项。在实际业务中，最好获取企业的电子银行流水单据和微信、支付宝账户的相关收付款记录等信息。

## 任务实施

与销售类发票操作相同。

(1)登录财天下，在界面左上角选择陈鸿公司，在左侧栏菜单中选择"票据"项，单击"票据采集选项"，进入票据采集界面。

(2)进行发票采集并上传。单击"采集"按钮，选择"教学平台图片/PDF"上传图片，选择需要上传的图片，单击"确定"按钮，系统显示上传成功（进入银行回单栏）。

银行结算票据整理与制单

（3）核对信息及审核。票据上传结束需要进行信息核对，单击"审核"按钮，若出现票面不清晰等错误情况，需核对右侧自动识别的票据信息。其中可以利用放大功能，对电子版票据进行局部放大和缩小，重点关注收付款标识是否正确、金额是否正确、业务日期是否正确。若审核中数据与票面信息不一致，可手动修改行信息及票据信息。若采集的票面信息经核对无误，单击"保存"按钮即可。信息核对无误后，输入校验码，单击"审核"按钮。

（4）凭证制单。正确选择发票类型后进行审核，完成审核后的票据可自动生成凭证，可通过凭证→票据制单（凭证管理）查看凭证。

## 任务评价

任务评价如表3-4所示。

表3-4　任务评价

| 核心工作任务 | 自我评价 | 教师评价 |
| --- | --- | --- |
| 对企业当月收到的银行单据进行核查 | | |
| 对每笔银行收支业务与银行对账单进行核对，查找缺失的银行回单，并跟银行沟通进行补寄 | | |
| 在网银系统上对电子版银行对账单进行导出和打印 | | |
| 对审核无误的各类银行单据与发票单据进行对接，按照业务类型进行分类归档整理、制单 | | |
| 学习态度 | | |
| 收获： | | |

## 任务四　费用类票据整理与制单

### 任务背景

共享中心理票员周明宇12月25日接到客户陈鸿公司交来的房屋租金发票、购买办公用

品发票、餐费票、航空运输行程单、住宿发票、工资计算单等原始票据共计 11 张，如图 3-19~图 3-29 所示，经认真审核无误后签收。

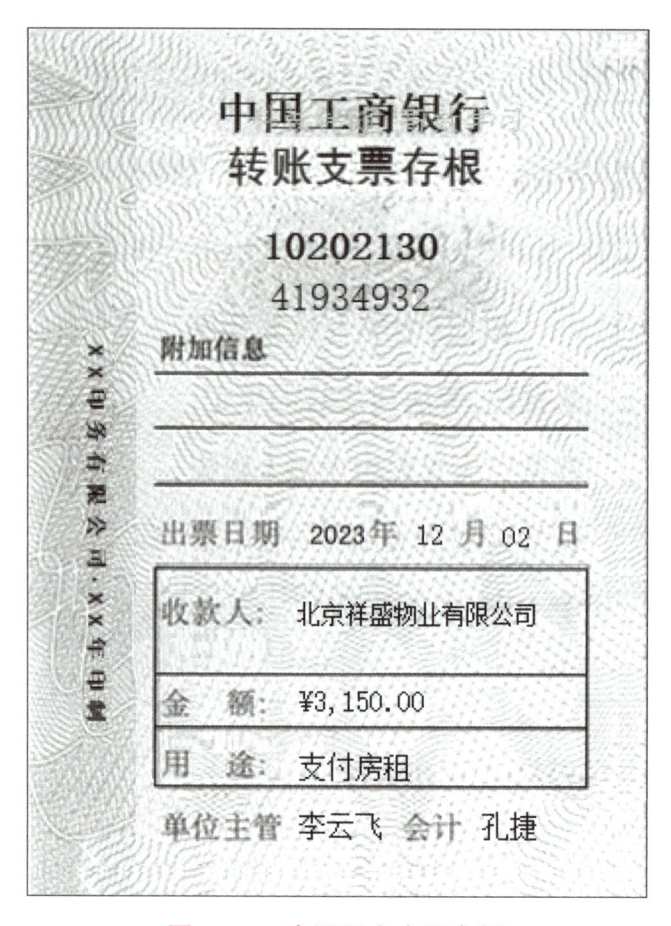

图 3-19  房屋租金支票存根

图 3-20  房屋租金普通发票

图 3-21　办公用品普通发票

图 3-22　行程单(1)

图 3-23　行程单(2)

图 3-24　酒店住宿普通发票

图 3-25　网上银行电子回单(1)

项目三　票据整理制单

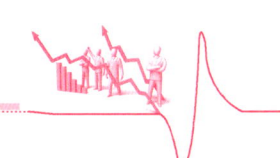

```
中国工商银行  网上银行电子回单
电子回单号码：08375021078
付款人  户名：北京陈鸿商贸有限责任公司   收款人  户名：北京陈鸿商贸有限责任公司
        账号：02002198009200017600              账号：02002198009200017600
        开户银行：中国工商银行复兴路支行        开户银行：中国工商银行复兴路支行
金额    人民币（大写）：贰万叁仟陆佰柒拾贰元捌角整      ￥23,672.80 元
摘要                                        业务种类
用途    支付工资
交易流水号  778372226 52127                  时间戳   2023-12-30
备注：
验证码：35649228
记账网点  835          记账柜员  413         记账日期  2023年12月30日
                                            打印日期：2023年12月30日
```

图 3-26　网上银行电子回单（2）

| 陈鸿公司2023年12月工资表 |||||||||||||||||
|---|---|---|---|---|---|---|---|---|---|---|---|---|---|---|---|---|
| 工号 | *姓名 | 部门 | *证件类型 | *证件号码 | 收入信息 ||| 扣款信息 |||| 应发合计 | 专项扣除 |||| 其他扣除 | 税前合计 | 个人所得税 | 实发合计 | 备注 |
|  |  |  |  |  | 基本工资 | 岗位津贴 | 绩效奖金 | 缺勤扣款 | 请假扣款 | 迟到扣款 |  | 基本养老保险 | 基本医疗保险 | 失业保险费 | 住房公积金 |  |  |  |  |  |
| 20190001 | 李云飞 | 行政部 | 居民身份证 | 341221198112081313 | 5000.00 | 200.00 |  |  |  |  | 5200.00 | 400.00 | 100.00 | 10.00 | 600.00 |  | 4090.00 |  | 4090.00 |  |
| 20190002 | 张大彪 | 行政部 | 居民身份证 | 341221198311230949 | 3500.00 | 200.00 |  | 100.00 |  |  | 3600.00 | 280.00 | 70.00 | 7.00 | 420.00 |  | 2823.00 |  | 2823.00 |  |
| 20190003 | 孔捷 | 行政部 | 居民身份证 | 251321198804031216 | 3500.00 | 200.00 |  |  |  |  | 3700.00 | 280.00 | 70.00 | 7.00 | 420.00 |  | 2923.00 |  | 2923.00 |  |
| 20190004 | 赵刚 | 采购部 | 居民身份证 | 521221198912081317 | 3000.00 | 200.00 |  |  |  |  | 3200.00 | 240.00 | 60.00 | 6.00 | 360.00 |  | 2534.00 |  | 2534.00 |  |
| 20190005 | 楚静 | 库管部 | 居民身份证 | 211101198408110330 | 3000.00 | 200.00 |  |  |  |  | 3200.00 | 240.00 | 60.00 | 6.00 | 360.00 |  | 2534.00 |  | 2534.00 |  |
| 20190006 | 魏尚 | 销售部 | 居民身份证 | 121521199006210629 | 3200.00 | 200.00 | 300.00 |  |  |  | 3700.00 | 256.00 | 64.00 | 6.40 | 384.00 |  | 2989.60 |  | 2989.60 |  |
| 20190007 | 田雨 | 销售部 | 居民身份证 | 110121198812081 12X | 3200.00 | 200.00 | 300.00 | 200.00 |  |  | 3500.00 | 256.00 | 64.00 | 6.40 | 384.00 |  | 2789.60 |  | 2789.60 |  |
| 20190008 | 李斯 | 销售部 | 居民身份证 | 281221199312081861 | 3200.00 | 200.00 | 300.00 |  |  |  | 3700.00 | 256.00 | 64.00 | 6.40 | 384.00 |  | 2989.60 |  | 2989.60 |  |
| 合计 |  |  |  |  | 27600.00 | 1600.00 | 900.00 | 0.00 | 300.00 | 0.00 | 29800.00 | 2208.00 | 552.00 | 55.20 | 3312.00 | 0.00 | 23672.80 | 0.00 | 23672.80 |  |

图 3-27　计提工资

| 陈鸿公司2023年12月五险一金计提明细表 |||||||||||
|---|---|---|---|---|---|---|---|---|---|---|
| 工号 | *姓名 | 部门 | *证件类型 | *证件号码 | 计提基数 | 企业承担部分 |||||
|  |  |  |  |  |  | 基本养老保险 | 基本医疗保险 | 失业保险费 | 工伤保险费 | 生育保险费 | 住房公积金 |
| 20190001 | 李云飞 | 行政部 | 居民身份证 | 341221198112081313 | 5000.00 | 800.00 | 500.00 | 40.00 | 10.00 | 40.00 | 600.00 |
| 20190002 | 张大彪 | 行政部 | 居民身份证 | 341221198311230949 | 3500.00 | 560.00 | 350.00 | 28.00 | 7.00 | 28.00 | 420.00 |
| 20190003 | 孔捷 | 行政部 | 居民身份证 | 251321198804031216 | 3500.00 | 560.00 | 350.00 | 28.00 | 7.00 | 28.00 | 420.00 |
| 20190004 | 赵刚 | 采购部 | 居民身份证 | 521221198912081317 | 3000.00 | 480.00 | 300.00 | 24.00 | 6.00 | 24.00 | 360.00 |
| 20190005 | 楚静 | 库管部 | 居民身份证 | 211101198408110330 | 3000.00 | 480.00 | 300.00 | 24.00 | 6.00 | 24.00 | 360.00 |
| 20190006 | 魏尚 | 销售部 | 居民身份证 | 121521199006210629 | 3200.00 | 512.00 | 320.00 | 25.60 | 6.40 | 25.60 | 384.00 |
| 20190007 | 田雨 | 销售部 | 居民身份证 | 110121198812081 12X | 3200.00 | 512.00 | 320.00 | 25.60 | 6.40 | 25.60 | 384.00 |
| 20190008 | 李斯 | 销售部 | 居民身份证 | 281221199312081861 | 3200.00 | 512.00 | 320.00 | 25.60 | 6.40 | 25.60 | 384.00 |
| 合计 |  |  |  |  | 27600.00 | 4416.00 | 2760.00 | 220.80 | 55.20 | 220.80 | 3312.00 |

图 3-28　计提五险一金

| 陈鸿公司固定资产折旧明细表 ||||| 单位：元 |
|---|---|---|---|---|---|
| 使用部门 | 固定资产名称 | 月初原值 | 使用年限 | 残值率 | 本月应提折旧额 |
| 行政部 | 货车 | 100000 | 4 | 5% | 1979.17 |

图 3-29　固定资产折旧

49

## 认领任务

共享中心员工周明按照合同业务要求为陈鸿公司整理票据并进行记账，具体要求如下：

(1) 对签收的费用单据进行检查，核对是否完整；
(2) 对费用票据进行归类整理、粘贴；
(3) 对每张纸质票据进行扫描或拍照，将纸质票据转成电子影像文件；
(4) 采集票据影像文件，自动识别票据并进行人工校验；
(5) 自动生成记账凭证并进行人工校验，或人工编制记账凭证。

## 知识准备

### 1. 期间费用及费用票的概念

费用是企业在日常活动中发生的、会导致所有者权益减少的、与向所有者权益分配利润无关的经济利益的总流出，包括生产成本和期间费用。

期间费用是企业日常活动发生的不能计入特定核算对象的成本，而应计入发生当期损益的费用。

费用票是指计入企业期间费用的票据，主要是计入"管理费用""销售费用""财务费用"的发票和票据，比如工作人员的电话费、职工通勤费、广告费、防暑降温费和企业的一些零星支出等票据。

### 2. 费用发票整理注意事项

在整理费用发票时，首先划分费用票据业务类型，然后将划分好业务类型的票据进行计数、粘贴并做好标注，最后根据业务内容判断需要记入的费用科目。具体注意事项如下：

(1) 划分费用票据业务类型。

费用发票包括支出的各种费用，如餐费、办公用品和日用品采买费、福利费、服务费、打车费、停车费、过路费、充值费、公交费、电话费、维修费、租赁费等各种支出所开具的发票，按照列支费用的用途进行分类划分。

(2) 计数、粘贴并做好标注。

①将需要粘贴和不需要粘贴的票据分开；
②将需要粘贴和不需要粘贴的票据分别分类，同类票据（如餐费类、出租车票类等）应集中在一起；
③粘贴票据的纸张大小：应选择与支出凭单同样大小结实的白纸（使用过的纸也可，外露部分应保持洁白），不要用报纸或比较薄的信纸粘贴，粘贴在其上的票据不能超出该纸张的范围；
④粘贴要求：粘贴在一张纸上的所有票据统一按上下、左右起止的顺序均匀粘贴，确保

粘贴后依然平整；

⑤粘贴在一张纸上的所有票据作为一张附件计算，并将合计金额写在右下角。（费用类单据的审批单是否应该有）

### 3. 记入费用科目

按照会计核算制度的要求，根据费用经济业务内容来判断费用所要登记的账户。例如，火车票和机票记入"管理费用——差旅费"；出租车发票记入"管理费用——交通费"；外地住宿类发票记入"管理费用——差旅费"；本地住宿类发票记入"管理费用——招待费"；餐饮和礼品类收票等记入"管理费用——招待费"。

## 任务要领

（1）2019年4月1日开始，一般纳税人取得的国内旅客运输服务，其进项税额允许从销项税额中抵扣，也就是说企业员工因工作需要发生的国内交通票据，如火车票、机票等可以计算抵扣增值税，且无须认证。此时需要注意的是：火车票、机票等票面上载明的旅客名称必须是企业的员工。

企业员工的证明材料以企业人力资源部提供的员工名册为准，而且根据人力资源部提供的员工名册，与企业提供的为员工缴纳社保和发放工资的人员名单进行比对，三个名单应该一致。

（2）旅客运输服务是指客运服务，包括通过陆路运输、水路运输、航空运输为旅客个人提供的客运服务。能够抵扣的票据类型和具体比例如下：

取得注明旅客身份信息的公路、水路等客票的按照3%计算进项税额；

取得注明旅客身份信息的航空运输电子客票行程单中的"票价+燃油附加费"按照9%计算进项税额，机场建设费等不得计算抵扣进项税额；

取得注明旅客身份信息的铁路车票的按照9%计算进项税额；

对于取得未注明旅客身份信息的出租票、公交车票等，不得计算抵扣。

## 任务实施

费用类票据业务操作步骤与销售类发票相同，此处不再赘述。自动生成记账凭证并进行人工校验，或人工编制记账凭证。

由于国内旅客运输服务，其进项税额允许从销项税额中抵扣，下面详细讲解一下差旅费报销的业务操作。

（1）登录财天下，在左侧栏菜单中选择"票据"项，单击"票据采集"选项，进入票据采集界面。

（2）进行发票采集并上传。单击"采集"按钮，选择"教学平台图片/PDF"上传图片，

选择需要上传的图片（见图3-22~图3-25），单击"确定"按钮，系统显示上传成功（2张行程单，1张住宿发票调整发票类型到其他票据，1张银行回单发票调整发票型到其他票据），如图3-30所示。

图 3-30　采集票据

（3）核对信息及审核。审核行程单要注意合计金额不是所有票面金额相加，这个合计金额指的是可以用来计算可抵扣的进项税额，根据税法规定"取得注明旅客身份信息的航空运输电子客票行程单中的'票价+燃油附加费'按照9%计算进项税额，机场建设费等不得计算抵扣进项税额"，因此是800元票价+50元燃油附加费=850元，如图3-31所示。

图 3-31　审核票据

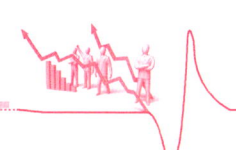

（4）凭证制单。所有的票据审核完之后，通过凭证→费用报销单进入制单界面，如图3-32所示，第一行信息：费用类型：国内航空铁路旅客运输服务；结算方式：银行收支；价税合计：1 700；税额：140.37（自动算出）；发票类型：行程单；上传附件；税率：旅客运输，如图3-33所示。第二行信息：费用类型：差旅费；价税合计：1 020（2 720-1 700）；发票类型：其他票据，勾选这两行信息，合并生成凭证即可，如图3-34所示。

图 3-32　进入费用报销单界面

图 3-33　填制费用报销单

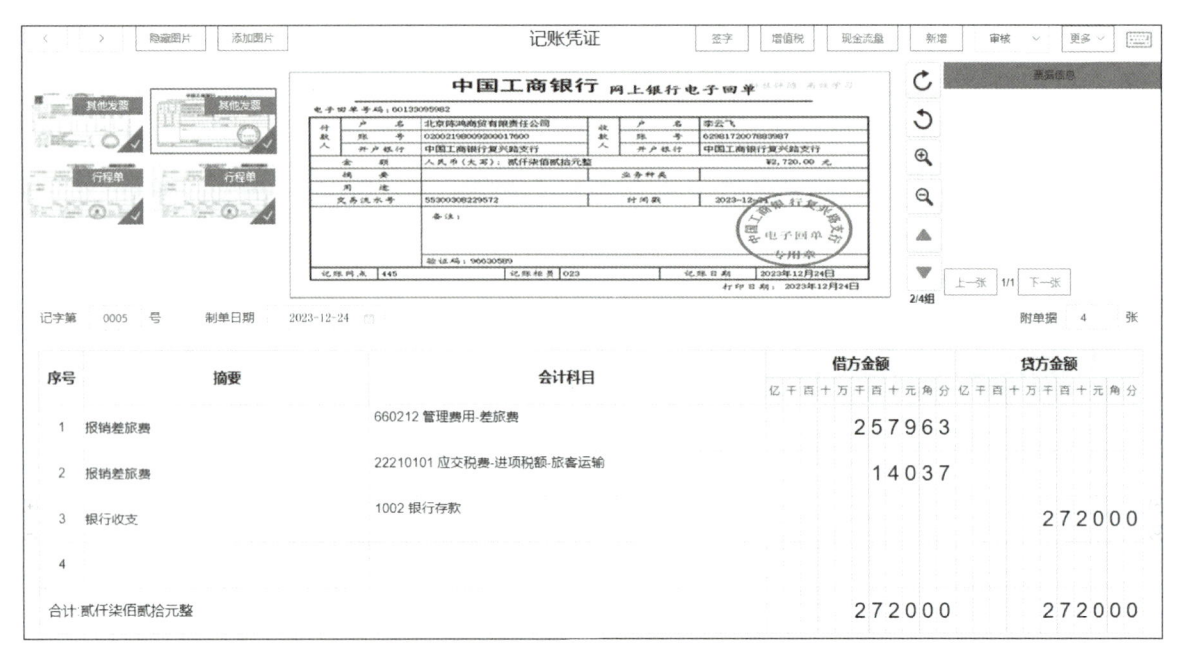

图 3-34 生成报销凭证

## 任务评价

任务评价如表 3-5 所示。

表 3-5 任务评价

| 核心工作任务 | 自我评价 | 教师评价 |
| --- | --- | --- |
| 按照业务类型划分票据的种类并进行计数、粘贴及标注 |  |  |
| 将不同类别的票据记入对应的会计科目 |  |  |
| 根据票据对应的费用类别在智能化财务操作平台上生成记账凭证 |  |  |
| 学习态度 |  |  |
| 收获： |  |  |

## 素养课堂

本项目通过完成各种票据的整理及制单的相关业务，让学生掌握各种票据的基本知识，让学生明白企业应该依法取得票据、依法处理票据，了解票据新规，树立票据的风险防范意识，为将来更好地服务实体经济奠定基础。

党的二十大报告中指出：中国式现代化是中国共产党领导的社会主义现代化。既有各国现代化的共同特征，更有基于自己国情的中国特色。中国式现代化是人口规模巨大的现代化，是全体人民共同富裕的现代化，是物质文明和精神文明相协调的现代化，是人与自然和谐共生的现代化，是走和平发展道路的现代化。

票据新规的出台更让票据进一步回归服务实体经济的本源，在普惠融资、支持民营中小微企业、科创制造企业、经济绿色转型等方面将发挥更大的功能作用，为实现中国式现代化贡献一份力量。

各银行分支机构通过普惠金融票据信息平台为中小微企业提供全面、高效、专业化的票据融资服务，以畅通融资渠道，降低融资成本的方式，切实改善中小微企业融资环境，竭力促成政府、银行、企业、科技平台多方受益的共赢局面。对于中小微企业持有的票据，商业银行可根据信息相对优势条件对它们进行筛选及分层，积极吸收此类企业持有的由产业链中的核心企业承兑的商业承兑汇票的贴现业务，或适当地降低贴现门槛和采取第三方机构参与票据贴现业务进行增信的措施，以扩大中小微企业在票据贴现业务客户群中的比重。同时，在推动落实及时支付条例的基础上，推动大型企业使用商业汇票替代其他形式的账款，积极引导金融机构开展票据贴现和标准化票据融资，央行在再贴现力度上加大投入，引导票据资金流向，进一步缓解中小微企业资金压力。

# 项目四

# 期末处理

【知识目标】
- 掌握企业日常会计核算和账务处理方法
- 熟悉我国小型微利企业的划分标准
- 熟悉中小微企业的各种税收优惠政策

【技能目标】
- 能对原始凭证、记账凭证、科目余额表、报表等进行审核
- 能对季度、年度财税业务进行审核
- 能进行年度所得税汇算清缴
- 能利用系统平台自动结转增值税，并计提有关税金及附加
- 能正确操作损益和所得税的计提结转步骤

【素养目标】
- 养成做事细致、认真的习惯
- 深刻领悟我国各项减税降费措施的政策用意

## 任务一 期末结转

### 任务背景

共享中心员工周明按照合同业务要求对陈鸿公司本月账务进行计提、结转各项税费等月

末处理。

## 认领任务

共享中心员工周明按照合同业务要求对陈鸿公司财的税业务进行审核，具体要求如下：

(1) 结转未交增值税及计提税金和附加；

(2) 损益结转，计提所得税费用并结转所得税费用；

(3) 结转本年利润。

## 知识准备

《国家税务总局关于实施小型微利企业普惠性所得税减免政策有关问题的公告》(2019年第2号)规定，自2019年1月1日至2021年12月31日，从事国家非限制和禁止行业，且同时符合年度应纳税所得额不超过300万元、从业人数不超过300人、资产总额不超过5 000万元三个条件的企业，对其年应纳税所得额不超过100万元的部分，减按25%计入应纳税所得额，按20%的税率缴纳企业所得税；对年应纳税所得额超过100万元但不超过300万元的部分，减按50%计入应纳税所得额，按20%的税率缴纳企业所得税。

2021年1月1日至2022年12月31日，对小型微利企业年应纳税所得额不超过100万元的部分，减按12.5%计入应纳税所得额，按20%的税率缴纳企业所得税。

2022年1月1日至2024年12月31日，对年应纳税所得额超过100万元但不超过300万元的部分，减按25%计入应纳税所得额，按20%的税率缴纳企业所得税。

符合条件的小型微利企业是指从事国家非限制和禁止行业，且同时符合年度应纳税所得额不超过300万元、从业人数不超过300人、资产总额不超过5 000万元等三个条件的企业。

2023年1月1日至2027年12月31日，对个体工商户年应纳税所得额不超过200万元的部分，减半征收个人所得税。个体工商户在享受现行其他个人所得税优惠政策的基础上，可叠加享受本条优惠政策。

2023年1月1日至2027年12月31日，对增值税小规模纳税人、小型微利企业和个体工商户减半征收资源税(不含水资源税)、城市维护建设税、房产税、城镇土地使用税、印花税(不含证券交易印花税)、耕地占用税和教育费附加、地方教育附加。

对小型微利企业减按25%计算应纳税所得额，按20%的税率缴纳企业所得税政策，延续执行至2027年12月31日。

增值税小规模纳税人、小型微利企业和个体工商户已依法享受资源税、城市维护建设税、房产税、城镇土地使用税、印花税、耕地占用税、教育费附加、地方教育附加等其他优惠政策的，可叠加享受本公告第二条规定的优惠政策。

## 任务要领

（1）结转未交增值税后一定要生成凭证，否则税金及附加数据无法生成。

（2）凭证制单完成后，在"凭证管理"里查看和批量审核，并可通过"更多"对凭证进行账号整理。

（3）月末结账前，务必先对财务报表进行审核。

## 任务实施

期末处理的操作是在财天下平台的月末结转里进行的，通过预置结转方案或自定义结转方案完成。

（1）进入财天下，月末结账，单击"月末结转"选项，在月末结转功能下面能看到两个方案，一个是预置结转方案，一个是自定义结转方案，如图4-1所示。

图 4-1 期末结转界面

（2）结转未交增值税，点击计算，再单击"生成凭证"按钮，最后去查看凭证，如图4-2所示。

图 4-2 结转未交增值税

（3）计提税金及附加，同样点击计算，金额出来后单击"生成凭证"按钮，然后查看凭证，审核凭证。

（4）损益类结转，点击计算，单击"生成凭证"按钮，这里会生成两个凭证，一个是成本费用类结转到本年利润，一个是收入类结转到本年利润，进行审核，如图4-3所示。

图 4-3 损益结转

（5）所得税费用的结转，这个要通过自定义结转。首先单击"自定义结转"按钮，单击"+"号，输入结转方案名称：计提所得税费用，同时把这个名称复制粘贴到摘要里面。第一行，凭证科目：6801所得税费用；方向：借；取数来源科目：4103本年利润；取值类型：贷方余额；期间：本期；百分比：5%（小微企业的税收优惠）（25%*20%；减按25%计入应纳税所得额，按20%的税率缴纳企业所得税）。第二行，凭证科目：应交税费——应交所得税；方向：贷方，由于这个分录是简单分录，一借一贷，借方已经设置好了，那贷方只要满足最基本的自动平衡即可。单击"保存"按钮，这个自定义方案就设置好了，如图4-4所示，单击"计算"按钮，生成凭证，查看凭证，审核。

图 4-4 计提所得税

（6）将所得税费用结转至本年利润，那么操作方法跟计提所得税费用是一样的，我们来

到月末结转，新增结转方案：结转所得税费用，复制到摘要，第一行信息填制如下：凭证科目：4103本年利润；方向：借方；取数来源科目：所得税费用；取值类型：借方发生额；期间：本期；百分比：100%。第二行信息填制如下：凭证科目：所得税费用；方向：贷方；取值类型：自动平衡。保存，点击计算，生成凭证，查看审核凭证。

(7)将净利润转入利润分配，又一次来到月末结转，添加第三个结转方案，结转本年利润，借方应该是本年利润科目，而且100%转到利润分配科目，保存，点击计算，生成凭证，查看审核，如图4-5所示。

图4-5 结转本年利润

## 任务评价

任务评价如表4-1所示。

表4-1 任务评价

| 核心工作任务 | 自我评价 | 教师评价 |
| --- | --- | --- |
| 结转未交增值税和计提税金及附加 | | |
| 结转销售成本 | | |
| 损益结转，计提所得税费用并结转所得税费用 | | |
| 结转本年利润 | | |
| 学习态度 | | |
| 收获： | | |

## 任务二 日常财务业务审核

### 任务背景

陈鸿公司与共享中心签订了代理记账合同。

郑小波是共享中心的财务管家,岗位职责包括对票据、凭证、表单的日常审核以及对税务报表的审核。郑小波对客户陈鸿公司的原始票据、相关的记账凭证、科目余额表及本月财务报表进行审核。

### 认领任务

共享中心员工郑小波按照合同业务要求对陈鸿公司的财税业务进行审核,具体要求如下:

(1)审核原始票据;
(2)审核记账凭证;
(3)审核科目余额表;
(4)审核财务报表。

### 知识准备

(1)账务审核是对会计业务的再审核,主要是审核会计事项是否真实、处理是否得当、会计科目使用是否正确、记账方向是否正确等。因此,账务审核对于确保会计信息的质量有着重大作用。

(2)常规项目审核的目的。

①充分发挥监督职能;
②加强企业内部管理;
③促进常规基础工作效率与效果的提高。

(3)常规项目审核内容。

常规项目审核的内容主要包括以下几个方面:

①原始票据审核;
②记账凭证审核;

③科目余额表审核；
④财务报表审核。

## 任务要领

日常审核主要解决财务报表的规范性问题。

(1)按凭证摆放次序对照软件操作流程进行规范核验；

(2)审核科目余额表，核查有无余额异常科目，如有异常，则应核查凭证是否录入正确；

(3)审核资产负债表和利润表，特别是利润表的审核，应重点核查成本和收入是否存在倒挂现象，核查收入、成本数据是否录入正确。

## 任务实施

### 1. 原始票据审核

原始凭证审核是财务管理中非常重要的一环，主要包括以下几个方面：

(1)真实性审核：包括凭证日期是否真实、业务内容是否真实、数据是否真实等。对外来原始凭证，必须有填制单位公章和填制人员签章；对自制原始凭证，必须有经办部门和经办人员的签名或盖章。此外，还应审核凭证本身的真实性，以防作假。

(2)完整性审核：审核原始凭证各项基本要素是否齐全，是否有漏项情况，日期是否完整，数字是否清晰，文字是否工整，有关人员签章是否齐全，凭证联次是否正确等。

(3)合法性审核：审核原始凭证所记录经济业务是否违反国家法律法规，是否履行了规定的凭证传递和审核程序，是否有贪污腐化等行为。同时，还要审核原始凭证本身是否为合法凭证，任何企业、单位购进物品、材料，委外加工、运输、建筑安装以及其他服务，都必须取得对方开具的税务局规定的统一发票；外地企业来本地承办本企业单位加工、运输、建筑安装、装饰等业务的，应开具业务发生地税务局规定的统一发票（包括临时经营发票），不得开出外地发票收款，更不得开出白条；对方是行政事业单位开具的收费、收款收据，要符合本地财政局的规定。

(4)合理性审核：审核原始凭证所记录的经济业务是否符合企业经济活动的需要、是否符合有关的计划和预算等。

(5)确认金额的填写和计算是否正确。

(6)确认更正是否正确。

如果原始凭证的审核不通过，则可能影响后续的财务决策和报告，因此需要认真对待。

### 2. 记账凭证审核

为了保障会计信息的质量，在记账之前应由有关稽核人员对记账凭证进行严格的审核，

记账凭证的审核如图 4-6 所示。

图 4-6 记账凭证的审核

审核内容包括以下几点：

(1) 内容是否真实。

审核记账凭证是否以原始凭证为依据，所附原始凭证的内容与记账凭证的内容是否一致，记账凭证汇总表的内容与其所依据的记账凭证的内容是否一致等。

(2) 项目是否齐全。

审核记账凭证各项目的填写是否齐全，如日期、凭证编号、摘要、会计科目、金额、所附原始凭证张数及有关人员签章。

(3) 科目是否正确。

审核记账凭证的应借、应贷科目是否正确，是否有明确的账户对应关系，所使用的会计科目是否符合企业会计准则，涉及辅助核算的辅助信息是否完整，采购、销售类业务对应的税率是否正确等规定。

(4) 金额是否正确。

审核记账凭证所记录的金额与原始凭证的有关金额是否一致，计算是否正确，记账凭证汇总表的金额与记账凭证的金额合计是否相符等。

(5) 书写是否规范。

审核记账凭证中的记录是否文字工整、数字清晰，是否按规定进行更正等。

(6) 手续是否完备。

审核出纳人员在办理收款或付款业务后，是否已在原始凭证上加盖"收讫"或"付讫"的戳记。

**3. 科目余额表复核**

科目余额表复核是财务审计中的重要步骤，主要从以下几个方面进行：

（1）核对总账与明细账：确保总账中的科目余额与明细账中的余额相符合，没有出现不一致的情况。

（2 核对报表与账簿：确保资产负债表、利润表等财务报表中的数据与相应的账簿记录一致，没有出现报表数据与账簿不一致的情况。

（3）核对资产与负债：核对资产类科目与负债类科目的余额，确保资产总额与负债总额相等，没有出现资产或负债的虚增或虚减的情况。

（4）核对收入与费用：核对收入类科目与费用类科目的余额，确保收入总额与费用总额相等，没有出现收入或费用的虚增或虚减的情况。

（5）核对账面价值与公允价值：对于有市场价格的资产或负债，核对账面价值与公允价值，确保没有出现资产或负债的账面价值与公允价值严重偏离的情况。

（6）核对期初与期末余额：核对本期期初余额与上期期末余额，确保没有出现期初余额与期末余额严重不一致的情况。

（7）核对科目之间的钩稽关系：对于存在钩稽关系的科目，核对它们之间的钩稽关系是否正确，确保没有出现钩稽关系错误的情况。

（8）核对报表之间的数据：对于存在关联关系的报表数据，核对它们之间的数据是否一致，确保没有出现报表数据不一致的情况。

如果发现科目余额表存在不符合规定的情况，应要求相关人员及时更正或补充相关信息，以确保财务信息的准确性和完整性。

#### 4. 财务报表复核

会计报表复核是对已编制完成的会计报表进行审查和核对，以确保其准确性和完整性的过程。下面是会计报表复核的主要内容：

（1）核对报表数据：核对报表中的数据是否准确，是否存在遗漏或错误。

（2）核对钩稽关系：核对报表中存在钩稽关系的项目，确保钩稽关系正确。

（3）核对报表附注：核对报表附注中的数据和信息是否与报表中的数据和信息一致。

（4）核对历史数据：对于连续编制的会计报表，核对本期报表中的数据与上期报表中的数据是否一致。

（5）核对外部数据：对于与外部机构或组织相关的数据，核对外部机构或组织提供的数据是否与报表中的数据一致。

（6）检查报表编制流程：审查会计报表的编制流程，以确保报表的编制符合规范和要求。

（7）检查报表审批程序：审查会计报表的审批程序，以确保报表经过严格的审批和审核。

（8）检查报表合规性：审查会计报表是否符合相关法律法规、会计准则和公司内部规章制度的要求。

通过会计报表复核，可以发现并纠正报表中存在的错误或遗漏，提高报表的准确性和完

整性，为决策提供可靠的数据支持。

## 任务评价

任务评价如表 4-2 所示。

表 4-2　任务评价

| 核心工作任务 | 自我评价 | 教师评价 |
|---|---|---|
| 企业日常会计核算和账务处理 | | |
| 对原始票据的真实性、完整性以及正确性进行审核 | | |
| 在智能化财务操作平台上对记账凭证进行审核 | | |
| 在智能化财务操作平台上对科目余额进行审核 | | |
| 在智能化财务操作平台上对会计报表进行审核 | | |
| 学习态度 | | |
| 收获： | | |

## 素养课堂

本项目通过完成企业期末业务的处理，让学生掌握凭证、报表的审核、期末各类业务的结转，让学生明白企业应该依法核算，账证表应相互对应，不得弄虚作假。培养学生做事细致、认真的习惯，引导学生深刻领悟我国各项减税降费措施的政策用意，增强学生的民族自豪感。

党的二十大报告提出，要健全财政税收动态监测机制和税费优惠政策管理机制。减税降费是积极财政政策加力提效的重要内容之一，也是应对当前经济下行压力的关键之举。

我国实施了一系列减税降费的政策措施，如支持小微企业和个体工商户发展、加大制造业支持力度等，有力地促进了市场主体的活力释放和经济平稳运行。未来，随着宏观经济形势的变化和经济结构的调整，我国仍会继续出台一系列符合实际情况的减税降费政策措施，助力企业纾困解难，实现高质量发展。

针对2023年出台政策项目多、涉及领域广、适用主体差异大的特点，北京税务部门成立了税费优惠政策领导小组，逐一梳理、归集到类、细化到项，制定了精准推送"一政策一方案"，提高政策推送精准度，推动税费优惠红利释放。2023年，税务部门精准推送优惠政策461.61万户次，并推送2022年度红利账单74万余份；开通多个"智能咨询"渠道，内容覆盖税费优惠政策等热点问题，充分满足纳税缴费人"7×24小时"即时税费智能咨询需求，提升企业享受政策的便利度。

# 项目五

# 一般纳税人涉税事项

【知识目标】
- 掌握纳税申报的内容及流程
- 掌握增值税及城建税、教育费附加的纳税申报方法
- 熟悉企业所得税的纳税申报类型和适用场景

【技能目标】
- 能高效利用平台申报企业的财务报表
- 会查看申报状态
- 能高效利用平台申报企业增值税及相关税种
- 会撤回申报
- 能高效利用平台申报企业所得税

【素养目标】
- 坚守职业道德
- 培养并发挥工匠精神

## 任务一 财务报表的申报

### 任务背景

共享中心报税员李自健替一般纳税人陈鸿公司报送12月份的月度财务报表和2023年全

年的年度报表。

## 认领任务

(1) 申报 12 月份的月度财务报表；
(2) 申报 2023 年全年的年度报表。

## 知识准备

财务报表是企业对外提供的反映其财务状况、经营成果和现金流量的文件，主要包括资产负债表、利润表、现金流量表、所有者权益变动表以及附注等。

资产负债表：反映企业在某一特定日期的财务状况，主要包括资产、负债和所有者权益三大类，是评估企业资产质量和偿债能力的重要依据。

利润表：反映企业在一定会计期间内的经营成果，包括营业收入、营业成本、营业利润、净利润等指标，是评估企业经营效益的重要工具。

现金流量表：反映企业在一定会计期间内的现金流入和流出情况，包括经营活动、投资活动和筹资活动的现金流量，有助于评估企业的现金产生能力和偿债能力。

所有者权益变动表：反映企业所有者权益的增减变动情况，包括股本、资本公积、盈余公积、未分配利润等项目，是了解企业股东权益变动和利润分配情况的重要文件。

附注：对财务报表的补充说明，包括对重要会计政策的说明、对报表中重要项目的明细说明以及对其他有助于理解财务报表的必要说明。

财务报表的编制必须遵循会计准则和相关法律法规，确保报表的合法性、公允性和一贯性。同时，财务报表的分析也是非常重要的，通过对报表的分析可以了解企业的财务状况和经营成果，为决策提供依据。

## 任务要领

(1) 注意申报日期；
(2) 若申报错误，可在申报日志里进行申报作废，并返回纳税工作台进行反审核及重算。

## 任务实施

(1) 进入金税师平台，选择申报时间 2024 年 1 月。
(2) 单击纳税工作台分别找到该公司的月度财务报表和年度财务报表清单，如图 5-1 所示，进入后对财务报表进行审核，审核无误的财务报

财务报表的申报

表即可进行保存审核，并且最终提交申报。

图 5-1　申报界面

## 任务评价

任务评价如表 5-1 所示。

表 5-1　任务评价

| 核心工作任务 | 自我评价 | 教师评价 |
| --- | --- | --- |
| 企业日常会计核算和账务处理 | | |
| 对原始票据的真实性、完整性以及正确性进行审核 | | |
| 在智能化财务操作平台上对记账凭证进行审核 | | |
| 在智能化财务操作平台上对科目余额进行审核 | | |
| 在智能化财务操作平台上对会计报表进行审核 | | |
| 学习态度 | | |
| 收获： | | |

## 任务二 增值税及相关税种申报

### 任务背景

财税共享中心报税员李自健对一般纳税人陈鸿公司的增值税及相关税种进行申报。

### 认领任务

（1）审核销售收入记账凭证；

（2）审核进项税额发票金额；

（3）审核已开票销售收入；

（4）生成并填写增值税纳税申报表，检查增值税减免税额；

（5）复核增值税申报表，审核无误后进行纳税申报并缴纳税款。

### 知识准备

**1. 一般纳税人认定标准**

一般纳税人是指年应征增值税销售额超过国务院财政、税务主管部门规定的小规模纳税人标准的纳税人。具体认定标准这里不再赘述。

**2. 一般纳税人增值税税率**

（1）基本税率13%。

①纳税人销售或者进口货物（除适用低税率和零税率的除外）。

②纳税人提供加工、修理修配劳务。

③有形动产租赁服务。

（2）低税率9%。

①粮食等农产品、食用植物油、鲜奶。

②自来水、暖气、冷气、热水、煤气、石油液化气、天然气、沼气、居民用煤炭制品、二甲醚。

③图书、报纸、杂志；音像制品；电子出版物。

④饲料、化肥、农药、农机、农膜。

⑤食用盐。

⑥交通运输服务。

⑦邮政服务。

⑧基础电信服务。

⑨建筑服务。

⑩不动产租赁服务。

⑪销售不动产。

⑫转让土地使用权。

(3)低税率6%。

①现代服务(租赁服务除外)。

②增值电信服务。

③金融服务。

④生活服务。

⑤销售无形资产。

(4)零税率。

①纳税人出口货物,税率为零;但是,国务院另有规定的除外。

②境内单位和个人跨境销售国务院规定范围内的服务、无形资产,税率为零。主要包括国际运输服务;航天运输服务;向境外单位提供的完全在境外消费的下列服务:研发服务、合同能源管理服务、设计服务、广播影视节目(作品)制作和发行服务、软件服务、电路设计及测试服务、信息系统服务、业务流程管理服务、离岸服务外包业务、转让技术。

**3. 一般纳税人增值税额计算**

一般纳税人采用税款抵扣制,税额计算公式如下:

$$当期应纳税额 = 当期销项税额 \times 当期进项税额$$

**4. 一般纳税人增值税申报要求**

增值税的纳税期限分别为1日、3日、5日、10日、15日、1个月或者1个季度。纳税人的具体纳税期限,由主管税务机关根据纳税人应纳税额的大小分别核定;不能按照固定期限纳税的,可以按次纳税。以1个季度为纳税期限的规定仅适于小规模纳税人。

纳税人以1个月或者1个季度为1个纳税期的,自期满之日起15日内申报纳税;以1日、3日、5日、10日或者15日为1个纳税期的,自期满之日起5日内预缴税款,于次月1日起15日内申报纳税并结清上月应纳税款。

**5. 一般纳税人增值税申报的注意事项**

(1)纳税人对报送材料的真实性和合法性承担责任。

(2)纳税人在资料完整且符合法定受理条件的前提下,最多只需要到税务机关办理一次。资料齐全、符合法定形式、填写内容完整的,税务机关受理后即时办结。

(3)应征增值税销售额,包括纳税申报销售额、稽查查补销售额、纳税评估调整销售额。"纳税申报销售额"是指纳税人自行申报的全部应征增值税销售额,其中包括免税销售额和税务机关代开发票销售额。"稽查查补销售额"和"纳税评估调整销售额"计入查补税款申报当月(或当季)的销售额,不计入税款所属期销售额。

(4)纳税人应征增值税销售额已超过规定标准,未按规定时限办理的,应在收到《税务事项通知书》后5日内向税务机关办理增值税一般纳税人登记手续或者选择按照小规模纳税人纳税的手续;逾期未办理的,自通知时限期满的次月起按销售额依照增值税税率计算应纳税额,不得抵扣进项税额,直至纳税人办理相关手续为止。

## 任务要领

(1)2018年5月1日开始,国家税务总局对增值税一般纳税人实行纳税申报比对管理,并下发了《增值税纳税申报比对管理操作规程(试行)》,在税务机关设置申报异常处理岗,主要负责异常比对结果的核实及相关处理工作。

(2)进行增值税纳税申报时需要填写上期留底税额。

## 任务实施

(1)申报增值税,进入金税师平台,单击纳税工作台,修改申报时间,选择增值税申报表,如图5-2所示,增值税申报表由若干表组成,第一张是主表,第二张是附表一,第三张是附表二,附表一主要是陈鸿公司的销售情况、销售明细以及对应的销项税的金额,附表二主要是采购了多少东西、产生了多少进项税,等等,根据附表一和附表二就自动生成了主表,如图5-3所示。

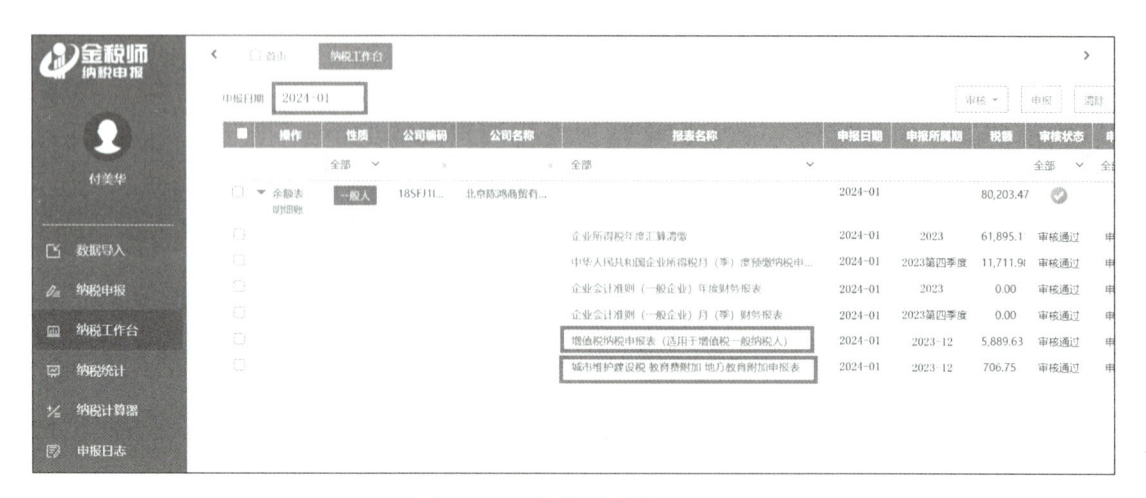

图5-2 增值税申报界面

项目五　一般纳税人涉税事项

图 5-3　增值税申报表

（2）认真核对增值税纳税申报表上的数据和应交税费——应交增值税账户的销项、进项、进项税额转出三级明细账。如果有特殊业务，比如可以享受到减免税收优惠政策的，则需要填写《增值税减免税优惠明细表》；有差额征收业务的纳税人需要填写《税额抵减情况表》等。检查无误后由审核人员单击审核通过后，即可单击"申报"按钮，完成税表报送。申报完成后可通过左侧菜单栏"纳税统计"查询申报情况及进度。

## 任务评价

任务评价如表 5-2 所示。

表 5-2　任务评价

| 核心工作任务 | 自我评价 | 教师评价 |
| --- | --- | --- |
| 审核销售收入记账凭证 |  |  |
| 审核进项税额发票金额 |  |  |
| 审核已开票销售收入 |  |  |
| 生成并填写增值税纳税申报表，检查增值税减免税额 |  |  |
| 复核增值税申报表，审核无误后进行纳税申报并缴纳税款 |  |  |
| 学习态度 |  |  |
| 收获： |  |  |

## 任务三 企业所得税申报

### 任务背景

共享中心报税员李自健为一般纳税人陈鸿公司的第四季度企业所得税进行纳税申报。

### 认领任务

共享中心员工李自健按照合同业务要求为一般纳税人陈鸿公司第四季度的企业所得税进行纳税申报，具体任务如下：

（1）进行月末结账，生成税表；

（2）核对所得税申报表中营业收入、营业成本、利润总额等数据；

（3）填写所得税减免税额，计算所得税税额；

（4）在对所得税申报表检查无误后进行纳税申报。

### 知识准备

**1. 企业所得税纳税申报要求**

《中华人民共和国企业所得税法》（以下简称《企业所得税法》）第五十四条规定，企业所得税分月或者分季预缴。企业应当自月份或者季度终了后之日起十五日内，向税务机关报送预缴企业所得税纳税申报表，预缴税款。自年度终了之日起五个月内，向税务机关报送年度企业所得税纳税申报表，并汇算清缴，结清应缴应退税款。

《中华人民共和国企业所得税法实施条例》（以下简称《企业所得税法实施条例》）第一百二十九条规定，企业在纳税年度内无论盈利或者亏损，都应当依照《企业所得税法》第五十四条规定的期限，向税务机关报送预缴企业所得税纳税申报表、年度企业所得税纳税申报表、财务会计报告和税务机关规定应当报送的其他有关资料。

**2. 企业所得税纳税申报方式**

《企业所得税法》及《企业所得税法实施条例》规定，企业所得税应当按照月度或者季度的实际利润额预缴；按照月度或者季度的实际利润额预缴有困难的，可以按照上一纳税年度应纳税所得额的月度或者季度平均额预缴，或者按照经税务机关认可的其他方法预缴。

分月或者分季预缴企业所得税时有三种方式：按照月度或者季度的实际利润额预缴、按

照上一纳税年度应纳税所得额的月度或者季度平均额预缴、按照经税务机关认可的其他方法预缴。预缴方法一经确定，该纳税年度内不得随意变更。按照上一纳税年度应纳税所得额平均额预缴和按照税务机关确定的其他方法预缴两种预缴方式属于税务行政许可事项，纳税人变更需要履行行政许可相关程序。

### 3. 企业所得税征收方式

企业所得税有查账征收和核定征收两种方式。

（1）查账征收。

《税收征管法》第十九条规定："纳税人、扣缴义务人按照有关法律、行政法规和国务院财政、税务主管部门的规定设置账簿，根据合法、有效凭证记账，进行核算。"对账册健全，能正确核算收入、成本、费用，准确计算盈亏，并按规定报送财务会计、税务报表资料的纳税人，其企业所得税实行查账征收。

按照企业所得税条例规定，纳税人应纳税额按应纳税所得额计算。纳税人每一纳税年度的收入总额减去法定准予扣除金额后的余额为应纳税所得额。

（2）核定征收。

依照规定，对账册不健全，不能提供完整、准确的收入及成本、费用凭证，不能正确计算应纳税所得额的，采取核定征收方式。

核定征收方式包括定额征收和核定应税所得率征收两种办法。

①定额征收，是指税务机关按照一定的标准、程序和办法，直接核定纳税人年度应纳企业所得税额，由纳税人按规定进行申报缴纳的办法。

②核定应税所得率征收，是指税务机关按照一定的标准、程序和方法，预先核定纳税人的应税所得率，由纳税人根据纳税年度内的收入总额或成本费用等项目的实际发生额，按预先核定的应税所得率计算缴纳企业所得税的办法。

实行核定应税所得率征收办法的，应纳所得税额的计算公式如下：

$$应纳所得税额 = 应纳税所得额 \times 适用税率$$

$$应纳税所得额 = 收入总额 \times 应税所得率$$

或 $= [成本费用支出额/(1-应税所得率)] \times 应税所得率$

《国税总局关于发布〈中华人民共和国企业所得税月（季）度预缴纳税申报表（A类，2018年版）〉等报表的公告》规定，《企业所得税月（季）度预缴纳税申报表（A类）》适用于实行查账征收企业所得税的居民企业月度、季度预缴申报时填报。《企业所得税月（季）度预缴和年度纳税申报表（B类）》适用于实行核定征收企业所得税的居民企业月度、季度预缴申报和年度汇算清缴申报时填报。

### 4. 企业所得税纳税申报注意事项

（1）纳税人未按照规定的期限办理纳税申报和报送纳税资料的，将影响纳税信用评价结果。

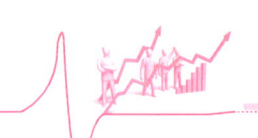

（2）企业所得税分月或者分季预缴，由税务机关具体核定。

（3）纳税人在纳税期内没有应纳税款的，也应当按照规定办理纳税申报。

（4）符合享受企业所得税优惠条件的纳税人，采取"自行判别、申报享受、相关资料留存备查"的办理方式。通过填报企业所得税纳税申报表享受税收优惠。

（5）企业向税务机关申报扣除资产损失，仅需填报企业所得税年度纳税申报表《资产损失税前扣除及纳税调整明细表》，不再报送资产损失相关资料，由企业留存备查。

（6）实行查账征收的居民企业向税务机关报送年度企业所得税纳税申报时应当就其与关联方之间的业务往来进行关联申报。

## 任务要领

季度预缴比较简单，难点在于年度汇算清缴。每年的企业所得税汇算清缴都有一些新政策和新要求，务必按照新政策执行。

以2023年企业所得税汇算清缴为例，一般纳税人税前扣除项目需要关注的要点如下：

（1）公益性捐赠：企业进行公益性捐赠税前扣除的，应提供省级以上（含省级）财政部门印制并加盖接受捐赠单位印章的公益性捐赠票据，或加盖接受捐赠单位印章的《非税收入一般缴款书》收据联，方可按规定进行税前扣除。

（2）职工教育经费：企业发生的职工教育经费支出，不超过工资薪金总额8%的部分，准予在计算企业所得税应纳税所得额时扣除；超过部分，准予在以后纳税年度结转扣除。

（3）雇主责任险、公众责任险：企业参加雇主责任险、公众责任险等责任保险，按照规定缴纳的保险费，准予在企业所得税税前扣除。

一般纳税人需要关注的征收管理类要点如下：

（1）资产损失税前扣除：企业向税务机关申报扣除资产损失，仅需填报企业所得税年度纳税申报表《资产损失税前扣除及纳税调整明细表》（A105090），不再报送资产损失相关资料。相关资料由企业留存备查。

（2）企业所得税优惠政策事项办理：企业享受所得税优惠事项采取"自行判别、申报享受、相关资料留存备查"的办理方式。企业根据经营情况以及相关税收规定自行判断是否符合优惠事项规定的条件，并通过填报企业所得税纳税申报表享受税收优惠。要求归集和留存相关资料备查。企业享受优惠事项的，应当在完成年度汇算清缴后，将留存备查资料归集齐全并整理完成，以备税务机关核查。企业留存备查资料应从企业享受优惠事项当年的企业所得税汇算清缴期结束次日起保留10年。

（3）企业所得税税前扣除凭证管理：企业应在年度汇算清缴期结束前取得税前扣除凭证，作为计算企业所得税应纳税所得额时扣除相关支出的依据。

## 任务实施

（1）进入"金税师"界面，单击纳税工作平台。选择并单击申报企业公司名称，进行基本信息和税务信息的查询与核对，操作同增值税申报一样。

（2）选择申报日期。在基本信息核查无误的情况下，通过查看税务信息确定所得税申报是按照月份还是按照季度进行申报，返回选择"申报日期"。企业所得税申报分月度申报和季度申报，实务中企业所得税一般为季度申报，即日期选择应该为下个季度第一个月份。

企业所得税的申报

（3）纳税申报。选择申报日期后，选择所要申报的税种，单击进入查看。通过财天下的财务报表生成信息，直接可在金税师平台自动生成企业所得税纳税申报表，单击进入申报页面。

（4）检查企业是否符合并享受小型微利企业税收优惠政策对小型微利企业减按25%计算应纳税所得额，按20%的税率缴纳企业所得税政策，延续执行至2027年12月31日。

$$企业所得税税额＝所得额×25\%×20\%＝所得额×5\%$$

（5）税表检查审核并报送。认真核对增值税纳税申报表上的数据和应交税费——应交企业所得税明细账，并补充填写所得税相关资料，检查无误后由审核人员单击"审核通过"按钮后，即可单击"申报"按钮完成报送税表。申报完成可通过左侧菜单栏"申报统计"查询申报情况及进度。

## 任务评价

任务评价如表5-3所示。

表5-3 任务评价

| 核心工作任务 | 自我评价 | 教师评价 |
| --- | --- | --- |
| 进行月末结账，生成税表 | | |
| 核对所得税申报表中营业收入、营业成本、利润总额等数据 | | |
| 填写所得税减免税额，计算所得税税额 | | |
| 所得税申报表检查无误后进行纳税申报 | | |
| 学习态度 | | |
| 收获： | | |

## 素养课堂

本项目通过完成企业各种涉税事项处理，让学生掌握一般纳税人不同税种的计算、申报、缴纳，让学生明白企业应该依法纳税，了解当前税收政策，为企业合理避税提供政策支持。培养学生的工匠精神及坚守职业道德的意识，让学生了解政府为减轻企业税负营造便利、良好的营商环境所做的努力，增进政治认同。

党的二十大报告提出，要建设高素质技术技能人才队伍。职业教育作为国家教育体系的重要组成部分，肩负着培养高素质技术技能人才的使命。培育劳模精神、劳动精神、工匠精神是新时代新征程上最亮丽的青春风采和最鲜明的时代特色。

2023年11月29日，北京市东城区2023—2024学年教育工作会职成分论坛在北京国际职业教育学校举行，论坛的主题为"涵养文化素质，培育工匠精神，促进东城区职成教育高质量发展"。

教育部职业技术教育中心研究所教学教材处处长、职业教育学会教材工作委员会秘书长刘义国博士进行了题为《类型教育视野下的职业院校课程教材改革》的专家讲座，深入分析了全国职成教育的现状，详细介绍了职业教育类型优化、教学标准制定、专业目录修订、教材改革等方面的情况，对东城职业教育发展有很好的指导意义。

# 专题二

## 面向小规模纳税人开展的社会共享代理服务

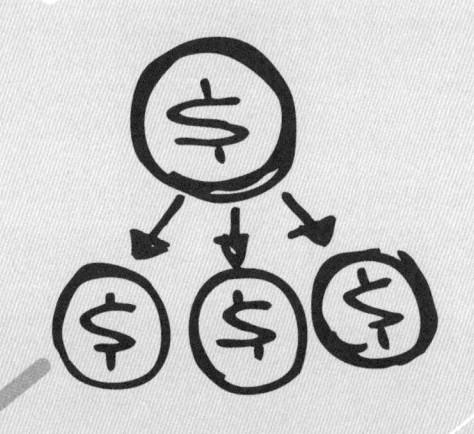

# 项目六

# 账套初始化设置

【知识目标】
- 理解小规模纳税人和一般纳税人的区别
- 了解小规模纳税人的税收优惠政策

【技能目标】
- 了解不同类型票据的处理及审查,掌握小规模纳税人业务流程及账务处理
- 了解智能财税平台界面,熟练使用智能财税的各个模块
- 熟悉小规模纳税人及小微企业税收优惠政策

【素养目标】
- 具备良好的团队协作能力
- 具备自主学习和解决问题的能力

## 任务一 新建账套

### 任务背景

北京紫霖财税共享服务中心公司(以下简称"共享中心")是一家为企业提供财税咨询和代理的专业服务公司,该公司管家岗员工郑小波与北京飞扬数码科技有限公司(以下简称"飞扬公司")签订了代理记账合同。

飞扬公司成立于2023年11月,企业工商注册等资料显示,公司基础信息如下:

公司名称：北京飞扬数码科技有限公司
账套编号：CS1002
会计准则：2023 年新会计准则
建账会计期：2023 年 12 月
统一社会信用代码（纳税人识别号）：911101087364811111
纳税人类型：小规模纳税人
经营地址：北京市大兴区康庄路甲 23 号
电话：010-88000258
开户行：中国工商银行股份有限公司北京兴大支行
开户行银行账号：02002198009300098765

## 认领任务

假设你是共享中心的员工刘杰，请完成下列任务：
(1)认真核查飞扬公司的基础信息；
(2)认真填写飞扬公司的建账信息。

## 知识准备

帮客户代理记账前，首先需要在系统中建立该客户的信息、核算方法、编码规则等，这个称为建账。建账其实就是创建一个用来存储财务数据的数据库。建账时需要将服务对象的名称、行业属性、纳税人等基础信息进行录入。

## 任务要领

(1)确定建账的时间；
(2)往来单位区分客户和供应商；
(3)部门与人员信息要匹配。

## 任务实施

建账操作与一般纳税人相同，这里不再赘述。

## 任务评价

任务评价如表6-1所示。

表6-1　任务评价

| 核心工作任务 | 自我评价 | 教师评价 |
| --- | --- | --- |
| 查询纳税主体基本信息 |  |  |
| 登录平台进入建账界面 |  |  |
| 填写建账信息 |  |  |
| 查看建好的账套 |  |  |
| 学习态度 |  |  |
| 收获： |  |  |

# 任务二　初始设置

## 任务背景

飞扬公司主要销售平板电脑、移动硬盘等商品，公司设立行政财务部、采购部、销售部、库管部4个部门，部门及职员信息如表6-2所示。

公司在2023年11月份发生采购业务，货款已结清，未发生工资等其他业务。12月初开始正式建账，现有发生额或余额的会计科目及期初数据如表6-3所示。

现有供应商和客户名称如表6-4、表6-5所示。

表6-2 飞扬公司员工信息

| *工号 | *姓名 | *部门 | *证照类型 | *证照号码 | *国籍（地区） | *性别 | *出生日期 | *人员状态 | *任职受雇从业类型 | 手机号码 | 任职受雇从业日期 |
|---|---|---|---|---|---|---|---|---|---|---|---|
| 20190001 | 刘洋 | 销售部 | 居民身份证 | 341221×××××××××× | 中国 | 男 | 1985/02/08 | 正常 | 雇员 | 189×××××××× | 2019/11/01 |
| 20190002 | 张新 | 库管部 | 居民身份证 | 341221×××××××××× | 中国 | 男 | 1989/10/03 | 正常 | 雇员 | 158×××××××× | 2019/11/01 |
| 20190003 | 李丽 | 行政财务部 | 居民身份证 | 251321×××××××××× | 中国 | 女 | 1994/04/01 | 正常 | 雇员 | 138×××××××× | 2019/11/01 |
| 20190004 | 赵芳 | 采购部 | 居民身份证 | 521221×××××××××× | 中国 | 女 | 1992/10/06 | 正常 | 雇员 | 137×××××××× | 2019/11/01 |

表6-3 飞扬公司12月期初余额

单位：元

| 科目编码 | 账户名称 | 年初余额 借方 | 年初余额 贷方 | 1—11月份累计发生额 借方 | 1—11月份累计发生额 贷方 | 11月末余额 借方 | 11月末余额 贷方 | 计量单位 | 数量 | 单价 | 核算辅助 |
|---|---|---|---|---|---|---|---|---|---|---|---|
| 1001 | 库存现金 | | | 2 050.00 | 0.00 | 2 050.00 | | | | | |
| 1002 | 银行存款 | | | 100 000.00 | 82 050.00 | 17 950.00 | | | | | |
| 1405 | 库存商品 | | | | | 0.00 | | | | | 存货核算、数量核算 |
| | 平板电脑 | | | 60 000.00 | | 60 000.00 | | 台 | 30 | 2000 | 存货核算、数量核算 |
| | 移动硬盘 | | | 20 000.00 | | 20 000.00 | | 台 | 40 | 500 | 存货核算、数量核算 |
| 1122 | 应收账款 | | | | | | | | | | 客户往来 |
| 1221 | 其他应收款 | | | | | | | | | | |
| 122101 | 内部员工借款 | | | | | | | | | | 个人往来 |
| 2202 | 应付账款 | | | | | | | | | | 供应商往来 |
| 2241 | 其他应付款 | | | | | | | | | | |
| 224104 | 员工垫付 | | | | | | | | | | 个人往来 |
| 4001 | 实收资本 | | | | 100 000.00 | | 100 000.00 | | | | |
| 6001 | 主营业务收入 | | | | | | | | | | 存货核算、数量核算 |

续表

| 科目 | | 年初余额 | | 1—11月份累计发生额 | | 11月末余额 | | | 核算辅助 |
|---|---|---|---|---|---|---|---|---|---|
| 编码 | 账户名称 | 借方 | 贷方 | 借方 | 贷方 | 借方 | 贷方 | 计量单位 数量 单价 | |
| 600101 | 销售商品收入 | | | | | | | | 存货核算、数量核算 |
| | 平板电脑 | | | | | | | 台 | |
| 6401 | 主营业务成本 | | | | | | | | 存货核算、数量核算 |
| 640101 | 销售商品成本 | | | | | | | | 存货核算、数量核算 |
| | 平板电脑 | | | | | | | 台 | |
| | 合计 | 0.00 | 0.00 | 182 050.00 | 182 050.00 | 100 000.00 | 100 000.00 | | |

表6-4 飞扬公司供应商信息明细表

| 编号 | 公司名称 | 统一社会信用代码（纳税人识别号） | 经营地址 | 电话 | 开户行 | 开户行银行账号 |
|---|---|---|---|---|---|---|
| 1 | 北京顺天科技有限公司 | 911101×××××××××× | 北京市朝阳区安华西里三区××号楼 | 010-85×××××× | 中国建设银行安华西里支行 | 110060×××××××××× |

表6-5 飞扬公司客户信息明细表

| 编号 | 公司名称 | 统一社会信用代码（纳税人识别号） | 经营地址 | 电话 | 开户行 | 开户行银行账号 |
|---|---|---|---|---|---|---|
| 1 | 北京中益商贸有限公司 | 911101×××××××××× | 北京市海淀区嘉园一里××号院 | 010-85×××××× | 工商银行股份有限公司北京嘉园路支行 | 02000×××××××××××× |

公司内部会计制度规定：

### 1. 销售与应收

应收账款会计科目设置为客户往来辅助核算；所有开具发票无论是否收款，系统开票后自动转入应收账款，财务人员根据收款情况进行结算处理。

### 2. 采购与应付

应付账款会计科目设置为供应商往来辅助核算；所有收到发票无论是否付款，系统扫描后自动转入应付账款，财务人员根据付款情况进行结算处理。

### 3. 内部往来

"其他应收款——内部员工借款""其他应付款——员工垫付"会计科目设置为人员辅助核算。

### 4. 存货核算

公司存货包括平板电脑、移动硬盘等；库存商品、主营业务收入、主营业务成本会计科目设置存货辅助核算、数量核算，确认销售收入后软件按照全月加权平均法自动结转成本。

### 5. 职工薪酬

职工工资由基本工资、岗位津贴、绩效奖金三项构成。由单位承担并缴纳的养老保险、医疗保险、失业保险、工伤保险、生育保险、住房公积金分别按上年度缴费职工月平均工资的16%、10%、0.8%、0.2%、0.8%、12%计算；由职工个人承担的养老保险、医疗保险、失业保险、住房公积金分别按本人上年月平均工资总额的8%、2%、0.2%、12%计算。

### 6. 税金及附加

本公司为小规模纳税人，销售商品增值税税率为3%，城市维护建设税、教育费附加及地方教育附加分别按流转税的7%、3%、2%计算。企业所得税按月预计，按季预交，全年汇算清缴。个人所得税按照2019年1月1日开始实施的《中华人民共和国个人所得税法实施条例》计算。

## 认领任务

假设你是共享中心的员工刘杰，请完成下列任务：
(1)完善飞扬公司的辅助核算信息；
(2)完善飞扬公司的会计科目信息；
(3)录入科目期初余额。

## 知识准备

账套信息：在建立账套时，需要设置账套信息，包括账套号、企业名称、企业性质、会

计期间、记账本位币等。这些信息是账套的基础资料，对账套的核算和管理具有重要影响。

会计科目设置：会计科目是账套核算的基础，需要根据企业具体业务需求进行设置。会计科目设置需要考虑科目的级别、编码规则、科目属性等内容，以保证核算的准确性和方便性。

初始数据录入：初始数据是指账套启用前的历史数据，如期初余额、未结算的凭证等。正确录入初始数据是保证账务处理正确的前提，也是账套运行的基础。在录入初始数据时，需要认真核对，确保数据的真实性和准确性。

## 任务要领

（1）期初余额填写注意借贷方向，检查期初余额是否平衡；
（2）会计科目设置结合会计制度和企业需求。

## 任务实施

账套初始设置操作与一般纳税人相同，这里不再赘述。

## 任务评价

任务评价如表6-6所示。

表6-6 任务评价

| 核心工作任务 | 自我评价 | 教师评价 |
| --- | --- | --- |
| 完善公司辅助核算信息 | | |
| 完善公司会计科目信息 | | |
| 录入科目期初 | | |
| 学习态度 | | |
| 收获： | | |

## 项目六 账套初始化设置

### 素养课堂

　　本项目通过完成小规模纳税人企业账套的创建及账套设置等业务，让学生掌握创建账套是企业智能化会计核算的前提，让学生明白依法建账的必要性，初步培养学生良好的团队协作精神以及自主学习能力，使学生具备自主解决问题的能力。

　　党的二十大报告提出，要实施科教兴国战略，强化现代化建设人才支撑。在团队协作方面，要完善科技创新体系，坚持创新在我国现代化建设全局中的核心地位；在自主学习方面，要深入实施新时代教育振兴行动，全面提高人才自主培养质量。

　　在职业教育中，注重培养学生的团队协作能力是非常重要的。通过开展团队合作项目、小组讨论等形式，鼓励学生积极参与团队活动，提高学生的沟通能力和协作能力。同时，学校也可以建立校企合作机制，促进产教融合，为学生提供更多的实践机会和实习经验。

　　职业教育要不断创新人才培养模式，适应经济社会发展需求。通过实施现代学徒制、订单班等人才培养方式，探索校企协同育人路径，培养具有较强实践能力和创新能力的高素质人才。

# 项目七

# 税务局代开发票

**【知识目标】**
- 了解发票管理办法实施细则、网络发票管理办法等相关法律法规的基本内容，并能在实际业务中应用
- 能合理选择并准备代开发票所需要的设备、材料

**【技能目标】**
- 熟悉各种代开发票的操作流程
- 能正确在智能化票据平台上录入开票票面数据信息，并能准确对税控信息进行匹配
- 能准确对开具发票的信息进行复核并完成发票的开具

**【素养目标】**
- 树立工作责任感
- 培养踏实做事的工作意识

## 任务背景

2023年12月飞扬公司与共享中心管家郑小波签订了代理记账委托合同，同时授权共享中心员工张浩代飞扬公司在当地税务局（或登录税务局网站）代开增值税专用发票。

12月3日，张皓接到客户飞扬公司的销售合同——委托张皓为其代开一张增值税专用发票。

委托代开发票信息如下：

购买方：北京华润有限责任公司；纳税人识别号：91110562346554811B；地址：北京丰台区体育路甲5号，电话：010-88002366；开户行及账号：中国工商银行体育路分理处020065538888；商品名称：平板电脑；数量：10台；单价（不含税）：3 000元；含

税金额 30 900 元，增值税率：3%。

## 认领任务

假设你是共享中心的员工张皓，请完成下列任务：

(1) 对开票信息进行认真核查；

(2) 登录国家税务总局北京市电子税务局网站，根据客户提供的合同及相关开票信息认真填写"代开增值税专用发票缴纳税款申报单"；

(3) 填写发票票面信息并复核，审核无误后提交税务机关并在网上缴纳税款；

(4) 填写快递邮寄发票地址。

## 知识准备

电子发票相关知识点。

### 1. 电子发票

采用税务局统一发放的形式、全国统一编码的发票号码、统一防伪技术，分配给商家，在电子发票上附有电子税务局的签名机制。

消费者选择电子发票后，将取得相关查验信息，凭此依据可以随时通过企业官网和税务机关电子发票服务平台进行查验，从而避免消费者因丢失纸质发票带来的诸多不便。

### 2. 发票号码

发票号码是税务部门给予发票的编码。在查询发票真伪的时候，需要输入发票号码。发票号码一般是 8 位，但是在网上查询发票真伪时，一般要在发票号码前面输入信息码或发票代码。所以，在查询发票真伪时的"发票号码"由"信息码+发票号码"或"发票代码+发票号码"组成。

### 3. "小规模自开专票纳税人仍须代开专票"的特例

现行政策规定，月销售额超过 3 万元(或季销售额超过 9 万元)的住宿业、鉴证咨询业、建筑业、工业以及信息传输、软件和信息技术服务行业的小规模纳税人可以自行开具增值税专用发票。

但纳税人需要注意的是，上述纳税人发生"销售其取得的不动产"这一增值税应税行为时，仍须前往税务机关代开专票，其他增值税应税行为均自行开具增值税专用发票。

## 任务要领

(1) 在开具发票前，委托方必须完成税务登记，没有税务登记的纳税人，不能申请代开发票。

(2) 代开发票应先在"税务局的网上营业厅"或者"电子税务局"提出申请，系统中在办

理税务登记时根据纳税人识别号内置了密码(取得该密码后可以修改,不修改的话,切记不能忘记,找回密码必须到纳税服务厅办理)。

(3)当申请状态为"发票开具成功"时,可以前往大厅取票或者通过 EMS 邮寄。前往大厅取票则可以选择在自助终端或者代开窗口来进行,选择在自助终端取票的纳税人,需记住申请单号,并带齐身份证。选择 EMS 邮寄发票的纳税人,需确认 EMS 邮寄地址等联系方式。

(4)收到代开的发票,务必记住在"备注栏"加盖委托方的"发票专用章",即纳税人盖章,而不是代办公司盖章。

## 任务实施

### 1. 登录北京市电子税务局

(1)将一证通证书插入计算机 USB 插口。

(2)在浏览器中输入登录地址(https://dummyedutest.cailian.net/#/login),进入国家税务总局北京市税务局界面,然后单击"电子税务局(网页版)"按钮,再单击"我要办税"按钮,进入登录界面,如图 7-1 所示。

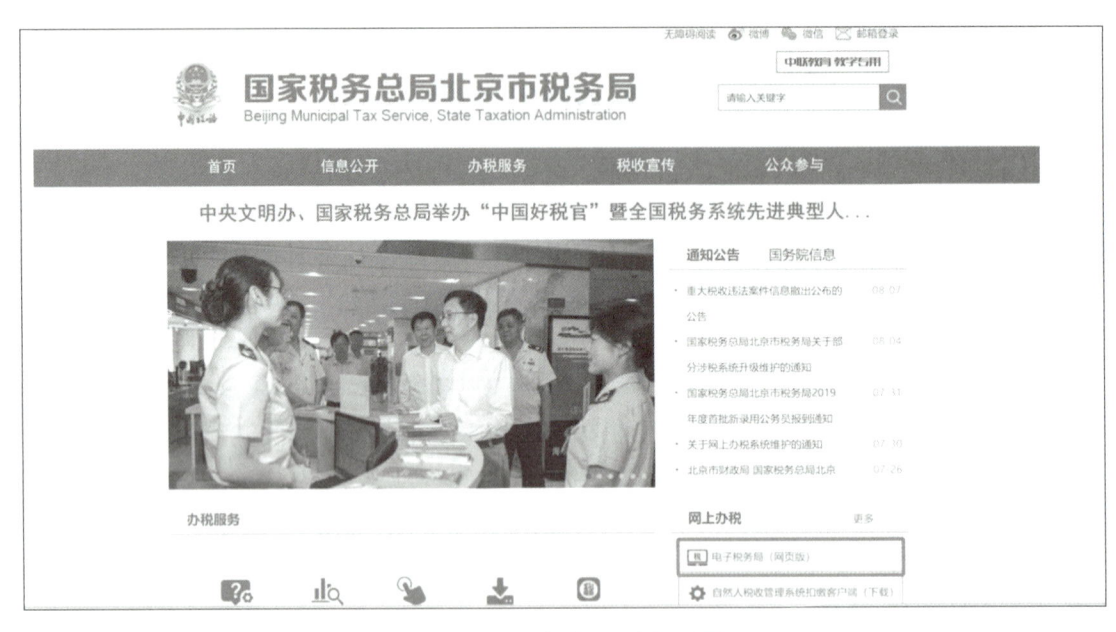

图 7-1 北京市电子税务局界面

(3)根据企业需求在登录界面选择一种登录方式,按要求输入对应登录信息,单击"登录"按钮,完成登录。

系统提供了 4 种不同的登录方式以满足不同企业的登录需求,分别为账号登录、CA 登录、电子证照登录、授权人登录。这里选择 CA 登录方式进行实例讲解,如图 7-2 所示。

企业首次进行 CA 登录时,系统会出现"企业 CA 控件未安装"的提示,此时需安装 CA

控件。单击"请下载 CA 控件安装"超链接，并在下载页面根据所持的一证通证书选择相应的驱动程序下载。

图 7-2　选择 CA 登录方式

**2. 提交代开增值税专用发票的申请**

（1）进入首页，单击一级菜单"专用发票代开"，选择"专用发票代开（邮寄配送）"选项，如图 7-3 所示。

图 7-3　选择办理业务

（2）单击一级菜单"发票代开"下的二级菜单"代开增值税专用发票"，如图 7-4 所示。

图 7-4　选择代开增值税专用发票

（3）按照系统提示填写购买方信息。填写完成后系统会自动带出销售方相关信息，若未自动带出则需要补充填写，如图 7-5 所示。确认信息无误后，单击"下一步"按钮。

图 7-5　填写购买方信息

（4）填写商品行信息。首先选择税收分类及细类，填写货物或应税劳务、服务名称，填写价税合计数和数量。系统会自动计算相应单价、不含税销售额、征收率、税额等数值。按提示填写商品信息，如图 7-6 所示。

（5）确认征收项目对应的应纳税额、减免税额及税额合计是否正确，确保无误后单击"提交"按钮提交申请（申请单提交后无法修改，务必确认信息无误后再提交）。

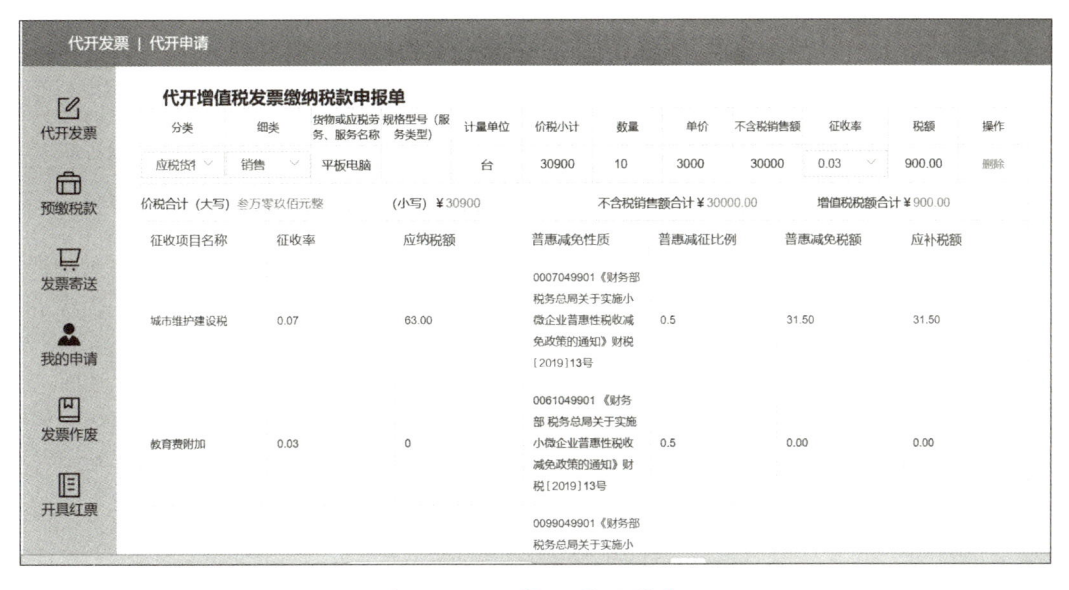

如图 7-6　填写商品信息

### 3. 网上预缴税款

（1）单击左侧"预缴税款"菜单，找到上一步操作提交的代开申请单，如图 7-7 所示。

图 7-7　预缴税款

（2）单击"网上缴税"按钮，在弹出框单击"确定"按钮，待扣款结束后，完成缴税，如图 7-8 所示。

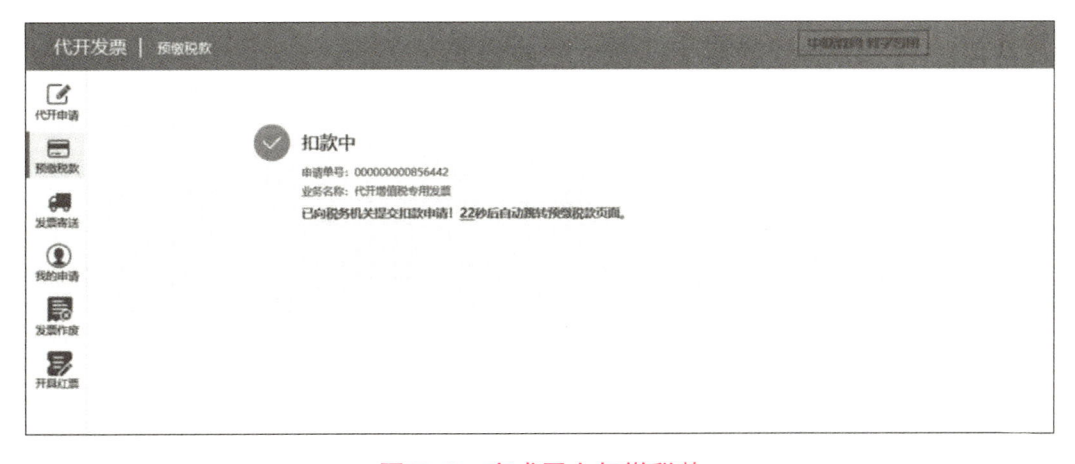

图 7-8　完成网上扣缴税款

### 4. 选择快递寄送发票

单击左侧"发票寄送"按钮，新增收货地址后保存（若已有收货地址信息则不填），完成提交发票快递寄送订单，如图 7-9 所示。

**新增收货地址**

- *收货人：北京华润有限责任公司
- *所在地区：北京市　丰台区
- *详细地址：北京丰台区体育路甲 5 号
- *手机号码：188886996××
- *邮政编码：100071

保存收货地址

图 7-9　填写发票寄送地址

## 任务评价

任务评价如表 7-1 所示。

表 7-1　任务评价

| 核心工作任务 | 自我评价 | 教师评价 |
| --- | --- | --- |
| 代开发票的办理流程及需准备的相关资料 | | |
| 在税务局平台填写并提交"代开增值税发票缴纳税款申报表"并预缴税款 | | |
| 选择快件服务公司将代开的发票邮寄到客户手中，并与客户确认 | | |
| 学习态度 | | |
| 收获： | | |

## 素养课堂

本项目通过税务局代开发票的业务,让学生掌握发票的种类,让学生明白小规模纳税人与一般纳税人的区别。初步培养学生的工作责任心,使学生养成踏踏实实做事的良好习惯。

习近平总书记在党的二十大报告中指出:"增强党组织政治功能和组织功能,坚持党要管党、全面从严治党,把每个基层党组织建设成为有效实现党的领导的坚强战斗堡垒。健全干部能上能下、能进能出的选人用人机制,树立选人用人正确导向,选拔忠诚干净担当的高素质专业化干部,培养一支宏大的干部队伍。"一个具有高度责任感的人,会自觉地把个人利益融入企业或团队的利益中去,以企业的发展为己任,主动承担起应有的责任和义务。这种责任感不仅是对个人的要求,也是对整个社会的要求。只有具备扎实的知识和能力、脚踏实地的工作态度和勤奋工作的精神风貌,才能胜任工作并取得成绩。

# 项目八

# 票据整理制单

【知识目标】
- 了解《中华人民共和国发票管理办法实施细则》《支付结算办法》和《企业银行结算账户管理办法》等法律法规的相关内容,并能在实际业务中应用
- 熟悉在智能化操作平台批量制单的流程并能一键生成记账凭证

【技能目标】
- 能正确对销售类、成本类、费用类发票资料的完整性和正确性进行核查,并与实际业务核对一致,能准确对发票进行分类归档整理
- 能正确对纸质和电子版银行对账单进行核查并与收支核对,能根据业务内容将银行单据与发票单据进行对接
- 能准确对开具发票的信息进行复核并完成发票的开具,能按照业务类型划分票据的种类、准确记入会计科目并生成记账凭证

【素养目标】
- 能明辨是非,具有规则与法治意识
- 有实证意识和严谨的求知态度

## 任务一 销售类发票整理与制单

### 任务背景

共享中心员工周明是一名理票员,其岗位职责是对客户提供的各类票据进行整理并制

单。12月25日收到客户飞扬公司交来的销售相关发票4张，如图8-1~图8-4所示。

图 8-1　税务局代开发票

图 8-2　税务局代开发票预缴税金

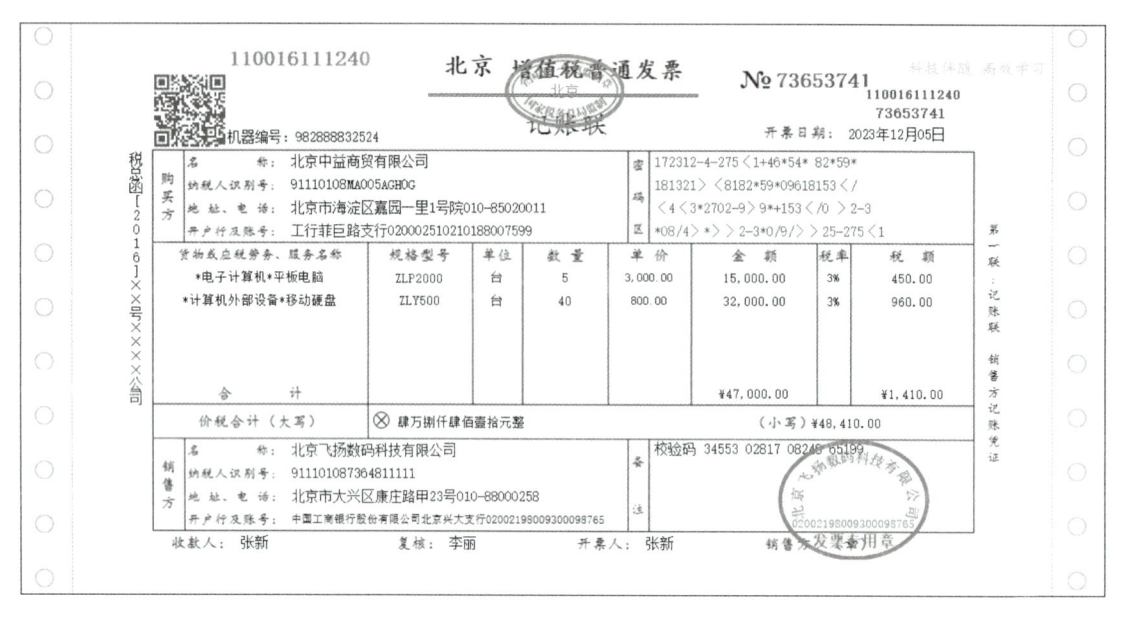

图 8-3　飞扬公司销售普通发票

图 8-4　飞扬公司销售普通发票

## 认领任务

共享中心员工周明按照合同业务要求为飞扬公司整理票据并进行记账，具体要求如下：
（1）对签收的销售发票进行检查，核对是否完整；
（2）对销售发票进行归类整理；
（3）对每张纸质票据进行扫描或拍照，将纸质票据转成电子影像文件；
（4）采集票据影像文件，自动识别票据并进行人工校验；
（5）自动生成记账凭证并进行人工校验，或人工编制记账凭证。

## 知识准备

（1）对于适用月销售额 10 万元以下免征增值税政策的小规模纳税人，可对部分或全部销售收入选择放弃享受免税政策，并开具增值税专用发票。

（2）对于适用 3% 征收率销售收入减按 1% 征收率征收增值税政策的小规模纳税人，可对部分或全部销售收入选择放弃享受减税，并开具增值税专用发票。

（3）小规模纳税人是指年销售额在规定标准（500 万元）以下，并且会计核算不健全，不能按规定报送有关税务资料的增值税纳税人。在税率方面，小规模纳税人开具的增值税普通发票和专票的税率都是 1%。

请注意，如果小规模纳税人开具的是专票，不管金额是多少，都必须缴纳相应的增值税。因此，如果对方要求开专票，小规模纳税人需要根据相应税率对增值部分缴纳增值税。

## 任务要领

销售类发票整理工作相对简单清晰，考虑到销售量发票构成增值税纳税申报表中收入的主要项目，因此在整理时应把握如下两点：

（1）要求委托企业提供从税控盘导出的全部开票记录的电子版文件，与企业提供的纸质发票和电子发票信息进行核对，检查是否完整；

（2）根据发票上注明的增值税税率不同分别整理，即相同税率的发票作为一个工作单元。

## 任务实施

小规模纳税人销售类发票整理与制单的操作和一般纳税人基本相同。

（1）进入财天下，在界面左上角选择飞扬公司，在左侧栏菜单中选择"票据"选项，单击"票据采集"按钮，进入票据采集界面。

（2）进行发票采集并上传。单击"采集"按钮，选择"教学平台图片/PDF"上传图片，选择需要上传的图片，单击"确定"按钮，系统显示上传成功。

**销售类**

（3）核对信息及审核。票据上传结束需要进行信息核对，单击"审核"按钮，在审核税务局代开发票时要注意，销方税号要改成飞扬公司的税号，如图 8-5 所示。

（4）凭证制单。正确选择发票类型后进行审核，完成审核后的票据可自动生成凭证，可通过凭证→票据制单（凭证管理）查看凭证。

其中，如果出现无法自动生成凭证的情况或者出现错误，可手工填写或者修改记账凭证。

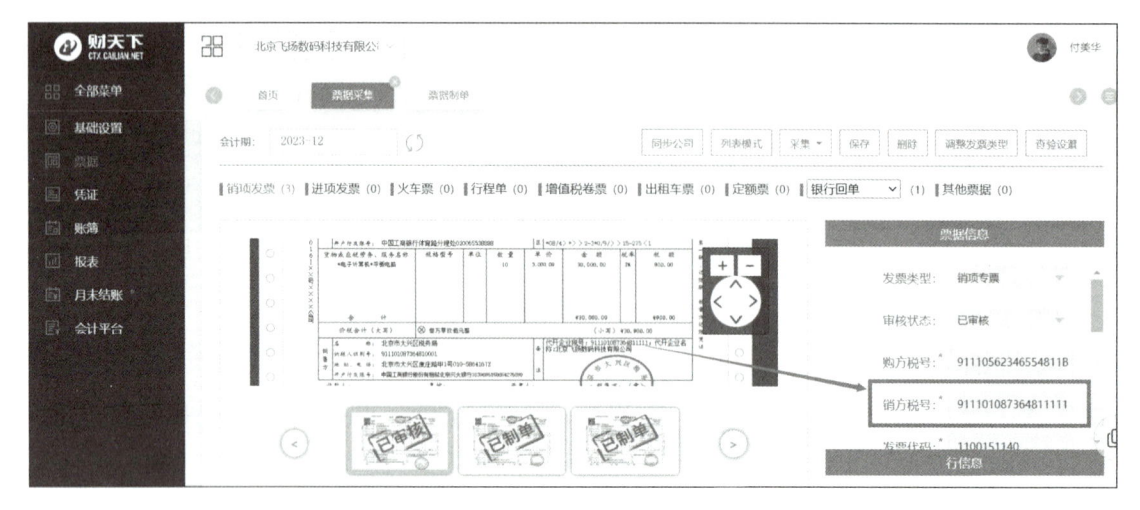

图 8-5　审核票据

## 任务评价

任务评价如表 8-1 所示。

表 8-1　任务评价

| 核心工作任务 | 自我评价 | 教师评价 |
| --- | --- | --- |
| 对企业当月开具的销售类票据进行核查 |  |  |
| 　对企业当月增值税专用普通发票与智能化税务操作平台的开票统计数据进行核查 |  |  |
| 在智能化票据操作平台上查找缺失发票，并与客户沟通进行补寄 |  |  |
| 对企业当月开具的销售类票据进行分类归档整理、制单 |  |  |
| 学习态度 |  |  |
| 收获： |  |  |

## 任务二
## 成本类发票整理与制单

### 任务背景

共享中心理票员周明于12月25日接到客户飞扬公司交来的增值税普通发票1张，如图8-6所示，经认真审核无误后签收。

图8-6 飞扬公司采购发票

### 认领任务

共享中心员工周明按照合同业务要求为飞扬公司整理票据并进行记账，具体要求如下：
(1) 对签收的购进发票进行检查，核对是否完整；
(2) 对购进发票进行归类整理；
(3) 对每张纸质票据进行扫描或拍照，将纸质票据转成电子影像文件；
(4) 采集票据影像文件，自动识别票据并进行人工校验；
(5) 自动生成记账凭证并进行人工校验，或人工编制记账凭证。

## 知识准备

小规模纳税人取得的采购发票可以用于抵扣进项税额，但需要满足一定的条件和要求。

根据《中华人民共和国企业所得税法实施条例》的规定，小规模纳税人可以抵扣采购物品或者接受服务的进项税，但仅限于两个条件：第一，进项税额必须计入当月的成本费用中；第二，抵扣的进项税额总额不能超过当月销项税额的50%。此外，该发票必须是正确有效的，包括正确的税务登记号、正确的发票代码和发票号码等，发票上的货物或者服务必须与实际相符。

对于农产品加工企业从属于小规模纳税人的流通企业处购进农产品的情况，如果取得小规模纳税人开具的增值税免税发票或增值税普通发票，不能计算抵扣进项税额。对于2022年12月31日前取得小规模纳税人开具的3%征收率增值税专用发票的情况，购进时可以以增值税专用发票上注明的金额和9%的扣除率计算进项税额，领用用于生产或者委托加工增值税税率为13%的产品时，可加计抵扣1%。对于2023年1月1日—2027年12月31日的情况，小规模纳税人可开具增值税征收率为1%或3%的增值税专用发票，有的主管税务机关允许取得征收率为1%或3%的增值税专用发票均可以按照9%的扣除率计算抵扣进项税额，有的主管税务机关仍然只允许取得征收率为3%的增值税专用发票的企业计算抵扣进项税额，具体需提前与当地主管税务机关确认。

## 任务要领

### 1. 票面信息的核对

主要是核对商品和服务税收分类编码是否正确。自2016年5月1日起，税务总局在全国范围内推行了商品和服务税收分类编码。自2018年1月1日起，纳税人通过增值税发票管理新系统开具增值税发票（包括：增值税专用发票、增值税普通发票、增值税电子普通发票）时，商品和服务税收分类编码对应的简称会自动显示并打印在发票票面"货物或应税劳务、服务名称"或"项目"栏次中。

### 2. 发票、交付物与业务的核对

发票是业务的具体体现，在整理票据时务必查阅发票对应的业务，即合同信息是否一致；发票与业务对应的交付物是否一致，如发票内容显示购进黄金饰品，实物管理是否有黄金饰品的验收和入库等材料。

### 3. 成本费用类发票整理应注意增值税和企业所得税的不同要求

如企业购进的用于职工福利的商品发票，不能进行增值税进项税额抵扣，但是可以作为企业所得税税前扣除凭证，因此在整理票据时应按照增值税的要求和企业所得税税前扣除的要求分别做好标记。

## 任务实施

其操作与一般纳税人相同，这里不再赘述。

采购类

## 任务评价

任务评价如表 8-2 所示。

表 8-2 任务评价

| 核心工作任务 | 自我评价 | 教师评价 |
| --- | --- | --- |
| 对企业当月收到的成本类票据进行核查 | | |
| 对企业当月收到的成本类发票类别和实际发生业务的一致性进行核查 | | |
| 根据实际发生业务查找出缺失发票，并与供应商沟通进行补寄 | | |
| 对核查正确的成本类票据进行分类归档整理并制单 | | |
| 学习态度 | | |
| 收获： | | |

# 任务三 银行结算单据整理与制单

## 任务背景

共享中心理票员周明接到客户飞扬公司交来的网上银行电子回单、转账支票如图 8-7～图 8-9 所示，经认真审核无误后签收。

图 8-7　网上银行电子回单(1)

图 8-8　网上银行电子回单(2)

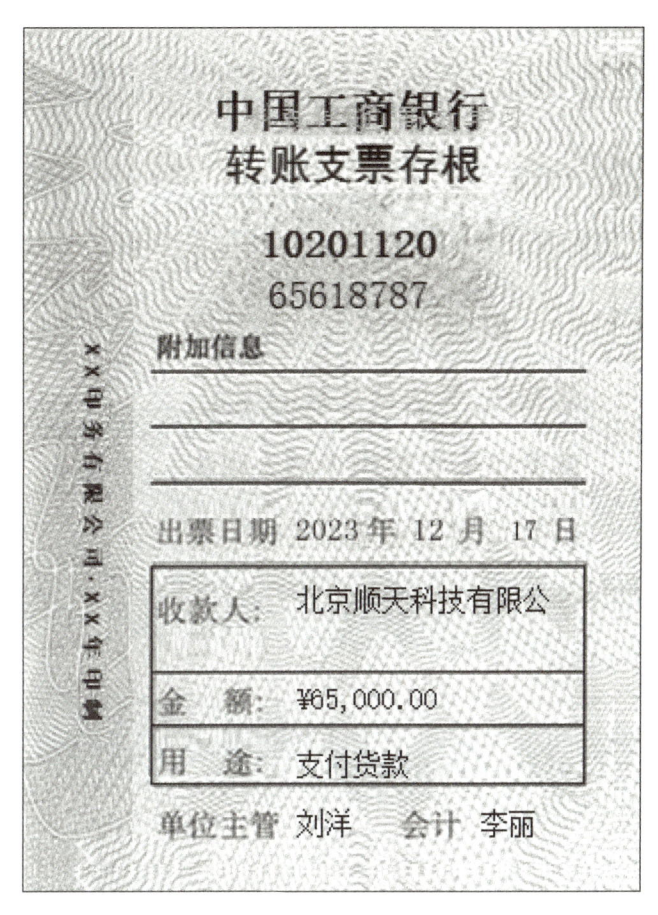

图 8-9　转账支票存根

## 认领任务

共享中心员工周明按照合同业务要求为飞扬公司整理票据并进行记账，具体要求如下：

(1) 对签收的银行单据进行检查，核对是否完整；
(2) 对银行单据与相对应的发票单据进行对接，按照业务类型归类整理；
(3) 对每张纸质票据进行扫描或拍照，将纸质票据转成电子影像文件；
(4) 采集票据影像文件，自动识别票据并进行人工校验；
(5) 自动生成记账凭证并进行人工校验，或人工编制记账凭证。

## 知识准备

对于小规模纳税人来说，银行结算单据是财务管理中必不可少的资料之一。这些单据通常包括以下几个方面：

银行对账单：银行对账单是银行出具的，记录企业或个人账户的每一笔收入和支出明细的清单。对于小规模纳税人来说，银行对账单是核对账目、进行财务管理的重要依据。

银行进账单：银行进账单是企业在收到客户支付的款项时，由银行出具的收款凭证。收

到款项后，企业需要将进账单与销售收入进行核对，确保销售款项已经到账。

银行汇款单：银行汇款单是企业在向客户支付款项时，由银行出具的付款凭证。支付款项后，企业需要将汇款单与支出进行核对，确保支出已经完成。

银行手续费单据：银行手续费单据是银行在收取企业或个人手续费时出具的凭证。企业需要将手续费单据与银行对账单进行核对，以确保手续费计算和收取的准确性。

这些银行结算单据是财务管理中必不可少的资料之一，对于核对账目、确保销售款项已经到账、控制财务风险等方面都具有重要的作用。因此，小规模纳税人需要妥善保管这些单据，并定期与银行对账，确保账目的准确性和完整性。

## 任务要领

随着互联网支付的发展，在中小企业，小企业业主个人通过微信、支付宝等账户执行收付款业务的现象非常普遍。这些业务实际是公司行为，资金结算却未能通过公司账户完成，在整理结算单据时一定要注意询问企业主个人账户中可能混同的企业收付款事项。在实际业务中，最好获取企业的电子银行流水单据和微信、支付宝账户的相关收付款记录等信息。

## 任务实施

其操作与一般纳税人相同，这里不再赘述。

银行回单

## 任务评价

任务评价如表8-3所示。

表8-3 任务评价

| 核心工作任务 | 自我评价 | 教师评价 |
| --- | --- | --- |
| 对企业当月收到的银行单据进行核查 | | |
| 对每笔银行收支业务与银行对账单进行核对，查找缺失的银行回单，并与银行沟通进行补寄 | | |
| 在网银系统上对电子版银行对账单进行导出和打印 | | |
| 对审核无误的各类银行单据与发票单据进行对接，按照业务类型进行分类归档整理、制单 | | |
| 学习态度 | | |

续表

| 核心工作任务 | 自我评价 | 教师评价 |
|---|---|---|
| 收获： | | |

## 任务四　费用类票据整理与制单

### 任务背景

共享中心理票员周明于12月25日接到客户飞扬公司交来的房屋租金发票、购买办公用品发票、餐费票、火车票、住宿发票、工资计算单等原始票据，共6张，如图8-10~图8-15所示，经认真审核无误后签收。

图8-10　房屋租金发票

图 8-11　支付房屋租金

图 8-12　购买办公用品发票

图 8-13　火车票

图 8-14　工资计算单

图 8-15　支付工资

## 认领任务

共享中心员工周明按照合同业务要求为飞扬公司整理票据并进行记账，具体要求如下：
(1) 对签收的费用单据进行检查、核对，确认是否完整；

109

(2)对费用票据进行归类整理、粘贴；

(3)对每张纸质票据进行扫描或拍照，将纸质票据转成电子影像文件；

(4)采集票据影像文件，自动识别票据并进行人工校验；

(5)自动生成记账凭证并进行人工校验，或人工编制记账凭证。

## 知识准备

小规模纳税人日常费用票据主要包括以下几类：

办公费用票据：包括办公用品、水电费、电话费、邮寄费等发票或收据。

员工薪酬费用票据：员工工资条、社保缴纳证明、福利费用票据等。

差旅费用票据：包括交通费、住宿费、餐饮费等发票或收据。

业务费用票据：包括与客户或供应商之间的业务往来费用发票或收据，如会议费、培训费、广告费等。

其他费用票据：包括房屋租赁发票、物业管理费发票、财产保险费收据等。

对于小规模纳税人来说，日常费用票据的收集和管理非常重要，因为这些票据是企业财务管理和税务申报的重要依据。小规模纳税人需要建立完善的票据管理制度，确保各类费用票据的完整性和准确性，以便在税务申报和财务审计时能够顺利通过。同时，小规模纳税人也需要关注税务政策和规定的变化，及时调整自己的财务管理和税务申报方式，以避免不必要的财务风险和税务风险。

## 任务要领

不同票据对应记入相应会计科目。

## 任务实施

其操作与一般纳税人相同，这里不再赘述。

费用类

## 任务评价

任务评价如表8-4所示。

表8-4 任务评价

| 核心工作任务 | 自我评价 | 教师评价 |
| --- | --- | --- |
| 按照业务类型划分票据的种类并进行计数、粘贴及标注 | | |
| 将不同类别的票据记入对应的会计科目 | | |

续表

| 核心工作任务 | 自我评价 | 教师评价 |
|---|---|---|
| 根据票据对应的费用类别在智能化财务操作平台上生成记账凭证 | | |
| 学习态度 | | |
| 收获： | | |

## 素养课堂

本项目通过完成票据的整理与制单相关业务，让学生掌握企业不同票据使用，让学生明白企业应该依法处理票据。初步培养学生明辨是非的意识，使学生具备严谨的求知态度。

党的二十大报告提出，坚持教育优先发展、科技自立自强、人才引领驱动，加快建设教育强国、科技强国、人才强国。其中强调要培养严谨的求知态度，鼓励学校进行教育创新，优化学科布局和人才培养体系，加强教材建设和管理等。这充分体现了党和国家对教育事业的高度重视和期望。

在全面推进高质量发展的进程中，我们必须始终保持对知识的渴望和探索精神，以严谨的态度对待知识，不断追求真理和创新。这是新时代赋予我们的历史使命和责任担当。同时，学校也要注重培养学生的科学素养和实践能力，让学生具备适应未来社会发展的能力和素质。只有这样，学校才能为中华民族伟大复兴提供有力支撑。

# 项目九

# 期末处理

【知识目标】
- 掌握月末结账的会计账务处理
- 理解小型微利企业税收优惠政策及适用范围

【技能目标】
- 能利用系统平台自动结转增值税，并计提有关税金及附加
- 能正确操作损益结转和月末结账步骤

【素养目标】
- 熟悉法规，不断补充更新税务知识
- 深刻领悟我国各项减税降费措施的政策用意

## 任务一 月末结转

### 任务背景

共享中心员工周明按照合同业务要求对飞扬公司本月账务进行计提、结转各项税费等月末处理。

### 认领任务

共享中心员工周明按照合同业务要求对飞扬公司财税业务进行审核，具体要求如下：

（1）计提税金及附加；

（2）结转销售成本；

（3）损益结转，计提所得税费用并结转所得税费用；

（4）结转本年利润。

## 知识准备

小规模纳税人的认定标准及计税方法：

### 1. 认定标准

小规模纳税人是指年销售额在规定标准以下，并且会计核算不健全，不能按规定报送有关税务资料的增值税纳税人。所称会计核算不健全是指不能正确核算增值税的销项税额、进项税额和应纳税额。自2018年5月1日起，销售货物或者加工、修理修配劳务，销售服务、无形资产、不动产的增值税纳税人，年应征增值税销售额500万元及以下的为小规模纳税人。

### 2. 计税方法

小规模纳税人按简易办法计算应纳税额，按照销售额和规定的征收率计算应纳税额，不得抵扣进项税额。应纳税额计算公式为：

$$当期应纳税额=不含税销售额×征收率$$

## 任务要领

2019年减税降费改革以来，小规模纳税人按季度缴纳增值税、企业所得税，因此，中小微企业实务中一般选择按照季度进行会计核算。审核要领除了日常审核要求外，还需要重点关注的审核内容包括核对纳税申报表、增值税专用发票认证通知书、销售发票汇总表等数据，并核对与当期销售收入、采购进货的数据是否一致。

## 任务实施

其操作与一般纳税人基本相同，在财天下平台的月末结转里进行，通过预置结转方案或自定义结转方案完成。值得注意的是，这里不要结转未交增值税，直接计提税金及附加，如图9-1所示。

月末处理

**智能财税基础**

图 9-1　期末结转

## 任务评价

任务评价如表 9-1 所示。

表 9-1　任务评价

| 核心工作任务 | 自我评价 | 教师评价 |
| --- | --- | --- |
| 计提税金及附加 |  |  |
| 结转销售成本 |  |  |
| 损益结转，计提所得税费用并结转所得税费用 |  |  |
| 结转本年利润 |  |  |
| 学习态度 |  |  |
| 收获： |  |  |

## 任务二 日常财务业务审核

### 任务背景

飞扬公司已与共享中心分别签订了代理记账合同。

郑小波是财税共享中心的财务管家,岗位职责包括对票据、凭证、表单的日常审核以及税务报表的审核。郑小波对客户飞扬公司的原始票据、相关的记账凭证、科目余额表及本月财务报表进行审核。

### 认领任务

共享中心员工郑小波按照合同业务要求对飞扬公司的财税业务进行审核,具体要求如下:

(1)审核原始票据;

(2)审核记账凭证;

(3)审核科目余额表;

(4)审核财务报表。

### 知识准备

**1. 账务审核是对会计业务的再审核**

主要是审核会计事项是否真实、处理是否得当、会计科目使用是否正确、记账方向是否正确等。因此,账务审核对于确保会计信息的质量有着重大作用。

**2. 常规项目审核的目的**

(1)充分发挥监督职能;

(2)加强企业内部管理;

(3)促进常规基础工作效率与效果的提高。

**3. 常规项目审核内容**

常规项目审核的内容主要包括以下几个方面:

(1)原始票据审核;

（2）记账凭证审核；

（3）科目余额表审核；

（4）财务报表审核。

## 任务要领

日常审核主要解决财务报表的规范性问题。

（1）按凭证摆放次序对照软件操作流程进行规范核验；

（2）审核科目余额表，核查有无余额异常科目，如有异常，则应核查凭证是否录入正确；

（3）审核资产负债表和利润表，特别是利润表的审核，应重点核查成本和收入是否存在倒挂现象，核查收入、成本数据是否录入正确。

## 任务实施

### 1. 原始票据审核

原始凭证审核是按照规定结合日常财务工作对原始凭证进行的审查与核实。会计人员要对自制的或外来的原始凭证进行审核，通过审核原始凭证，检查企业执行国家方针、政策、法规和制度的情况，加强资金管理，保证会计核算的质量，防止发生贪污、舞弊等违法行为。在审核中一定要严肃认真、坚持原则、坚持制度、履行职责。对内容不完整、手续不齐全、书写不清楚、计算不准确的原始票据，应退还有关部门和人员，及时补办手续或进行更正；对违法的收、支业务坚决制止和纠正。会计人员既不制止和纠正，也不向单位领导人提出书面意见的，要承担责任；对严重违法，损害国家和社会公众利益的收支活动应向主管单位或财政、税务、审计机关报告，接到报告的机关应及时处理。

企业会计原始票据审核的内容主要包括真实性审核、完整性审核和合法性审核三个方面。

### 2. 记账凭证审核

为了保障会计信息的质量，在记账之前应由有关稽核人员对记账凭证进行严格的审核。

### 3. 科目余额表复核

损益类科目期末结转后，期末余额应该为0。如果结转后仍然有余额，其原因可能为：费用类科目在凭证录入时一般为借方发生额，若出现贷方发生额时，则系统将无法结转本年利润，因此以借方负数显示。

在新增损益类二级科目中，若本月有发生额，但在结转本年利润时系统未能将新增二级科目的借方（或贷方）发生额结转，导致期末仍有余额。

### 4. 财务报表复核

财务报表复核是保证会计报表质量的一项重要措施。企业会计报表编制完成后，在报送之前，必须由单位会计主管和单位负责人进行复核。

## 任务评价

任务评价如表 9-2 所示。

表 9-2　任务评价

| 核心工作任务 | 自我评价 | 教师评价 |
| --- | --- | --- |
| 审核原始票据 | | |
| 审核记账凭证 | | |
| 审核科目余额表 | | |
| 审核财务报表 | | |
| 学习态度 | | |
| 收获： | | |

## 素养课堂

本项目通过完成小规模纳税人期末业务处理，让学生明白小规模纳税人与一般纳税人的不同。初步培养学生不断学习的精神，让学生了解政府为企业减税降费做出了一系列努力，从而增强学生的民族自豪感。

习近平总书记在党的二十大报告中指出："要健全现代税收制度体系。"这是党中央站在新的历史起点上对税制改革做出的重大战略部署。

我国现行税制结构与经济发展水平相适应，符合现阶段国情和基本国力，具有鲜明的中国特色和优势。因此，在推进现代化建设的过程中，必须坚持和完善中国特色社会主义税收制度，进一步优化税制结构，构建有利于高质量发展、社会公平正义、市场统一规范的税收环境。

"十四五"时期是我国全面建成小康社会、向第二个百年奋斗目标进军的关键时期，也是我国税制改革的重要窗口期。我们要深刻领会党的二十大关于健全现代税收制度的决策部署，准确把握新时代新征程赋予的使命任务要求，坚定信心、乘势而上，努力健全适应高质量发展的现代税收制度体系。

# 项目十

# 小规模纳税人涉税事项

【知识目标】
- 熟悉我国小型微利企业的划分标准
- 掌握小型微利企业企业所得税的税收优惠及计算方法

【技能目标】
- 能利用系统平台财务数据信息互通，自动生成相关的税费表格
- 能正确操作申报增值税及所得税的步骤

【素养目标】
- 树立严谨的职业道德观，遵守职业规范
- 深刻领悟我国各项减税降费措施的政策用意

## 任务一 增值税申报

### 任务背景

李自健是共享中心报税岗的一名员工，其岗位职责是对纳税客户的各项纳税项目进行纳税申报。李自健对飞扬公司小规模纳税人的增值税进行季度纳税申报。

### 认领任务

共享中心员工李自健按照合同业务要求为飞扬公司第四季度的增值税进行纳税申报，具

体要求如下：

（1）审核销售收入记账凭证；

（2）审核科目余额表；

（3）生成并补充填写增值税纳税申报表，填写增值税减免税额；

（4）增值税季度申报表检查无误后进行纳税申报。

## 知识准备

**1. 小规模纳税人**

关于小规模纳税人的认定标准，在前文中已有描述，这里不再赘述。

**2. 小规模纳税人增值税征收率**

对小规模纳税人增值税采用简易征收办法，小规模纳税人适用的增值税税率称为征收率。

考虑到小规模纳税人经营规模小，且会计核算不健全，难以按增值税税率计税和使用增值税专用抵扣进项税额，因此实行按销售额与征收率计算应纳税额的简易办法征收增值税。

自2014年7月1日起，小规模纳税人增值税征收率一律调整为3%。

小规模纳税人（除其他个人外）销售自己使用过的固定资产，减按2%征收率征收增值税，且只能开具普通发票，不得由税务机关代开增值税专用发票。

**3. 小规模纳税人增值税的征收方式**

小规模纳税人主要有三种征收方式：查账征收、查定征收和定期定额征收。

（1）查账征收：税务机关按照纳税人提供的账表所反映的经营情况，依照适用税率计算缴纳税款的方式。这种方式一般适用于财务会计制度较为健全，能够认真履行纳税义务的纳税单位。

（2）查定征收：税务机关根据纳税人的从业人员、生产设备、采购原材料等因素，对其生产制造的应税产品查定核定产量、销售额并据以征收税款的方式。这种方式一般适用于账册不够健全，但是能够控制原材料或进销货的纳税单位。

（3）定期定额征收：税务机关通过典型调查、逐户确定营业额和所得额并据以征税的方式。这种方式一般适用于无完整考核依据的小型纳税单位。

**4. 小规模纳税人增值税的税额计算**

小规模纳税人按简易办法计算应纳税额，应纳税额计算公式为：

$$当期应纳税额=不含税销售额\times征收率$$

**5. 小规模纳税人增值税申报时间**

对于小规模纳税人，一般是以一个季度为一个纳税期限申报增值税，自每季度结束日起

15日内申报纳税，特殊情况下，小规模纳税人也可以按月申报增值税。

### 6. 免税标准的判断

小规模纳税人在申报增值税时，首先应根据本单位的销售额规模判断是否能享受免征增值税的优惠政策。根据《中华人民共和国税法》规定：

（1）小规模纳税人发生增值税应税销售行为，合计月销售额未超过10万元（以1个季度为1个纳税期的，季度销售额未超过30万元，下同）的，免征增值税。

小规模纳税人发生增值税应税销售行为，合计月销售额超过10万元，但扣除本期发生的销售不动产的销售额后未超过10万元的，其销售货物、劳务、服务、无形资产取得的销售额免征增值税。

（2）适用增值税差额征税政策的小规模纳税人，以差额后的销售额确定是否可以享受规定的免征增值税政策。

《增值税纳税申报表（小规模纳税人适用）》中的"免税销售额"相关栏次，填写差额后的销售额。

（3）按固定期限纳税的小规模纳税人可以选择以1个月或1个季度为纳税期限，一经选择，一个会计年度内不得变更。

（4）《中华人民共和国增值税暂行条例实施细则》第九条所称的其他个人，采取一次性收取租金形式出租不动产取得的租金收入，可在对应的租赁期内平均分摊，分摊后的月租金收入未超过10万元的，免征增值税。

（5）转登记日前连续12个月（以1个月为1个纳税期）或者连续4个季度（以1个季度为1个纳税期）累计销售额未超过500万元的一般纳税人，在2019年12月31日前，可选择转登记为小规模纳税人。

一般纳税人转登记为小规模纳税人的其他事宜，按照《国家税务总局关于统一小规模纳税人标准等若干增值税问题的公告》（国家税务总局公告2018年第18号）、《国家税务总局关于统一小规模纳税人标准有关出口退（免）税问题的公告》（国家税务总局公告2018年第20号）的相关规定执行。

（6）按照现行规定应当预缴增值税税款的小规模纳税人，凡在预缴地实现的月销售额未超过10万元的，当期无须预缴税款。本公告下发前已预缴税款的，可以向预缴地主管税务机关申请退还。

（7）小规模纳税人中的单位和个体工商户销售不动产，应按其纳税期、本公告第六条以及其他现行政策规定确定是否预缴增值税；其他个人销售不动产，继续按照现行规定征免增值税。

（8）小规模纳税人月销售额未超过10万元的，当期因开具增值税专用发票已经缴纳的税款，在增值税专用发票全部联次追回或者按规定开具红字专用发票后，可以向主管税务机

关申请退还。

（9）小规模纳税人月销售额未超过 10 万元(以 1 个季度为 1 个纳税期的，一季度销售额未超过 30 万元)的，但当期因代开普通发票已经缴纳的税款，可以在办理纳税申报时向主管税务机关申请退还。

（10）小规模纳税人月销售额超过 10 万元的，可使用增值税发票管理系统开具增值税普通发票、机动车销售统一发票、增值税电子普通发票。

已经使用增值税发票管理系统的小规模纳税人，月销售额未超过 10 万元的，可以继续使用现有税控设备开具发票；已经自行开具增值税专用发票的，可以继续自行开具增值税专用发票，并就开具增值税专用发票的销售额计算缴纳增值税。

**7. 小规模纳税人申报增值税需要注意的事项**

（1）申报的增值税数据有两个来源，一是企业用税控器自己开具发票的金额，二是在税务机关代开的发票金额，申报时不可遗漏。

（2）小规模纳税人申报增值税时要结合最新政策，检查本期是否符合免税条件，是否将金额填入正确的免税栏次。

## 任务要领

2018 年 5 月 1 日起，小规模纳税人的纳税申报纳入国家税务总局的增值税纳税申报比对管理，在申报时，须先将税控设备开票数据上传抄报，再进行申报，若未抄报税则不能提交申报数据。同时注意申报系统新增了逻辑校验关系。增值税纳税申报的票表比对是指将各类发票、凭证、备案资格等信息与申报表进行比对。其中小规模纳税人比对规则具体如下：

（1）当期开具的增值税专用发票金额应不大于申报表填报的增值税专用发票销售额；

（2）当期开具的增值税普通发票金额应不大于申报表填报的增值税普通发票销售额；

（3）申报表中的预缴税额应不大于实际已预缴的税款；

（4）除按规定不需要办理备案手续之外，当期申报免税销售额的，应当比对其增值税优惠备案信息。

## 任务实施

小规模纳税人增值税的申报操作和一般纳税人的操作相同。

（1）登录金税师平台，查询与核对基本信息。

（2）选择申报日期。在基本信息查实无误的情况下，通过查看税务信息确定增值税申报是按照季度进行后，返回选择"申报日期"。小规模纳税人增值税申报一般为季度申报，如申报 2023 年第四季度的增值税，则申报日期应选择 2024 年 1 月。

（3）通过财天下的财务报表生成信息，直接可在金税师平台自动生成增值税纳税申报表，单击进入增值税申报页面。

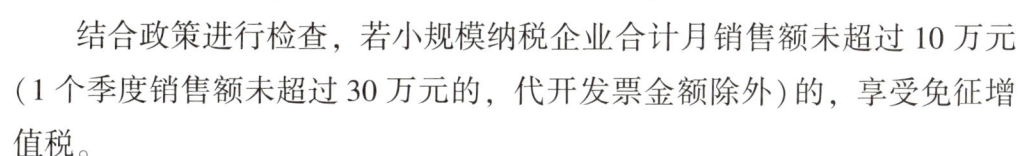

结合政策进行检查，若小规模纳税企业合计月销售额未超过 10 万元（1 个季度销售额未超过 30 万元的，代开发票金额除外）的，享受免征增值税。

（4）税表检查审核并报送。认真核对增值税纳税申报表上的数据。如果有特殊业务，比如可以享受到减免税收优惠政策的，则需要填写《增值税减免税优惠明细表》；有差额征收业务的纳税人需要填写《税额抵减情况表》等。检查无误后由审核人员单击审核通过后，即可单击"申报"按钮，完成报送税表。

税收申报

## 任务评价

任务评价如表 10-1 所示。

表 10-1 任务评价

| 核心工作任务 | 自我评价 | 教师评价 |
| --- | --- | --- |
| 审核销售收入记账凭证 |  |  |
| 审核科目余额表 |  |  |
| 生成并补充填写增值税纳税申报表，填写增值税减免税额 |  |  |
| 增值税季度申报表检查无误后进行纳税申报 |  |  |
| 学习态度 |  |  |
| 收获： |  |  |

## 任务二 企业所得税申报

### 任务背景

共享中心报税员李自健对飞扬公司第四季度企业所得税进行纳税申报。

## 认领任务

共享中心员工李自健按照合同业务要求为飞扬公司第四季度的企业所得税进行纳税申报，具体要求如下：

（1）进行月末结账，生成税表；

（2）核对所得税申报表中营业收入、营业成本、利润总额等数据；

（3）填写所得税减免税额，计算所得税税额；

（4）所得税申报表检查无误后进行纳税申报。

## 知识准备

### 1. 我国企业所得税的征税对象及税率

企业所得税的征税对象是纳税人取得的所得。包括销售货物所得、提供劳务所得、转让财产所得、股息红利所得、利息所得、租金所得、特许权使用费所得、接受捐赠所得和其他所得。

我国企业所得税实行比例税率，具体分为以下三档：

（1）基本税率是25%，适用于非居民企业和在中国境内设有机构场所的，应当与其机构场所有关联的非居民企业；

（2）低税率20%，适用于符合条件的小型微利企业和在中国境内未设有机构场所，或虽有机构场所但所得与机构场所无关联的非居民企业；

（3）低税率15%，适用于国家重点扶持的高新技术企业和技术先进型服务企业。

### 2. 企业所得税计算

企业所得税法定扣除项目是据以确定企业所得税应纳税所得额的项目。企业所得税条例规定，企业应纳税所得额的确定，是企业的收入总额减去成本、费用、损失以及准予扣除项目的余额。成本是纳税人为生产、经营商品和提供劳务等所发生的各项直接耗费和各项间接费用。费用是指纳税人为生产经营商品和提供劳务等所发生的销售费用、管理费用和财务费用。损失是指纳税人生产经营过程中的各项营业外支出、经营亏损和投资损失等。除此以外，在计算企业应纳税所得额时，对纳税人的财务会计处理和税收规定不一致的，应按照税收规定予以调整。企业所得税法定扣除项目除成本、费用和损失外，税收有关规定中还明确了一些需按税收规定进行纳税调整的扣除项目。

### 3. 企业所得税计算公式

平时预缴时，企业一般按实际利润计算预缴所得税，计算公式如下：

$$应纳所得税额＝实际利润 \times 所得税税率$$

第二年汇算清缴时，计算公式如下：

应纳所得税额＝应纳税所得额×所得税税率

### 4. 企业所得税预缴申报时间

小规模纳税人在每一季度终了之日起 15 日内，无论盈利或亏损，都应向税务机关报送预缴企业所得税纳税申报表，预缴税款。其中，第四季度的税款也应于季度终了后 15 日内先进行预缴。

小规模纳税人应当自年度终了之日起 5 个月内，向税务机关报送年度企业所得税纳税申报表，并汇算清缴，结清应缴应退税款。

### 5. 小型微利企业的优惠政策

根据 2019 年第 13 号《关于实施小微企业普惠性税收减免政策的通知》，对小型微利企业年应纳税所得额不超过 100 万元的部分，减按 25% 计入应纳税所得额，按 20% 的税率缴纳企业所得税；对年应纳税所得额超过 100 万元但不超过 300 万元的部分，减按 50% 计入应纳税所得额，按 20% 的税率缴纳企业所得税。若小规模纳税人符合小型微利企业认定标准可按优惠政策计算税额。

### 6. 小规模纳税人申报企业所得税需注意的事项

小规模纳税人申报企业所得税时需要注意，在每月预扣预缴时，要了解最新财税政策，检查减免税款是否正确。在年终汇算清缴时，要对需要调增和调减的项目进行纳税调整。

## 任务要领

（1）季度预缴中需要注意预缴填写的收入金额应不少于增值税纳税申报表中的销售额。

（2）年度汇算清缴的审核要领与年度所得税汇算清缴复核相同，这里不再赘述。

（3）小型微利企业应按照最新纳税申报相关法律规定，即按照《国家税务总局关于简化小型微利企业所得税年度纳税申报有关措施的公告》（国家税务总局公告 2018 年第 58 号）进行填写。

## 任务实施

### 1. 月末结账，生成税表

小规模纳税人每月将本期所有经济业务全部登入会计账簿后，进入财天下"月末结账"，单击"月末检查结账"按钮，自动完成结账，从而自动生成税表。

### 2. 减免政策检查与计算

根据 2019 年第 13 号《关于实施小微企业普惠性税收减免政策的通知》，核对企业的从业人数、资产规模、所得额等指标，判断企业是否能够享受税收优惠。

例如，在预缴企业所得税时，根据规定，该企业年应纳税所得额在 100 万元以下，可以

享受税收减免政策。

### 3. 纳税申报

税表经核查无误，由审核人员单击审核通过，单击"申报"按钮，即可完成申报。

## 任务评价

任务评价如表10-2所示。

表10-2　任务评价

| 核心工作任务 | 自我评价 | 教师评价 |
| --- | --- | --- |
| 进行月末结账，生成税表 | | |
| 核对所得税申报表中营业收入、营业成本、利润总额等数据 | | |
| 填写所得税减免税额，计算所得税税额 | | |
| 所得税申报表检查无误后进行纳税申报 | | |
| 学习态度 | | |
| 收获： | | |

## 素养课堂

本项目通过完成小规模纳税企业不同税种的申报，让学生掌握不同类型企业在税费计算与缴纳上略有不同，其所适用的法律法规也略有区别。初步培养学生严谨的职业精神，让学生了解政府为更好地服务企业所做的努力，从而增进政治认同。

党的二十大报告提出，推进政府机构、职能、权限、程序、责任法定化，提高行政效率和公信力，深化简政放权、放管结合、优化服务改革。这是党中央站在新的历史起点上对政府治理做出的重大战略部署。

放管服改革的本质是推动政府职能转变和治理能力提升，其核心内容是简政放权、放管结合、优化服务。通过持续推进"放管服"改革，进一步明确和厘清政府与市场边界，充分发挥市场在资源配置中的决定性作用，有效降低制度性成本，增强发展动力和创新活力。

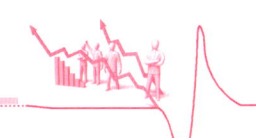

党中央、国务院高度重视深化"放管服"改革优化营商环境工作。2022年8月29日,时任总理李克强在第十次全国深化"放管服"改革电视电话会议上发表重要讲话,部署持续深化"放管服"改革,推进政府职能深刻转变,加快打造市场化、法治化、国际化营商环境,着力培育壮大市场主体,稳住宏观经济大盘,推动经济运行保持在合理区间。

# 专题三

# 社会共享初级外包服务

# 项目十一

# 票据外包服务

【知识目标】
- 了解票据管理的相关法律法规
- 能对票据进行分类管理

【技能目标】
- 能根据法律法规及企业财务制度要求对常用票据进行审核
- 能对票据与业务内容、资金收付、商品或服务进行匹配分析
- 能使用国家税务总局全国增值税发票查验平台对发票进行真伪查验
- 能在票据管理平台上采集票据影像、进行票据识别与校验，并能保存数字档案

【素养目标】
- 培养细心和耐心工作的意识
- 建立对票据相关法律法规和制度的正确认识

## 任务一 费用类票据处理及审查

### 任务背景

北京惠龙家具商贸有限责任公司（以下简称"惠龙商贸"）是一家以销售办公家具为主的商贸公司。公司为一般纳税人，2023年11月将"采购费用类票据"外包给共享中心，双方签订了外包服务合同。共享中心已经为该公司开通了票据管理云平台，公司基础信息已设置。

该外包公司账套号：101；账套名称：北京惠龙家具商贸有限责任公司；存储路径：计算机"D"盘新建文件夹"北京惠龙家具商贸有限责任公司"；账套启用会计期：2023年11月；公司法人代表：孟鑫；企业类型：商业企业；行业性质：2007年新会计制度科目；单位地址：北京市朝阳区诺阳路042号；邮政编码：100122；电话：010-81394836；纳税人识别号：78859210183394024H；开户行：工行北京市诺阳路支行；银行账号：73815294369101；本位币代码：RMB（人民币）；预置科目：按行业性质预置科目。2023年11月10日，共享中心经办人员周洋接收惠龙商贸提供的3张纸质采购业务费用类发票，如图11-1~图11-3所示。

图11-1　增值税普通发票

图11-2　增值税专用发票（1）

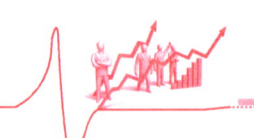

图 11-3 增值税专用发票(2)

## 认领任务

假设你是共享中心工作人员唐宋，请完成下列"票据外包服务"任务：

(1) 接收 3 笔采购业务核算的有关票据，将每张纸质票据进行扫描，形成独立的影像文件；

(2) 使用财天下云平台，采集票据影像文件；

(3) 进行识别与校验，存入数字档案系统；

(4) 对业务审批流程与票据进行审核。

## 知识准备

### 1. 票据

这里的票据是指广义上的票据，包括银行票据、发票、行政事业单位资金往来结算票、企业内部资金往来票据及其他各种有价证券和凭证。

### 2. 发票

发票是指一切单位和个人在购销商品、提供或接受服务以及从事其他经营活动中，所开具或收取的业务凭证，是会计核算的原始依据，也是会计管理、审计和税务执法检查的重要依据。发票分为普通发票和增值税专用发票，常见的有增值税专用发票、增值税普通发票、增值税电子普通发票、机动车销售统一发票、旅游景点门票、过路过桥费发票、定额发票、客运发票等。

## 任务要领

费用类票据外包业务处理，主要包括票据签收与分类、票据扫描与识别、票据审查、票据装订与归档环节。

会计服务机构接收票据时，要按照法律法规和委托单位的制度规定，对票据内容的真实性、合法性、完整性、规范性、时效性等进行检查，对不真实、不合法、不完整、不规范的票据，拒绝接收；交接票据时，应办理交接手续；应加强对涉税票据的管理，规避涉税风险。

费用类票据审核要点如表11-1所示。

表11-1 费用类票据审核要点

| 审核要点 | 审核细节 |
| --- | --- |
| 票据形成环节审核 | 1. 以票据的号码为依据，对票据的领用、发放、报销三个环节进行核查；<br>2. 对票据的经办、核实及入账等环节进行核实，找出票据形成过程的关键信息；<br>3. 通过对票据的各个环节进行检查和比对，检验票据是否符合"三流合一"原则，即查验票据的业务流、资金流、货物流是否符合逻辑 |
| 票据真实性、合法性审核 | 1. 检查票据要素的齐全情况；<br>2. 核实票据的特点是否符合单位业务情况；<br>3. 关注大额整数发票，尤其是节假日或者年末等特殊时间的大额发票 |
| 票据有效性审核 | 1. 票据的开具单位和开具时间是否有效或者已经废止；<br>2. 票据的结算类型是否符合入账要求；<br>3. 是否属于白条收支 |

## 任务实施

### 1. 票据签收与整理

财税共享服务中心人员接收外包公司传递的纸质票据，办理接收签字手续，并在票据管理系统中进行登记。对收到的票据进行检查、分类等整理工作。

### 2. 发票审查

（1）基础信息审查。

购买方名称必须是全称，无错字，写错无效；购买方纳税人识别号或者统一社会信用代码填写正确，多写、少写、错写都不正确；购买方如果收到销售方开具的普通发票，购买方地址、电话、开户行及账号不强制要求填写。一旦填写必须准确；发票专用章使用合规，不允许加盖多个发票章。不得同时加盖公章或财务章；发票专用章的纳税人识别号必须与销售

方信息栏中的纳税人识别号一致。

（2）发票票面审查。

增值税专用发票密码区信息不能压线、错格，不仅是密码区，全部打印区内容都不能压线、错格；所有信息填写完整、准确；专用发票也必须查询真伪，认证只是抵扣的程序，并不代表发票合规，必须使用国税通用机打发票，严防套票和走逃失联发票；定额发票，包含了地铁充值发票、门票、停车票、部分地区的餐费发票，严防套票和假票，需仔细核验发票专用章的真实性；其他票据，包括机票、火车票、汽车票、非税财政收据必须注意结合业务进行审核，例如差旅费用审批报告等；审查机票(电子客票行程单)时，必须登录民航局查询行程单的真伪。

（3）财务风险审查。

销售货物的发票必须标明具体的规格型号、数量、单价，确实没有规格型号的除外(比如劳务或服务的发票)。发票上的规格型号、数量、单价必须与实际采购情况一致；适用税目和税率正确，与实际业务相符；发票内容必须根据实际业务开具。内容较多可以汇总开票，根据具体明细在税控系统中开具清单；2018年1月1日以后开具的增值税发票要求填写商品和货物税务分类编码，并检查是否规范。

（4）备注栏审查。

建筑服务发票，应在发票的备注栏注明建筑服务发生地县(市、区)名称及工程名称；不动产销售发票，应在发票"货物或应税劳务、服务名称"栏填写不动产名称及房屋产权证书号码(无房屋产权证书的可不填写)，"单位"栏填写面积单位，备注栏注明不动产的详细地址；不动产租赁发票，应在备注栏注明不动产的详细地址；货物运输发票，应备注起止地点、车种车号、货物内容；车船税发票，如果是保险机构作为车船税扣缴义务人，在代收车船税并开具增值税发票时，应在增值税发票备注栏中注明代收车船税税款信息，具体包括：保险单号、税款所属期、代收车船税金额、滞纳金金额、金额合计等。

（5）发票与合同匹配审查。

一是对价款是否含税的审核。主要关注合同价款是否含税，有些合同将合同金额和税款分别计算，甚至约定税款比价款延迟给付。因此，在合同中分别约定价款和税款的不同给付时间，可以降低购买方/发包方等因不正常发票而蒙受补税的风险，避免由此产生的不必要的损失。

二是对结算条款的审核。主要关注合同结算条款是否符合企业信用管理规定，特别是对于预付款项、付款进度、验收款的管理要求，比如有企业规定对于设备类、物资类采购原则上不进行预付款，并按执行进度分批次支付货款，具体支付比例依据合作商信用等级确定。确有特殊情况需要支付预付款项的，应经过管理层特殊审批后方可进行。

三是对合同结算方式(如银行转账、银行票据、现金交易等)是否符合企业和相关规定

的审核。如企业明确规定应采用银行转账等电子结算方式的，不得通过现金方式进行结算。除总（分）公司、委托第三方收款等情形外，合同正文中涉及的收款方的账户名称应与合同签订方名称一致。

四是对涉税事项的审核。主要关注合同中约定的税款承担、发票开具等条款是否符合国家税收法律法规的要求。合同中明确约定发票类型的，发票类型需与合同业务内容、业务性质保持一致，审核时应结合以合作对方机构所在地、劳务发生地、业务内容为标准进行判定；对于涉及增值税业务的票据，应标明开具增值税专用发票或者普通发票，以及包含的税率；合同中未明确约定发票类型的，应通过"乙方须提供符合税法规定与甲方财务要求的正规税务发票"等模糊方式进行。对于一般纳税人来讲，更愿意取得增值税专用发票。然而，如果合同没有明确约定购买方、发包方等取得发票的类型，则出卖方、施工方等有可能会通过开具增值税普通发票的方式来降低己方的税负；相反的，购买方、发包方等因为取得增值税普通发票而无法进行进项抵扣则无形中加大了己方的税负。因此，在合同中明确开具增值税发票的类型对于保障购买方、发包方等的利益就显得格外重要。

五是对特殊事项的审核。对租赁类合同，需判断租赁形式是否符合企业资产管理规范，比如某些企业规定未经批准不得进行任何形式的融资性租赁；对于涉及企业市场竞争的核心设备，不得采用租赁的方式获得资产；对经营性租赁方式，在经济上应具备可行性。关联交易类合同应审核是否涉及关联交易、关联交易的额度是否符合企业规定；属于关联交易的，合同金额是否在年度剩余关联交易额度以内。捐赠、赞助类合同应重点审核交易的涉税事项。按照企业所得税扣除要求，非广告性赞助支出、非公益性捐赠不得在企业所得税前进行扣除。涉及押金或保证金条款的合同，应审核押金或保证金收据的开具方式。除以上审核内容以外，审核合同的财务人员一般还负责合同印花税的计算工作。根据合同业务性质、合同类型，应选择相应的印花税税目。

（6）发票与业务内容匹配分析。

《最高人民法院关于适用〈全国人民代表大会常务委员会关于惩治虚开、伪造和非法出售增值税专用发票犯罪的决定〉的若干问题的解释》（以下简称《解释》）规定，有下列行为之一，属于"虚开增值税专用发票"：

没有货物购销或者没有提供或接受应税劳务而为他人、为自己、让他人为自己、介绍他人开具增值税专用发票；

有货物购销或者提供或接受了应税劳务但为他人、为自己、让他人为自己、介绍他人开具数量或者金额不实的增值税专用发票；

小规模纳税人进行了实际经营活动，但让他人为自己代开增值税专用发票。

**3. 票据扫描与采集**

（1）将每张纸质票据进行扫描，形成独立的影像文件。

（2）登录财天下平台，选择"票据"下的"票据采集"并单击，进入"票据采集"功能界面，单击"采集"按钮后选择"教学平台图片/PDF"，勾选需要采集的发票，单击"确定"按钮即可上传票据的电子影像文件。

**4. 票据识别与校验**

（1）登录财天下平台，通过OCR（光学字符识别）技术，识别票据中的信息。

费用类票据处理及审查

（2）识别后要求对票据信息和行信息进行人工核验，若识别的信息有错误，需要手动修改。修改完毕后正确的票据信息和行信息填列如图11-4、图11-5所示。

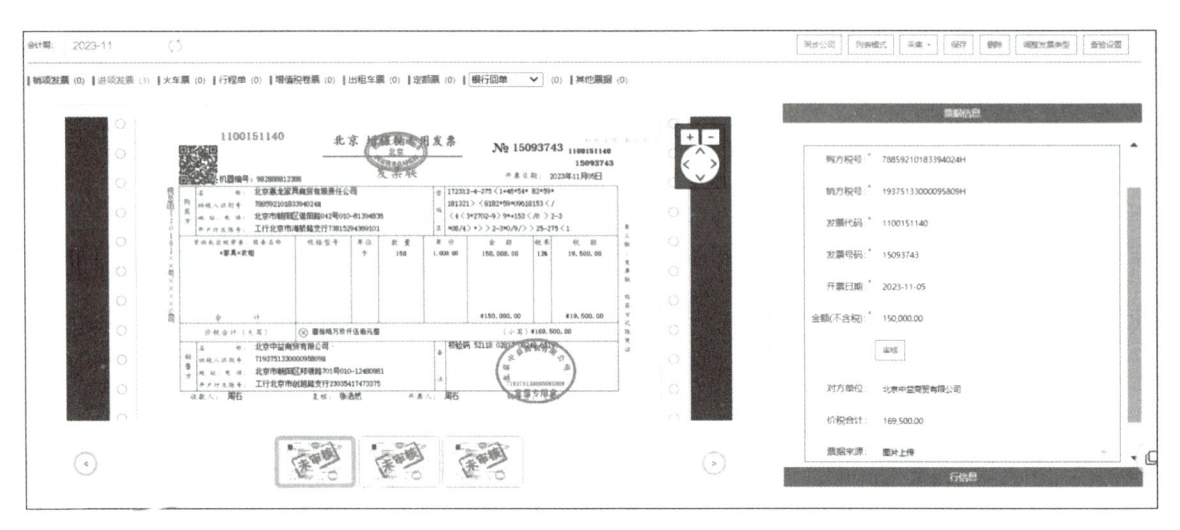

图11-4 票据信息

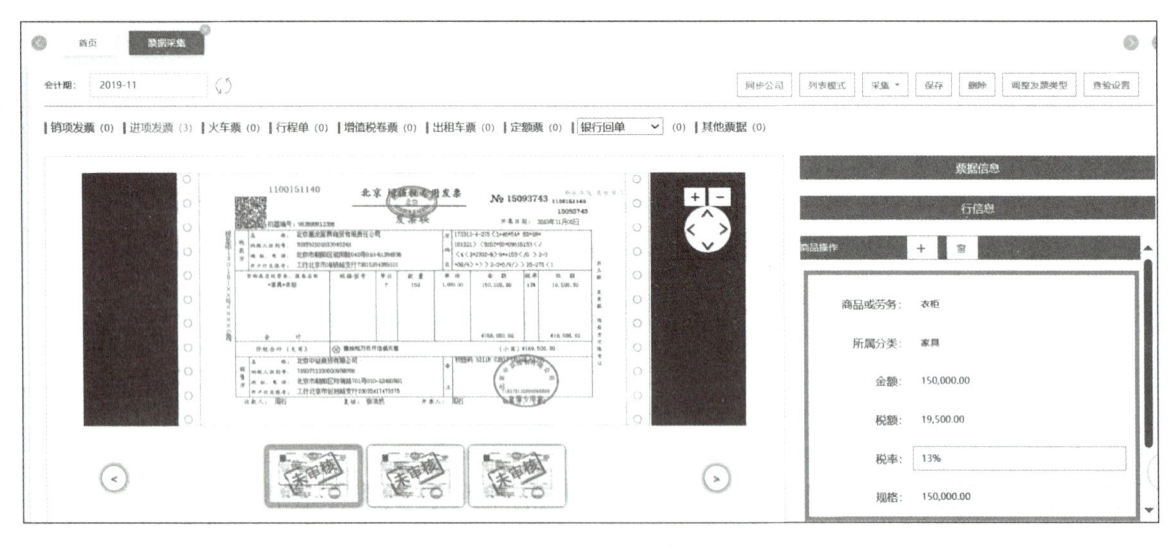

图11-5 行信息

**5. 审核票据**

查验所有信息都准确无误后再次回到票据信息，单击"审核"按钮后系统提示票据审核成功即可。

## 任务评价

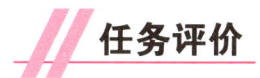

任务评价如表 11-2 所示。

表 11-2　任务评价

| 核心工作任务 | 自我评价 | 教师评价 |
| --- | --- | --- |
| 了解票据管理的相关法律法规 |  |  |
| 费用类票据采集、识别操作 |  |  |
| 熟悉费用类票据外包业务处理流程 |  |  |
| 费用类票据与合同、业务匹配情况的审查 |  |  |
| 在财天下云平台审核已查验完毕的票据 |  |  |
| 学习态度 |  |  |
| 收获： |  |  |

# 任务二　员工费用报销票据处理及审查

## 任务背景

惠龙商贸与共享中心双方签订的外包服务合同中，同时将"员工费用报销"进行了外包。

2023 年 11 月 10 日，财税中心经办人员周洋接收惠龙商贸提供的 1 名员工旅差费报销业务单据，如图 11-6、图 11-7 所示。

图 11-6　增值税专用发票

图 11-7　火车票

## 认领任务

假如你是共享中心经办人员张伟，负责接收公司交来的员工费用报销单据，办理接收手续后负责审核费用单据。

## 知识准备

**1. 企业所得税税前扣除凭证在管理中应遵循的原则**

《关于发布〈企业所得税税前扣除凭证管理办法〉的公告》(国家税务总局公告 2018 年第

28号）指出，税前扣除凭证在管理中遵循真实性、合法性、关联性原则。真实性是指税前扣除凭证反映的经济业务真实，且支出已经实际发生；合法性是指税前扣除凭证的形式、来源符合国家法律、法规等相关规定；关联性是指税前扣除凭证与其反映的支出相关联且有证明力。

**2. 取得合规发票进行税前扣除，加强内部控制管理**

发生支出，应取得税前扣除凭证，作为计算企业所得税应纳税所得额时扣除相关支出的依据。公司在缴纳企业所得税时，需将各项期间费用按一定的比例进行税前扣除，但员工报销不合规票据是不能进行税前扣除的，要进行企业所得税调增，这无疑增加了企业的税负。为避免增加企业税负，应从源头抓起，加强内部控制管理。

## 任务要领

员工费用类票据外包业务处理，主要是指对费用类票据的接收与审核，审核员工出差前相关审批流程单是否齐全，审核票据与审批单目的地是否相符，通过平台对票据进行扫描与识别、查验、自动生成凭证、票据归档等环节。

员工费用报销票据审核要点，如表11-3所示。

表11-3　员工费用报销票据审核要点

| 审核要点 | 审核细节 |
| --- | --- |
| 差旅费合理性 | 出差任务是否已经达到授权批准；出差标准是否超标，是否避实就虚，铺张浪费 |
| 附件完整性 | 差旅费附件是否充分完整，如酒店发票后面需要附上明细清单 |
| 是否符合预算范围 | 对差旅费用应"总额控制"及"明细核算"相结合，做到具体问题具体分析 |

## 任务实施

**1. 票据签收与整理**

财税共享服务中心人员接收外包公司传递的纸质票据，办理接收签字手续，并在票据管理系统中进行登记。对收到的票据进行检查、分类等整理工作。

**2. 发票审查**

本任务业务操作与任务一业务操作步骤基本相同，主要差别在于对员工个人报销事项的流程与票据审核要求不同。下面主要介绍员工报销费用单据审核工作步骤及内容要点：

（1）审核出差报销是否经事前审批。

要注意是否有经过授权批准的出差申请表。如果没有，除非特别审批方可报销。

（2）审核出差标准是否符合有关报销标准

如有的单位出差标准规定早餐40元、中餐及晚餐各100元，一天不超过240元。如果

报销人员拿来一张晚餐120元的发票，从表面上看这项报销没有超过一天的报销限额，但是针对一餐而言，就是超标。

(3)审核票据金额是否属于应由企业负担的费用。

会计人员需要关注报销人员的实际报销凭证金额是否超标，是否私自购买礼品赠送客户或私自招待客户，是否未按规定线路而绕路游山玩水等。超过企业负担标准的，相关报销费用由个人自理。

(4)审核报销附件是否"充分完整"。

如酒店发票的后面，需要附上明细清单。明细清单上可以更清楚地列明企业与个人各承担哪些费用。例如，有的企业规定：饮用酒店小冰箱里的饮料，费用由个人承担，通过报销清单就会一清二楚。

(5)审核费用流程是否符合内部控制流程。

每个企业都有差旅费报销审批的流程。一般应是费用报销申请单由部门负责人审批，然后由财会部门审核。如果符合报销要求且在部门负责人审批范围之内，则进入付款流程。如果还需更高权限审批人审批，则再由该审批人审批签字。

(6)审核是否有事前借款。

如果有预付款情况，需要及时冲账处理，否则这笔预付款一直挂在账上，说明在资金管理和内部控制上有不到位之处。

(7)对差旅费用应"总额控制"及"明细核算"相结合

在审核差旅费时，不仅要检查本次将要报销的费用，还要留心检查实际本年累计发生的费用及本月的预测数。如果超过预算，则要提醒部门负责人加强出差管控。对于经常出差的部门(如销售部门)，还要追踪到每个人的累计实际及累计预算金额。以便企业所投入的费用能与销售员产出的订单、新增的客户以及销售额相比较。

### 3. 票据扫描与采集

(1)将每张纸质票据进行扫描，形成独立的影像文件。

(2)登录财天下平台，选择"票据"下的"票据采集"并单击，进入"票据采集"功能界面，单击"采集"按钮后选择"教学平台图片/PDF"，勾选需要采集的发票，单击"确定"按钮即可上传票据的电子影像文件。

### 4. 票据识别与校验

(1)登录财天下平台，通过OCR(光学字符识别)技术，识别票据中的信息。

(2)识别后要求对票据信息进行人工核验，若识别的信息有错误，需要手动修改。

### 5. 审核票据

查验所有信息都准确无误后，单击"审核"按钮后系统提示票据审核成功即可。

## 任务评价

任务评价如表 11-4 所示。

表 11-4　任务评价

| 核心工作任务 | 自我评价 | 教师评价 |
| --- | --- | --- |
| 明确员工费用报销流程 | | |
| 依据法律法规并按照企业财务制度规定审核委托企业员工费用报销的原始凭证 | | |
| 员工费用类票据与出差业务匹配情况审查 | | |
| 员工费用报销票据采集、识别及校验 | | |
| 在财天下云平台审核已查验完毕的票据 | | |
| 学习态度 | | |
| 收获： | | |

## 任务三　办公费用类票据处理及审查

### 任务背景

惠龙商贸与财税共享服务中心双方签订的外包服务合同中，同时将"办公费用类票据处理及审查"也进行了外包。

2023 年 11 月 15 日，共享中心经办人员周洋接收惠龙商贸提供的办公费报销业务单据一张，如图 11-8 所示。

图 11-8 增值税专用发票

## 认领任务

假如你是共享中心经办人员张伟，负责接收公司交来的办公费用类报销单据，办理接收手续后负责审核费用单据。

## 知识准备

日常办公费用中，办公用品的购买和邮寄费是费用管理的重要方面，加强办公费用票据的归集与审核工作，是企业不断完善内部控制制度的重要组成部分，同时也是判断费用是否准予税前扣除的重要依据，是证明企业支出是否与企业取得收入有关、是否合理的重要条件。《中华人民共和国企业所得税法》第八条规定，企业实际发生的与取得收入有关的、合理的支出，包括成本、费用、税金、损失和其他支出，准予在计算应纳税所得额时扣除。

## 任务要领

办公费用类票据外包业务处理，主要指对办公费用类票据的接收，审核票据是否超期限、是否在预算范围内，核对入库明细单是否相符，通过平台对票据进行扫描与识别、修改、查验、票据归档等环节。办公费用类票据审核要点如表 11-5 所示。

表 11-5　办公费用类票据审核要点

| 审核要点 | 审核细节 |
| --- | --- |
| 办公费发票合理性查验 | 检查发票后面是否附商品明细及办公用品购置审批单 |
| 办公费发票真实性查验 | 防止员工为使发票"合法化"，向商家索取虚假发票，许多似是而非的项目通过"变通"，都在办公费列支，造成不良影响 |
| 办公费发票额度控制 | 根据办公费用报销人员职务及级别，审查报销额度及限额 |

## 任务实施

### 1. 票据扫描与采集

（1）将每张纸质票据进行扫描，形成独立的影像文件。

（2）登录财天下平台，选择"票据"下的"票据采集"并单击，进入"票据采集"功能界面，单击"采集"按钮后选择"教学平台图片/PDF"，勾选需要采集的发票，单击"确定"按钮即可上传票据的电子影像文件。

办公费用类票据处理及审查

### 2. 流程与票据审查

对办公费用审批及报销流程合规性进行检查，对发票的真实性、完整性、有效性等进行全面审查。

### 3. 票据识别与校验

（1）登录财天下平台，通过OCR（光学字符识别）技术，识别票据中的信息。

（2）识别后要求对票据信息进行人工核验，若识别的信息有错误，需要手动修改。

### 4. 审核票据

查验所有信息都准确无误后，单击"审核"按钮后系统提示票据审核成功即可。

## 任务评价

任务评价如表11-6所示。

表 11-6　任务评价

| 核心工作任务 | 自我评价 | 教师评价 |
| --- | --- | --- |
| 明确办公费用类票据报销流程 | | |
| 根据法律法规要求和公司财务制度规定审核票据 | | |
| 审核办公费用报销凭证 | | |
| 办公费用类报销票据采集、识别及校验 | | |
| 在财天下云平台审核已查验完毕的票据 | | |

续表

| 核心工作任务 | 自我评价 | 教师评价 |
|---|---|---|
| 学习态度 | | |
| 收获： | | |

## 任务四 电子发票处理与审查

### 任务背景

惠龙商贸与共享中心双方签订的外包服务合同中，同时将"电子发票的整理"也进行了外包。

2023年11月16日，共享中心经办人员周洋接收惠龙商贸提供的运输费电子发票一张，如图11-9所示。

图11-9　增值税电子普通发票

## 认领任务

假如你是共享中心经办人员周洋,按照公司要求,对电子发票进行归集、采集、查验、审核。

## 知识准备

电子发票是指在购销商品、提供或者接受服务以及从事其他经营活动中,开具、收取的以电子方式存储的收付款凭证。

根据《中华人民共和国发票管理办法》(国务院令第587号)、《国家税务总局关于推行通过增值税电子发票系统开具的增值税电子普通发票有关问题的公告》(国家税务总局公告2015年第84号)有关规定,自2015年12月1日起在全国范围内全面推行增值税电子普通发票。2016年,财政部、国家档案局联合公布的《会计档案管理办法》中已明确电子会计档案的法律地位,只要满足该办法规定的条件,电子发票的开票方或受票方,可仅以电子形式对发票进行归档保存。

## 任务要领

电子发票的整理及制单业务最关键的有两个方面:

一方面是确保发票的真实性。为防止出现虚假发票,企业取得的增值税电子普通发票须通过官方查询平台查询确认电子发票真伪,查询人对发票真伪负责。既可以通过开票方提供的下载地址查询(如电子发票服务平台、开票方网上营业厅等),也可以通过国家税务总局全国增值税发票查验平台(https://inv-veri.chinatax.gov.cn)进行发票一致性查验。

另一方面是确保发票的唯一性。电子普通发票受票方每份发票应当仅报销一次,受票方应当根据需要建立报销台账,以防止电子发票重复报销的情况发生。

## 任务实施

**1. 电子发票采集**

登录财天下平台,选择"票据"下的"票据采集"并单击,进入"票据采集"功能界面,单击"采集"按钮后选择"教学平台图片/PDF",勾选需要采集的发票,单击"确定"按钮即可上传票据的电子影像文件。

**2. 发票识别、查验及审核**

进入发票采集界面,核查右侧"票据信息"列和"行信息"列,将错误信息手动修改为正

确的票据信息，如图 11-10、图 11-11 所示。在国家税务总局全国增值税发票查验平台对该张发票进行查验，得到"查验成功"反馈后，在"票据信息"列输入票据记载的校验码后 6 位，单击审核。

电子发票处理及审查

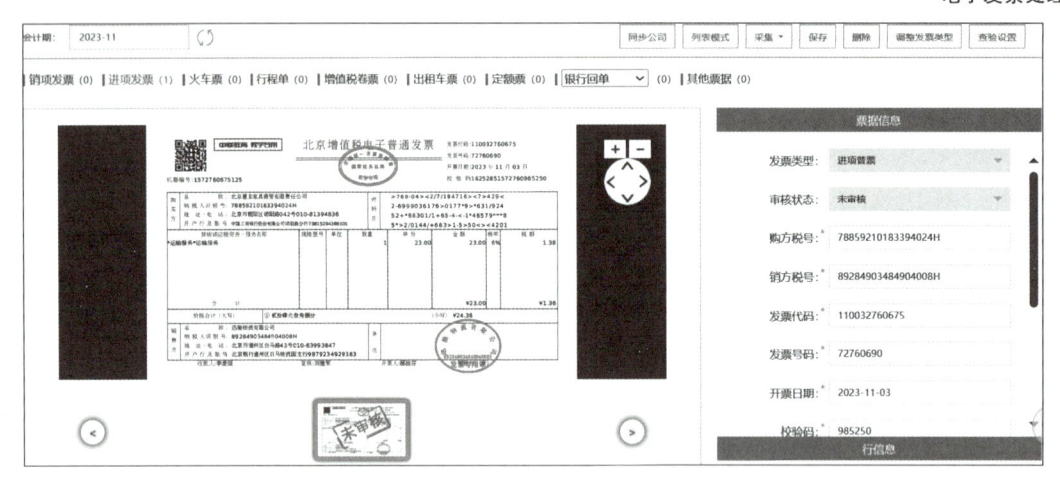

图 11-10　票据信息

图 11-11　行信息

## 任务评价

任务评价如表 11-7 所示。

表 11-7　任务评价

| 核心工作任务 | 自我评价 | 教师评价 |
| --- | --- | --- |
| 了解《中华人民共和国发票管理办法》 | | |
| 对电子票据信息进行接收及采集整理 | | |
| 使用全国增值税发票查验平台对电子发票进行查验 | | |

续表

| 核心工作任务 | 自我评价 | 教师评价 |
|---|---|---|
| 结合企业业务对电子发票进行核查 | | |
| 在财天下云平台审核已查验完毕的票据 | | |
| 学习态度 | | |
| 收获： | | |

## 素养课堂

本项目主要完成的是对各类票据的处理及审查的相关实操工作，涉及不同票据的分类和审查细节处理，让学生了解不同票据的真实处理流程，分辨票据的真实性、规范性、合理性等，深刻认识并理解我国发票相关法律法规。

2024年1月24—25日召开的全国税务工作会议强调全国税务系统将持续深化税收征管改革，稳步推进全面数字化的电子发票推广应用，扩围上线全国统一的新电子税务局，深化拓展税收大数据应用，提升数字化、智能化治理效能。

在这之前，为贯彻落实中办、国办印发的《关于进一步深化税收征管改革的意见》要求，按照国家税务总局对发票电子化改革（金税四期）的部署，自2021年12月1日起，内蒙古自治区、上海市和广东省（不含深圳市，下同）三个地区开展推行全面数字化的电子发票（以下简称"数电票"）首批试点工作。随着西藏自治区税务局发布公告，自2023年12月1日起，在所辖地区开展全面数字化的电子发票试点工作，全国数电票开票试点省份已经实现了全覆盖。

除此之外，国家税务总局关于修改《中华人民共和国发票管理办法实施细则》的决定已经于2023年12月29日国家税务总局第3次局务会议审议通过，并于2024年1月15日公布，该决定自2024年3月1日起施行。

# 项目十二

# 财务核算外包服务

【知识目标】
- 了解增值税发票的联次及其作用
- 熟练掌握采购业务账务处理
- 了解制造费用、生产成本计算和账务处理，并能在实际业务中应用
- 熟悉固定资产折旧的方法，掌握平均年线法公式
- 掌握工资的计提与发放账务处理
- 掌握现金折扣的计算及账务处理

【技能目标】
- 能在智能化票据操作平台上将采购业务相关原始单据分类成系统自动识别处理类单据和系统不能自动识别处理类单据
- 能在智能化票据操作平台上处理查验增值税专用发票的发票联和抵扣联
- 能在智能化财务操作平台上根据选取科目功能生成采购业务记账凭证
- 能编制企业固定资产折旧明细表，并在智能化财务操作平台上生成折旧核算账务处理凭证
- 能在智能化财务操作平台上对制造业生产环节的直接材料成本项目进行账务处理
- 能在智能化财务操作平台上对工资表进行账务处理，并自动生成记账凭证
- 能在智能化财务操作平台上对制造业生产环节的间接制造费用进行账务处理并自动生成记账凭证
- 了解应收账款、销售收入以及增值税销项税额账务处理，并能在实际业务中应用
- 能在智能化票据操作平台上对增值税发票进行扫描，并能将其自动生成销售记账凭证
- 能将银行回单与销售业务进行核对，并能进行客户回款情况分析

## 【素养目标】

- 懂得程序规范、操作规范的意义，进而逐步树立规则意识、诚信意识和契约精神
- 树立质量意识，培养工匠精神

# 任务一 采购业务核算

## 任务背景

南宁泰福八宝粥有限公司(以下简称"泰福八宝粥公司"或"公司")是一家生产、销售八宝粥的公司。公司会计核算制度采用2007企业会计准则；为一般纳税人，增值税适用税率为13%。公司产品有桂圆海带八宝粥和养生八宝粥。生产八宝粥产品的原材料包括糯米、紫米、海带、薏米、燕麦、红豆、绿豆、花生、桂圆、白糖、食盐、木耳等，采购部门通过超市购入相关原材料，该公司存货采用实际成本法核算。为简化核算，不考虑农产品增值税加计扣除事项。

公司将"采购业务核算"外包给共享中心，双方签订外包服务合同。每月月初将上月所有的有关票据移交到共享中心，委托记账并要求提供存货、数量、客户和供应商辅助核算。

公司2023年12月发生采购业务，请进行业务处理(请先对公司2023年11月账务进行月末处理)。

## 认领任务

由共享中心工作人员唐宋负责泰福八宝粥公司"采购业务核算"业务，具体要求如下：

(1)接收2023年12月的11笔采购业务核算的有关票据，将每张纸质票据扫描形成独立的影像文件；

(2)使用会计核算云平台，采集票据影像文件，并进行识别与校验，存入数字档案系统；

(3)对业务审批流程与票据进行审核；

(4)根据每笔采购业务的原始票据，自动生成记账凭证或手工编制记账凭证，同时进行存货、数量、客户和供应商辅助核算，并进行人工审核；

(5)查询本任务编制的所有记账凭证。

## 知识准备

### 1. 存货的概念

存货是指企业在日常活动中持有以备出售的产成品和商品、处在生产过程中的在产品、在生产过程或提供劳务过程中耗用的材料和物料等。包括原材料、在产品、自制半成品、产成品、周转材料等。

### 2. 外购存货的成本

外购存货的成本是指存货从采购到入库前所发生的全部支出，即采购成本，一般包括购买价款、相关税费、运输费、装卸费、保险费以及其他可归属于存货采购成本的费用。

购买价款，是指所购货物发票账单上列明的价款，但不包括按规定可予抵扣的增值税进项税额；相关税费，是指进口关税、购买存货发生的消费税以及不能从增值税销项税额中抵扣的进项税额等；其他可归属于存货采购成本的费用，是指存货采购过程中发生的除上述各项费用以外的仓储费、包装费、运输途中的合理损耗、大宗物资的市内运杂费、入库前的挑选整理费等可直接归属于存货采购成本的费用。

### 3. 外购存货的账务处理

（1）存货验收入库和货款结算同时完成。

在存货验收入库和货款结算同时完成的情况下，企业应在支付货款或开出承兑商业汇票，并且存货验收入库后，按发票账单等结算凭证确定的存货成本，借记"原材料""周转材料""库存商品"等存货科目，按增值税专用发票上注明的增值税进项税额，借记"应交税费——应交增值税（进项税额）"科目，按实际支付的款项或应付票据面值，贷记"银行存款""应付票据"等科目。

（2）货款已结算但存货尚在运输途中。

在已经支付货款或开出承兑商业汇票，但存货尚在运输途中或虽已运达但尚未验收入库的情况下，企业应于支付货款或开出承兑商业汇票时，按发票账单等结算凭证确定的存货成本，借记"在途物资"科目，按增值税专用发票上注明的增值税进项税额，借记"应交税费——应交增值税（进项税额）"科目，按实际支付的款项或应付票据面值，贷记"银行存款""应付票据"等科目；待存货运达企业并验收入库后，再根据有关验货凭证，借记"原材料""周转材料""库存商品"等存货科目，贷记"在途物资"科目。

（3）存货已验收入库但货款尚未结算。

在存货已运达企业并验收入库，但发票账单等结算凭证尚未到达、货款尚未结算的情况下，企业在收到存货时可先不进行会计处理。如果月末时结算凭证仍未到达，为全面反映资产及负债情况，应对收到的存货按暂估价值入账，借记"原材料""周转材料""库存商品"等存货科目，贷记"应付账款——暂估应付账款"科目，下月月初，再编制相同的红字记账凭

证予以冲回；待结算凭证到达，企业付款或开出承兑商业汇票后，按发票账单等结算凭证确定的存货成本，借记"原材料""周转材料""库存商品"等存货科目，按增值税专用发票上注明的增值税进项税额，借记"应交税费——应交增值税（进项税额）"科目，按实际支付的款项或应付票据面值，贷记"银行存款""应付票据"等科目。

（4）采用预付货款方式购入存货。

在采用预付货款方式购入存货的情况下，企业应在预付货款时，按照实际预付的金额，借记"预付账款"科目，贷记"银行存款"科目；购入的存货验收入库时，按发票账单等结算凭证确定的存货成本，借记"原材料""周转材料""库存商品"等存货科目，按增值税专用发票上注明的增值税进项税额，借记"应交税费——应交增值税（进项税额）"科目，按存货成本与增值税进项税额之和，贷记"预付账款"科目。预付的货款不足、需补付货款时，按照补付的金额，借记"预付账款"科目，贷记"银行存款"科目；供货方退回多付的货款时，借记"银行存款"科目，贷记"预付账款"科目。

（5）采用赊销方式购入存货。

在采用赊购方式购入存货的情况下，企业应于存货验收入库后，按发票账单等结算凭证确定的存货成本，借记"原材料""周转材料""库存商品"等存货科目，按增值税专用发票上注明的增值税进项税额，借记"应交税费——应交增值税（进项税额）"科目，按应付未付的货款，贷记"应付账款"科目；待支付款项或开出承兑商业汇票后，再根据实际支付的货款金额或应付票据面值，借记"应付账款"科目，贷记"银行存款""应付票据"等科目。

## 任务要领

（1）熟知采购与应付账款业务流程，即合同签订→取得采购发票→检验→验收→入库→结算。

（2）在财天下平台进行票据采集时，应把购销合同、入库单、汇票、转账支票等单据全部采集，若发现采集图片不齐全，可以通过添加图片方式添加。

（3）票据生成后要根据合同、入库单、发票进行核对，检查会计科目、税率、数量、规格型号、价税合计数额等是否有误。

## 任务实施

**业务12-1**：12月9日，泰福八宝粥公司向南宁友红干杂有限公司购入原材料一批，采用商业承兑汇票方式结算（本题题面提供一张购销合同、一张商业承兑汇票、两张增值税专用发票）。

准备工作：因为要进入2023年12月的业务，所以先要对2023年

11月进行结账。进入财天下→月末结账→月末检查结账→提示：失败,当月存在检查不通过的情况,请调整后再进行结账→查看原因→报表审核检查→单击此处财务报表→审核→返回月末结账→重新单击"月末检查结账"→显示结账成功,账套自动进入2023年12月。

操作步骤：

(1)单击开始练习,进入财天下平台。

(2)单击左侧"票据"｜票据采集→采集｜教学平台图片/PDF→勾选：商业承兑汇票和两张增值税专用发票,一张进入银行回单,两张进入进项发票(合同不能作为原始凭证,故不采集)。

(3)商业承兑汇票从"银行回单"调整发票类型至"其他票据"。单击"其他票据"→审核。

(4)单击"进项发票"→校对发票的"票据信息"和"行信息",逐一修正错误的信息,然后返回"票据信息"→审核→确定。发票检验如图12-1所示。

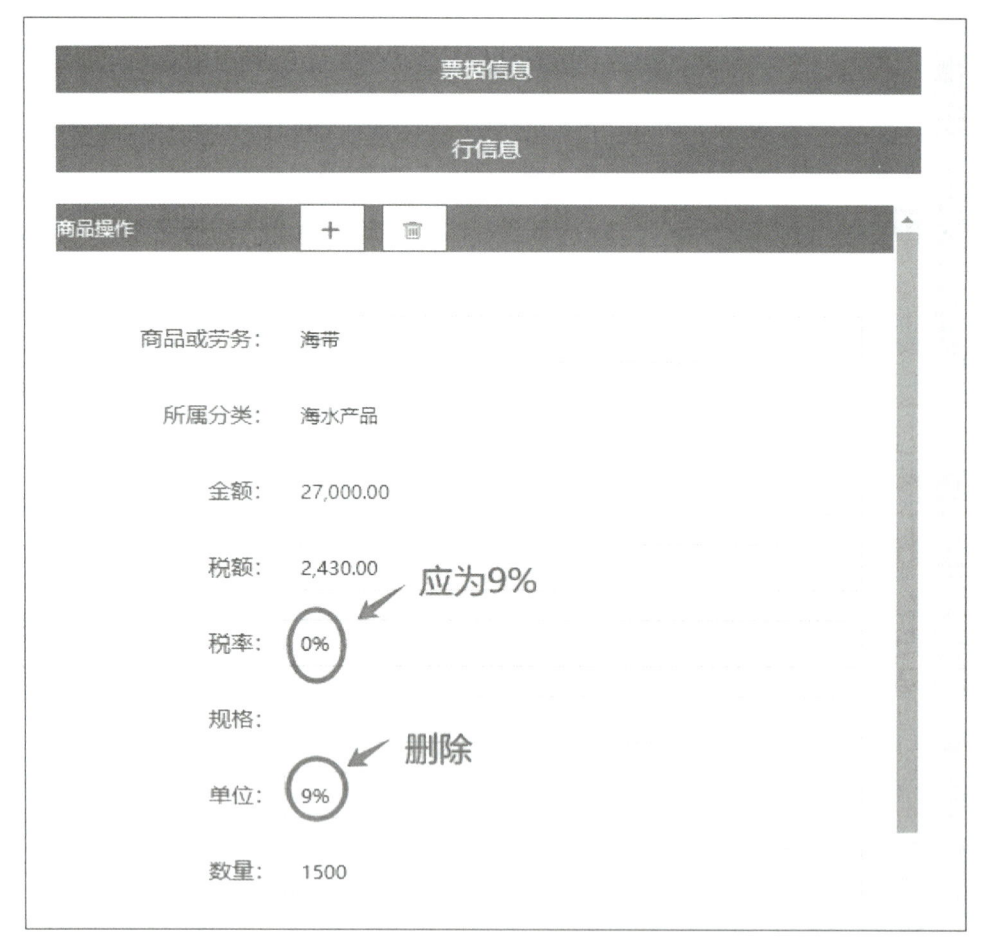

图12-1 发票检验

(5)单击"凭证"｜票据制单→进项发票,可以看到已经自动生成两张凭证,如图12-2所示。

(6)勾选这两张票据,单击右上角的"取消凭证",此时凭证取消,凭证号消失,修改业

务类型为采购在途物资(专)，但是系统内没有此业务类型，单击左侧"会计平台"|业务类型，单击"进项发票"选项→单击右上角"新增"按钮，弹出"业务类型详情"，按图12-3输入。

图 12-2　票据制单

图 12-3　新增业务类型

(7)回到凭证→票据制单，将这两条单据的"业务类型"修改为"采购在途物资(专)"，再次勾选这两张票据，单击右上方的"生成凭证"按钮，因为这两张凭证既是相同往来单位，又是相同日期，所以此处选择任意一条，都可合并生成凭证，单击"确定"按钮，此时两张票据的凭证号变成同一个号码，即完成凭证的合并生成。

(8)单击凭证号，进入凭证修改界面→单击左上方的"添加图片"→弹出"单据图片"→查询→双击勾选"商业承兑汇票"。

(9)往来科目要设置辅助核算，单击左侧"基础设置"|会计科目→搜索"应付票据"→单击前面的笔状修改按钮→勾选"辅助核算"|供应商→确定→回到凭证，检查并修改会计科目：把"应付账款"改为"应付票据"→选择供应商"南宁友红干杂有限公司"→修改单据日期为"2023年12月9日"→保存→审核。材料采购凭证生成如图12-4所示。

| 记字第 0001 号　制单日期 2023-12-09 | | | | 附单据 3 张 |
|---|---|---|---|---|
| 序号 | 摘要 | 会计科目 | 数量 | 借方金额　贷方金额 |
| 1 | 采购在途物资 | 1402 在途物资_海带 | 数量 1500.00吨 单价 18.000000 | 27000 00 |
| 2 | 采购在途物资 | 1402 在途物资_食用盐 | 数量 450.00吨 单价 5.000000 | 2250 00 |
| 3 | 采购在途物资 | 1402 在途物资_桂圆 辅助项 | 数量 400.00吨 单价 48.000000 | 19200 00 |
| 4 | 采购在途物资 | 1402 在途物资_木耳 | 数量 1000.00吨 单价 50.000000 | 50000 00 |
| 5 | 进项税 | 22210101 应交税费-应交增值税-进项税额-本期… | | 8860 50 |
| 6 | 欠供应商款 | 220201 应付账款-应付账款—一般_南宁友红干杂… | | 107310 50 |
| 7 | | | | |
| 合计 壹拾万零柒仟叁佰壹拾元伍角 | | | | 107310 50　107310 50 |

图 12-4　材料采购凭证生成

**业务 12-2**：12 月 10 日，公司库管员验收南宁友红干杂批发店已到货并已验收入库原材料 98 450.00 元。

操作步骤：

（1）单击开始练习，进入财天下平台。

（2）单击左侧"票据"｜票据采集→采集｜教学平台图片/PDF→勾选收料单，自动进入"其他票据"→单击"其他票据"→找到"收料单"→审核。

（3）单击"凭证"｜新增凭证→单击右上方的"单据图片"→弹出"单据图片"→发票类型为"其他票据"→查询→双击勾选"收料单"→制单日期"2023 年 12 月 10 日"→摘要：原材料验收入库（摘要一般意思表达到位即可）→第一行会计科目：140301 原材料—外购原材料→存货选择：桂圆→数量：400→单价：48→金额自动带出→方向：借方，然后依次录入"木耳""海带""食用盐"的信息，如图 12-5 所示。

| 记字第 0002 号　制单日期 2023-12-10 | | | | 附单据 1 张 |
|---|---|---|---|---|
| 序号 | 摘要 | 会计科目 | 数量 | 数量：400.00　千克 |
| 1 | 原材料验收入库 | 140301 原材料-外购原材料_桂圆 辅助项 余额：480.00 | 数量 400.00千克 单价 48.000000 | 单价：48.000000 金额：19200.00 借方　贷方　取消　确定 |
| 2 | | | | |

图 12-5　新增辅助明细（1）

接下来录入 1402 在途物资——桂圆→数量：400→单价：48→金额自动带出→方向：贷方→依次录入"木耳""海带""食用盐"的信息→保存→审核，如图 12-6 所示。材料入库凭证生成如图 12-7 所示。

项目十二　财务核算外包服务

图 12-6　新增辅助明细(2)

图 12-7　材料入库凭证生成

**业务 12-3**：12 月 10 日，泰福八宝粥公司从深圳惠华罐业有限公司购入易拉罐一批，数量 100 万罐，价格 0.7 元/罐，增值税税率为 13%，含税总金额为 791 000 元，货款已含运费。双方约定，货到后公司支付货款 30%(不含税款计 210 000 元)，余下的货款下月支付。

操作步骤：

(1)单击开始练习，进入财天下平台。

(2)单击左侧"票据"|票据采集→采集|教学平台图片/PDF→勾选：一张增值税专用发票，一张付款申请书，一张转账支票存根(合同不能作为原始凭证，故不采集)→增值税专用发票进入了"进项发票"→付款申请书和转账支票存根进入了"其他票据"。

(3)单击"其他票据"→依次审核"付款申请书"和"转账支票存根"。

(4)单击"进项发票"→校对发票的"票据信息"和"行信息"，逐一修正错误的信息，然

155

后返回"票据信息"→审核→确定。票据检验如图12-8所示。

图 12-8 票据检验

（5）单击"凭证"｜票据制单→进项发票，可以看到已经自动生成一张凭证。勾选这一张票据→单击右上角的"取消凭证"，此时凭证取消，凭证号消失→修改业务类型为：采购在途物资（专）→再次勾选此单据→单击右上角"生成凭证"。

（6）单击凭证号，进入凭证修改界面→单击左上方的"添加图片"→弹出"单据图片"→查询→双击勾选"转账支票存根""付款申请书"→增加一行：摘要"支付30%货款"→科目：100201 银行存款——工商银行邕宁支行→金额：210 000→把"应付账款"金额改为581 000→修改单据日期为"2023年12月10日"→保存→审核。材料采购凭证生成如图12-9所示。

图 12-9 材料采购凭证生成

**业务 12-4**：12 月 10 日，泰福八宝粥公司购入的易拉罐已到货，仓库组织验收入库，入库单为 700 000 元。

操作步骤：

（1）单击开始练习，进入财天下平台。

（2）单击左侧"票据"｜票据采集→采集｜教学平台图片/PDF→勾选：收料单，自动进入"其他票据"→单击"其他票据"→找到"收料单"→审核。

（3）单击"凭证"｜新增凭证→单击右上方的"单据图片"→弹出"单据图片"→发票类型为"其他票据"→查询→双击勾选"收料单"→制单日期"2023 年 12 月 10 日"→摘要：原材料验收入库→第一行会计科目：140301 原材料—外购原材料→存货选择：易拉罐→数量：1 000 000→单价：0.7→金额自动带出→方向：借方，如图 12-10 所示。

图 12-10　新增辅助明细

接下来录入 1402 在途物资—易拉罐→数量：1 000 000→单价：0.7→金额自动带出→方向：贷方→保存→审核。材料入库凭证生成如图 12-11 所示。

图 12-11　材料入库凭证生成

**业务 12-5**：12 月 11 日，泰福八宝粥公司从柳州顺昌粮油有限公司购入原材料一批，共计 119 276.40 元，税款 11 316.40 元，款项未付。

操作步骤：

（1）单击开始练习，进入财天下平台。

（2）单击左侧"票据"｜票据采集→采集｜教学平台图片/PDF→勾选：两张增值税专用发票，两张进入进项发票(合同不能作为原始凭证，故不采集)。

（3）单击"进项发票"，核对发票的"票据信息"和"行信息"，经检验，发现两张发票都存在一个问题，即行信息都少一个原材料，需要手动增加，增加方式如图12-12所示。

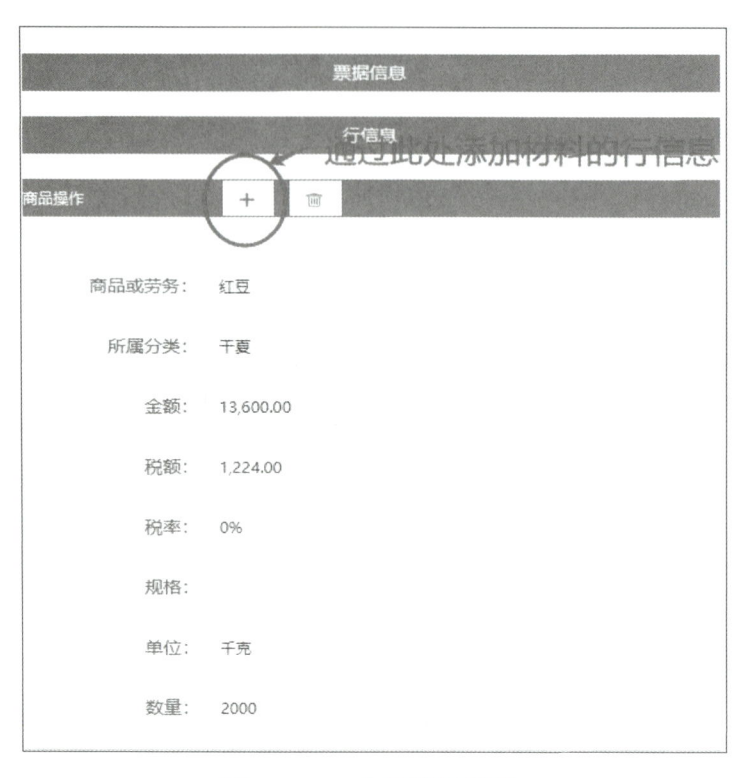

图 12-12　专用发票校验

（4）两张发票逐一检验无误后，单击审核→确定。

（5）单击"凭证"｜票据制单→进项发票，可以看到已经自动生成两张凭证。

（6）勾选这两张票据→单击右上角的"取消凭证"，此时凭证取消，凭证号消失，再次勾选这两张票据，单击右上方的"生成凭证"选项，因为这两张凭证既是相同往来单位，又是相同日期，所以此处选择任意一条，都可合并生成凭证，单击"确定"按钮，此时两张票据的凭证号变成同一个号码，即完成凭证的合并生成，如图12-13所示。

图 12-13　材料采购凭证生成

(7)单击凭证号,进入凭证修改界面,将单据日期修改为"2023年12月11日"→保存→审核。

**业务12-6**:12月12日,泰福八宝粥公司向柳州顺昌粮油有限公司购入原材料一批,验收入库。

操作步骤:

(1)单击开始练习,进入财天下平台。

(2)单击左侧"票据"|票据采集→采集|教学平台图片/PDF→勾选:收料单,单据进入"行程单"→调整单据类型进入"其他票据"→单击"其他票据"→找到"收料单"→审核。

(3)点击"凭证"|新增凭证→单击右上方的"单据图片"→弹出"单据图片"→发票类型为"其他票据"→查询→双击勾选"收料单"→制单日期"2023年12月12日"→摘要:原材料验收入库(摘要一般意思表达到位即可)→第一行会计科目:140301 原材料—外购原材料→存货选择:红豆→数量:2 000→单价:6.8→金额自动带出→方向:借方,然后依次录入"绿豆""花生""白糖"信息。

(4)接下来录入 1402 在途物资—红豆→数量:2 000→单价:6.8→金额自动带出→方向:贷方→依次录入"绿豆""花生""白糖"信息→保存→审核。材料入库凭证生成如图12-14所示。

| 序号 | 摘要 | 会计科目 | 数量 | 借方金额 | 贷方金额 |
|---|---|---|---|---|---|
| 1 | 原材料入库 | 140301 原材料-外购原材料_红豆 | 数量:2000.00千克 单价:6.800000 | 13600.00 | |
| 2 | 原材料入库 | 140301 原材料-外购原材料_绿豆 | 数量:3500.00千克 单价:10.000000 | 35000.00 | |
| 3 | 原材料入库 | 140301 原材料-外购原材料_花生 | 数量:2200.00千克 单价:8.800000 | 19360.00 | |
| 4 | 原材料入库 | 140301 原材料-外购原材料_白糖 | 数量:5000.00千克 单价:8.000000 | 40000.00 | |
| 5 | 原材料入库 | 1402 在途物资_红豆 | 数量:2000.00吨 单价:6.800000 | | 13600.00 |
| 6 | 原材料入库 | 1402 在途物资_绿豆 | 数量:3500.00吨 单价:10.000000 | | 35000.00 |
| 7 | 原材料入库 | 1402 在途物资_花生 | 数量:2200.00吨 单价:8.800000 | | 19360.00 |
| 8 | 原材料入库 | 1402 在途物资_白糖 | 数量:5000.00吨 单价:8.000000 | | 40000.00 |
| 9 | | | | | |
| 合计 壹拾万零柒仟玖佰陆拾元整 | | | | 107960.00 | 107960.00 |

图12-14 材料入库凭证生成

**业务12-7**:12月12日,泰福八宝粥公司,从南宁正红粮油有限公司购入原材料一批,共计250 002.40元,税款20 642.40元,货款已结清。

操作步骤:

(1)单击开始练习,进入财天下平台。

(2)单击左侧"票据"|票据采集→采集|教学平台图片/PDF→勾选:两张增值税专用

发票和一张现金支票存根，两张增值税专用发票进入进项发票，一张现金支票存根进入"火车票"。

（3）现金支票存根从"火车票"调整发票类型至"其他票据"→单击"其他票据"→审核。

（4）单击"进项发票"→校对发票的"票据信息"和"行信息"，逐一修正错误的信息，然后返回"票据信息"→审核→确定。

（5）单击"凭证"|票据制单→进项发票，可以看到已经自动生成两张凭证。

（6）勾选这两张票据→单击右上角"取消凭证"选项，此时凭证取消，凭证号消失，再次勾选这两张票据，单击右上方的"生成凭证"选项，因为这两张凭证既是相同往来单位，又是相同日期，所以此处选择任意一条，都可合并生成凭证，单击"确定"按钮，此时两张票据的凭证号变成同一个号码，即完成凭证的合并生成，如图12-15所示。

图12-15 合并制单

（7）单击凭证号，进入凭证修改界面→单击左上方的"添加图片"→弹出"单据图片"→查询→双击勾选"现金支票存根"。

（8）修改单据日期为"2023年12月12日"→保存→审核。

**业务12-8**：12月13日，泰福八宝粥公司从南宁正红粮油批发店购入原材料一批，共计229 360元，仓库验收入库。

操作步骤：

（1）单击开始练习，进入财天下平台。

业务12-8

（2）单击左侧"票据"|票据采集→采集|教学平台图片/PDF→勾选：收料单，自动进入"其他票据"→单击"其他票据"→找到"收料单"→审核。

（3）单击"凭证"|新增凭证→单击右上方的"单据图片"→弹出"单据图片"→发票类型为"其他票据"→查询→双击勾选"收料单"→制单日期"2023年12月13日"→摘要：原材料验收入库（摘要一般意思表达到位即可）→第一行会计科目：140301 原材料—外购原材料→存货选择：糯米→数量：19 000→单价：4.8→金额自动带出→方向：借方，然后依次录入"紫米""薏米""燕麦"信息。

接下来录入1402在途物资—糯米→数量：19 000→单价：4.8→金额自动带出→方向：贷方→依次录入"紫米""薏米""燕麦"信息→保存→审核。材料入库凭证生成如图12-16所示。

| 序号 | 摘要 | 会计科目 | 数量 | 借方金额 | 贷方金额 |
|---|---|---|---|---|---|
| 1 | 原材料验收入库 | 140301 原材料-外购原材料_糯米 | 数量:19000.00千克 单价:4.800000 | 9120000 | |
| 2 | 原材料验收入库 | 140301 原材料-外购原材料_紫米 | 数量:6500.00千克 单价:8.000000 | 5200000 | |
| 3 | 原材料验收入库 | 140301 原材料-外购原材料_薏米 | 数量:3800.00千克 单价:12.000000 | 4560000 | |
| 4 | 原材料验收入库 | 140301 原材料-外购原材料_燕麦 | 数量:7800.00千克 单价:5.200000 | 4056000 | |
| 5 | 原材料验收入库 | 1402 在途物资_糯米 | 数量:19000.00吨 单价:4.800000 | | 9120000 |
| 6 | 原材料验收入库 | 1402 在途物资_紫米 | 数量:6500.00吨 单价:8.000000 | | 5200000 |
| 7 | 原材料验收入库 | 1402 在途物资_薏米 | 数量:3800.00吨 单价:12.000000 | | 4560000 |
| 8 | 原材料验收入库 | 1402 在途物资_燕麦 | 数量:7800.00吨 单价:5.200000 | | 4056000 |
| 9 | | | | | |
| 合计:贰拾贰万玖仟叁佰陆拾元整 | | | | 22936000 | 22936000 |

图 12-16　材料入库凭证生成

**业务 12-9**：12月14日，泰福八宝粥公司采购员从南宁科析仪器有限公司购买质检用的低值易耗品一批，共计35 000元，增值税税款为4 550元，价税合计39 550元，取得增值税专用发票，款项未支付，已验收入库。

操作步骤：

（1）单击开始练习，进入财天下平台。

（2）单击左侧"票据"｜票据采集→采集｜教学平台图片/PDF→勾选：一张增值税专用发票和一张入库单，增值税专用发票进入进项发票，入库单进入"其他票据"。

（3）单击"其他票据"→找到"入库单"→审核。

（4）单击"进项发票"→校对发票的"票据信息"和"行信息"，逐一修正错误的信息，然后返回"票据信息"→审核→确定。

（5）单击"凭证"｜票据制单→进项发票，可以看到已经自动生成一张凭证。勾选这张票据→单击右上角"取消凭证"，此时凭证取消，凭证号消失→修改业务类型为：周转材料入库（专），但是系统内没有此业务类型→单击左侧"会计平台"｜业务类型→单击"进项发票"→单击右上角"新增"→弹出"业务类型详情"，按图12-17输入。

（6）回到凭证→票据制单→修改这条单据的"业务类型"为"周转材料入库（专）"→再次勾选这张票据→单击右上方的"生成凭证"，如图12-18所示。

（7）单击凭证号，进入凭证修改界面→单击左上方的"添加图片"→弹出"单据图片"→

查询→双击勾选"入库单"→修改单据日期为"2023 年 12 月 14 日"→保存→审核。

图 12-17　新增业务类型

图 12-18　材料入库凭证生成(1)

**业务 12-10**：12 月 22 日，南宁兴宁百货股份有限公司购入夏季工装服装 35 套(劳保服装类)，均价不含税 350 元/套，价款 12 250 元，税金 1 592.50 元，总金额 13 842.50 元。款项未支付，劳保服装已验收入库。

操作步骤：

(1)单击开始练习，进入财天下平台。

(2)单击左侧"票据"｜票据采集→采集｜教学平台图片/PDF→勾选：

业务 12-10

一张增值税专用发票和一张入库单，增值税专用发票进入进项发票，入库单进入"其他票据"。

（3）单击"其他票据"→找到"入库单"→审核。

（4）单击"进项发票"→校对发票的"票据信息"和"行信息"，逐一修正错误的信息，然后返回"票据信息"→审核→确定。

（5）单击"凭证"｜票据制单→进项发票，修改这条单据的"业务类型"为"周转材料入库（专）"→再次勾选这张票据→单击右上方的"生成凭证"，如图 12-19 所示。

（6）单击凭证号，进入凭证修改界面→单击左上方的"添加图片"→弹出"单据图片"→查询→双击勾选"入库单"→修改单据日期为"2023 年 12 月 22 日"→保存→审核。

| 序号 | 摘要 | 会计科目 | 数量 | 借方金额 | 贷方金额 |
|---|---|---|---|---|---|
| 1 | 采购在途物资 | 1402 在途物资_工装服 | 数量:35.00吨 单价:350.000000 | 1225000 | |
| 2 | 进项税 | 22210101 应交税费-应交增值税-进项税额_本期 | | 159250 | |
| 3 | 欠供应商款 | 220201 应付账款-应付账款-一般_南宁兴旺百兴 | | | 1384250 |
| 4 | | | | | |
| 合计:壹万叁仟捌佰肆拾贰元伍角 | | | | 1384250 | 1384250 |

记字第 0008 号　制单日期 2023-12-22　附单据 2 张

图 12-19　材料入库凭证生成（2）

**业务 12-11**：12 月 30 日，泰福八宝粥公司支付深圳惠华罐业有限公司前期购入易拉罐货款，由工行账户转出 581 000 元。

操作步骤：

（1）单击开始练习，进入财天下平台。

（2）单击左侧"票据"｜票据采集→采集｜教学平台图片/PDF→勾选：一张"转账支票存根"，系统识别入"火车票"，调整票据类型至"其他票据"。

业务 12-11

（3）单击"其他票据"→找到"转账支票存根"→审核。

（4）单击"凭证"→新增凭证→单击右上方的"单据图片"→弹出"单据图片"→发票类型为"其他票据"→查询→双击勾选"转账支票存根"→制单日期"2023 年 12 月 30 日"→摘要：支付货款→第一行会计科目：220201 应付账款→供应商选择：深圳惠华罐业有限公司→金额：581 000→第二行科目：100201→银行存款金额：581 000→保存→审核。支付货款凭证如图 12-20 所示。

| 序号 | 摘要 | 会计科目 | 借方金额 | 贷方金额 |
|---|---|---|---|---|
| 1 | 支付货款 | 220201 应付账款-应付账款--一般_深圳惠华罐业有限公司 | 58100000 | |
| 2 | 支付货款 | 100201 银行存款-工商银行营业支行 | | 58100000 |
| 3 | | | | |
| 4 | | | | |
| 合计 | 伍拾捌万壹仟元整 | | 58100000 | 58100000 |

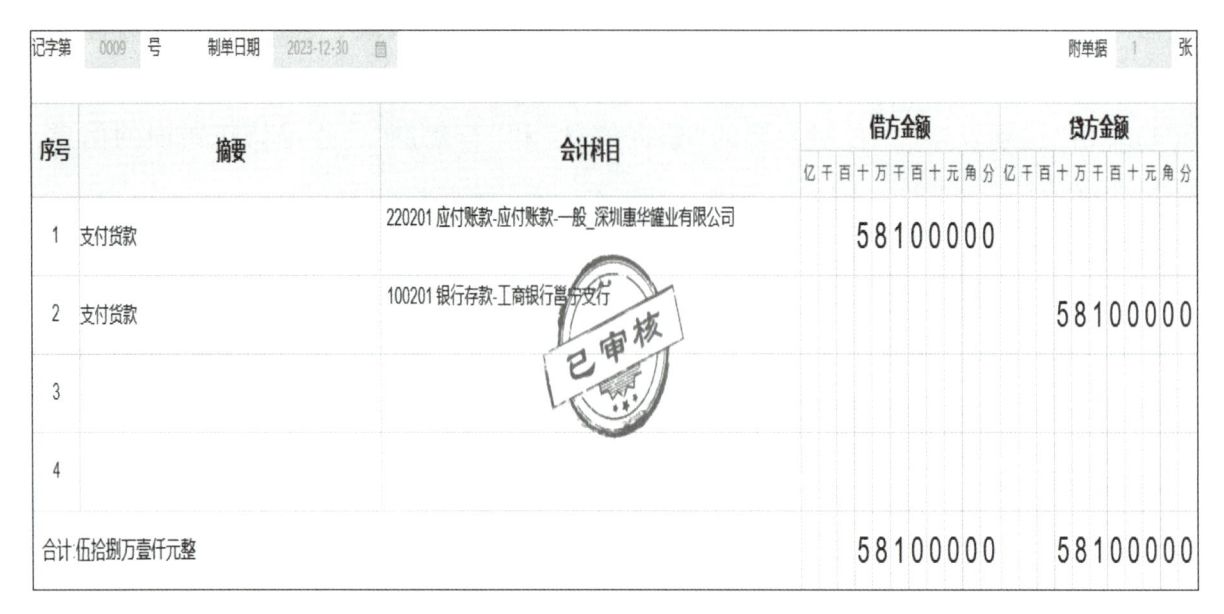

图12-20 支付货款凭证

## 任务评价

任务评价如表12-1所示。

表12-1 任务评价

| 核心工作任务 | 自我评价 | 教师评价 |
|---|---|---|
| 讲述利用会计核算云平台的总账系统完成采购业务核算外包服务的一般处理流程 | | |
| 在会计核算云平台的票据处理系统中，采集采购业务相关单据影像文件，并进行分类与识别 | | |
| 在会计核算云平台的总账系统中，根据采购业务原始票据自动生成记账凭证 | | |
| 检查核对自动生成凭证的金额、方向、科目是否正确 | | |
| 保存数字档案 | | |
| 学习态度 | | |
| 收获： | | |

## 任务二 生产成本核算

### 任务背景

泰福八宝粥公司将"生产成本核算"业务外包给乙公司办理，双方签订合同。

工作分为"库存管理业务"和"成本费用核算业务"两个部分。

**1. 生产工艺过程**

原材料加工部：工人们将各种原材料通过筛选、去杂质，然后按干料配方表称量，将原材料过水浸泡，沥干。将称量好的沥干的原材料混合放入大锅中煮熟。

灌装部：将煮熟的八宝粥加上糖水和少量添加剂，经过灌装程序，将熟料灌入杀菌后的空易拉罐中，封口。

成品部：工人们将装满八宝粥的易拉罐放入半自动卧式杀菌锅进行高温高压杀菌，使八宝粥在高温中进一步膨化，防止返生，然后对其冷却。

质检部：八宝粥加工完成后，由质检部门进行检验、贴标，合格品出厂。

**2. 成本核算**

成本核算采用综合结转分步法，分成三个步骤，分别是八宝粥熟料加工、八宝粥灌装、八宝粥加工成品（含杀菌、包装、质检等）。

第一步：原料部将原材料经过预处理、煮熟，处理的原材料全部形成生产成本—八宝粥熟料，无须半成品入库核算。该生产成本全部一次性转到八宝粥灌装车间。

第二步：八宝粥灌装车间接收八宝粥熟料生产成本转入，将八宝粥熟料灌装到清洁易拉罐中，并对易拉罐封口。月末按约当产量法分配生产成本，约当产量比例为50%。加工完成的产品进入八宝粥灌装自制半成品库。

第三步：八宝粥成品加工，接收八宝粥灌装成本，高温灭菌，质检，喷码包装。

各步骤原材料投料比例均在该车间开始生产时一次投入。

**3. 存货核算**

公司存货包括原材料、周转材料、产成品等。

（1）原材料发出成本采用移动加权平均法计算，库存商品发出成本采用全月加权平均法计算。

（2）周转材料根据其实际使用情况进行摊销。

（3）期末按产品产量比例分配生成工人职工薪酬、制造费用等。

## 认领任务

财税共享服务中心工作人员唐明负责处理泰福八宝粥公司的生产成本核算业务。

## 知识准备

### 1. 生产经营领用的原材料

原材料在生产经营过程中领用后，其原有实物形态会发生改变乃至消失，其成本也随之形成产品成本或直接转化为费用。根据原材料的消耗特点，企业应按发出原材料的用途，将其成本直接计入产品成本或当期费用。领用原材料时，按计算确定的实际成本，借记"生产成本""制造费用""委托加工物资""销售费用""管理费用"等科目，贷记"原材料"科目。

### 2. 生产经营领用的周转材料

企业领用的周转材料分布于生产经营的各个环节，具体用途不同，会计处理也不尽相同：

（1）生产部门领用的周转材料，构成产品实体一部分的，其账面价值应直接计入产品生产成本；属于车间一般性物料消耗的，其账面价值应计入制造费用。

（2）销售部门领用的周转材料，随同商品出售但不单独计价的，其账面价值应计入销售费用；随同商品出售并单独计价的，应视为材料销售，将取得的收入作为其他业务收入，相应的周转材料账面价值计入其他业务成本。

（3）用于出租的周转材料，收取的租金应作为其他业务收入并计算缴纳增值税，相应的周转材料账面价值应计入其他业务成本；用于出借的周转材料，其账面价值应计入销售费用。

（4）管理部门领用的周转材料，其账面价值应计入管理费用。

### 3. 周转材料的摊销方法

企业应根据周转材料的消耗方式、价值大小、耐用程度等，选择适当的摊销方法，将其账面价值一次或分次计入有关成本费用。常用的周转材料摊销方法有一次摊销法、五五摊销法、分次摊销法等，这里仅介绍前两种。

（1）一次摊销法。

一次摊销法是指在领用周转材料时，将其账面价值全部计入领用当期有关成本费用的一种方法。采用这种方法，领用周转材料时，应按其账面价值，借记"生产成本""制造费用""其他业务成本""销售费用""管理费用"等科目，贷记"周转材料"科目；周转材料报废时，按其残料价值冲减有关资产成本或当期损益，借记"原材料""银行存款"等科目，贷记"生产成本""制造费用""其他业务成本""销售费用""管理费用"等科目。

（2）五五摊销法。

五五摊销法是指在领用周转材料时先摊销其账面价值的50%，待报废时再摊销其账面价值的50%的一种摊销方法。

采用五五摊销法，周转材料应分别按"在库""在用"和"摊销"进行明细核算。领用周转材料时，按其账面价值，借记"周转材料——在用"科目，贷记"周转材料——在库"科目，同时，摊销其账面价值的50%，借记"制造费用""其他业务成本""销售费用""管理费用"等科目，贷记"周转材料——摊销"科目；周转材料报废时，摊销其余50%的账面价值，借记"制造费用""其他业务成本""销售费用""管理费用"等科目，贷记"周转材料——摊销"科目，同时，转销周转材料全部已提摊销额，借记"周转材料——摊销"科目，贷记"周转材料——在用"科目；报废周转材料的残料价值应冲减有关成本费用，借记"原材料""银行存款"等科目，贷记"制造费用""其他业务成本""销售费用""管理费用"等科目。

## 任务要领

（1）库存管理。通过入库业务、出库业务、库存管理业务等功能，结合库存盘点、即时库存管理等综合管理系统，对仓存业务全过程进行有效控制和跟踪，实现完善的企业仓储信息管理。

（2）生产成本核算，主要内容包括固定资产折旧的计提、水电费用计提、周转材料—低值易耗品摊销、租金分摊、生产八宝粥产品领料、职工薪酬核算、五险一金核算、自制半成品入库、产品入库的核算。

成本核算采用综合结转分步法，即上一生产步骤的半成品成本转入下一生产步骤时，以"半成品"或"直接材料"综合项目记入下一生产步骤成本计算单的方法。

## 任务实施

**业务12-12**：12月13日，泰福八宝粥公司与南宁茶花山矿泉水有限公司签订采购合同，购买生产用矿泉水250吨，单价250元/吨，增值税税率13%；购买生产用的矿泉水12月14日到货，仓库组织入库250吨，请根据单据编制分录。

操作步骤：

（1）单击开始练习，进入财天下平台。

（2）单击左侧"票据"｜票据采集→采集｜教学平台图片/PDF→勾选：12月14日入库单→系统识别进"其他票据"→审核。

（3）因本题未收到发票，所以收料时不需要做账，到月底仍未收到发票，则进行暂估入库。

（4）单击"凭证"→新增凭证→单击右上方的"单据图片"→弹出"单据图片"→发票类型

为"其他票据"→查询→双击勾选"入库单"→制单日期"2023年12月31日"→摘要：材料暂估入库→第一行会计科目：140301 原材料→存货选择：矿泉水→数量：250→单价：250→金额：62 500→第二行科目：220202 应付账款——暂估→供应商：南宁茶花山矿泉水有限公司→金额：62 500→保存→审核。材料采购凭证如图12-21所示。

| 序号 | 摘要 | 会计科目 | 数量 | 借方金额 | 贷方金额 |
|---|---|---|---|---|---|
| 1 | 材料采购入库 | 140301 原材料-外购原材料_矿泉水 | 数量:250.00千克 单价:250.000000 | 6250000 | |
| 2 | 材料采购入库 | 220202 应付账款-应付账款_暂估_南宁茶花山矿... | | | 6250000 |
| 3 | | | | | |
| 4 | | | | | |
| 合计:陆万贰仟伍佰元整 | | | | 6250000 | 6250000 |

图12-21 材料采购凭证

**业务12-13**：泰福八宝粥公司本月生产桂圆海带八宝粥罐装15 400箱，罐装部领取原材料。请根据领料表编制分录。

操作步骤：

（1）单击开始练习，进入财天下平台。

（2）单击左侧"票据"｜票据采集→采集｜教学平台图片/PDF→勾选：12月30日"领料单"→系统识别进"其他票据"→审核。

（3）单击"凭证"→新增凭证→单击右上方的"单据图片"→弹出"单据图片"→发票类型为"其他票据"→查询→双击勾选"领料单"→制单日期"2023年12月30日"→录入相关信息→保存→审核，如图12-22所示。

| 序号 | 摘要 | 会计科目 | 数量 | 借方金额 | 贷方金额 |
|---|---|---|---|---|---|
| 1 | 生产领料 | 500101 生产成本-直接材料_罐装部_白糖 | 数量:2016.00千克 单价:8.000000 | 1612800 | |
| 2 | 生产领料 | 500101 生产成本-直接材料_罐装部_食用盐 | 数量:84.00千克 单价:5.000000 | 42000 | |
| 3 | 生产领料 | 500101 生产成本-直接材料_罐装部_易拉罐 | 数量:369600.00千克 单价:0.700000 | 25872000 | |
| 4 | 生产领料 | 140301 原材料-外购原材料_白糖 | 数量:2016.00千克 单价:8.000000 | | 1612800 |
| 5 | 生产领料 | 140301 原材料-外购原材料_食用盐 | 数量:84.00千克 单价:5.000000 | | 42000 |
| 6 | 生产领料 | 140301 原材料-外购原材料_易拉罐 | 数量:369600.00千克 单价:0.700000 | | 25872000 |
| 7 | | | | | |
| 合计:贰拾柒万伍仟贰佰陆拾捌元整 | | | | 27526800 | 27526800 |

图12-22 生产领料凭证（1）

## 项目十二  财务核算外包服务

**业务 12-14**：泰福八宝粥公司本月生产养生八宝粥罐装 21 384 箱，罐装部领取原材料。请根据领料表编制分录。

操作步骤：参照业务 12-13，生产领料凭证如图 12-23 所示。

| 序号 | 摘要 | 会计科目 | 数量 | 借方金额 | 贷方金额 |
|---|---|---|---|---|---|
| 1 | 生产领料 | 500101 生产成本-直接材料_罐装部_白糖 | 数量:2799.36千克<br>单价:8.000000 | 2239488 | |
| 2 | 生产领料 | 500101 生产成本-直接材料_罐装部_食用盐 | 数量:116.64千克<br>单价:5.000000 | 58320 | |
| 3 | 生产领料 | 500101 生产成本-直接材料_罐装部_易拉罐 | 数量:513216.00千克<br>单价:0.700000 | 35925120 | |
| 4 | 生产领料 | 140301 原材料-外购原材料_白糖 | 数量:2799.36千克<br>单价:8.000000 | | 2239488 |
| 5 | 生产领料 | 140301 原材料-外购原材料_食用盐 | 数量:116.64千克<br>单价:5.000000 | | 58320 |
| 6 | 生产领料 | 140301 原材料-外购原材料_易拉罐 | 数量:513216.00千克<br>单价:0.700000 | | 35925120 |
| 7 | | | | | |
| 合计:叁拾捌万贰仟贰佰贰拾玖元贰角捌分 | | | | 38222928 | 38222928 |

**图 12-23  生产领料凭证(2)**

**业务 12-15**：12 月 30 日，按本月生产计划，成品部从罐装库领取原材料—自制半成品—桂圆海带八宝粥罐装 14 800 箱，总金额 472 712.00 元，生产桂圆海带八宝粥，编制自制半成品出库的分录。成品部从罐装库领取养生八宝粥罐装 20 860 箱，总价值 655 629.80 元，生产养生八宝粥，编制自制半成品出库的分录。

操作步骤：参照业务 12-13，生产领料凭证如图 12-24 所示。

| 序号 | 摘要 | 会计科目 | 数量 | 借方金额 | 贷方金额 |
|---|---|---|---|---|---|
| 1 | 生产领料 | 500101 生产成本-直接材料_成品部_自制半成品 | 数量:14800.00箱<br>单价:31.940000 | 47271200 | |
| 2 | 生产领料 | 500101 生产成本-直接材料_成品部_自制半成品 | 数量:20860.00箱<br>单价:31.430000 | 65562980 | |
| 3 | 生产领料 | 140302 原材料-自制半成品_自制半成品_桂圆 | 数量:14800.00箱<br>单价:31.940000 | | 47271200 |
| 4 | 生产领料 | 140302 原材料-自制半成品_自制半成品_养生八 | 数量:20860.00箱<br>单价:31.430000 | | 65562980 |
| 5 | | | | | |
| 合计 壹佰壹拾壹万贰仟捌佰叁拾肆元壹角捌分 | | | | 112834180 | 112834180 |

**图 12-24  生产领料凭证(3)**

**业务 12-16**：将入库后的 35 套夏季工装服 12 250 元，分配给在职员工。

操作步骤：

"基础设置" | 会计科目→660231 管理费用—劳保费→辅助核算：部

门→数量核算：计量单位"套"→660122 销售费用—劳保费→数量核算：计量单位"套"→510120 制造费用—劳保费→数量核算：计量单位"套"。增加科目辅助核算如图 12-25 所示，周转材料分配如图 12-26 所示。

图 12-25　增加科目辅助核算

图 12-26　周转材料分配

**业务 12-17**：12 月 28 日，本月领用质检部周转材料——低值易耗品一批，共计 35 000 元，请编制周转材料——低值易耗品领用的分录。

操作步骤：参照业务 12-13，周转材料出库如图 12-27 所示。

| 序号 | 摘要 | 会计科目 | 数量 | 借方金额 | 贷方金额 |
|---|---|---|---|---|---|
| 1 | 发出低值易耗品 | 141102 周转材料-在用_质检用化学制剂 | 数量:1.00件 单价:35000.000000 | 3500000 | |
| 2 | 发出低值易耗品 | 141101 周转材料-在库_质检用化学制剂 | 数量:1.00件 单价:35000.000000 | | 3500000 |
| 3 | | | | | |
| 4 | | | | | |
| 合计:叁万伍仟元整 | | | | 3500000 | 3500000 |

图 12-27　周转材料出库（1）

**业务 12-18**：12 月 28 日，领用质检部周转材料——低值易耗品一批，成本 17 500 元，按五五摊销法，编制摊销分录。

操作步骤：

"基础设置" | 会计科目→510121 制造费用——低值易耗品→辅助核算：部门→141103 周转材料——摊销→辅助核算：存货→数量核算：计量单位"批"（见图 12-28）。

| 序号 | 摘要 | 会计科目 | 数量 | 借方金额 | 贷方金额 |
|---|---|---|---|---|---|
| 1 | 低值易耗品摊销 | 510121 制造费用-低值易耗品摊销_质检部 | | 1750000 | |
| 2 | 低值易耗品摊销 | 141103 周转材料-摊销_质检用化学制剂 | 数量:1.00批 单价:17500.000000 | | 1750000 |
| 3 | | | | | |
| 4 | | | | | |
| 合计:壹万柒仟伍佰元整 | | | | 1750000 | 1750000 |

图 12-28　周转材料出库（2）

**业务 12-19**：12 月 29 日，计提本月水电费。电费增值税税率为 13%，进项税税额为 1 311.13 元。自来水增值税税率为 9%，进项税税额为 265.73 元。

操作步骤：

（1）采集三张票据并分别审核→票据制单→查看自动生成的两张凭证→把这两张凭证合并生成一张凭证→修改凭证科目及金额。

（2）"制造费用——水电费"科目增加部门辅助核算，计提本月水电费凭证如图 12-29 所示。

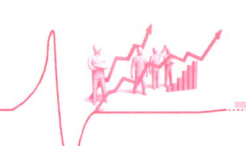

| 序号 | 摘要 | 会计科目 | 借方金额 | 贷方金额 |
|---|---|---|---|---|
| 1 | 分配水电费 | 66020803 管理费用-办公费-水电费 | 12926 | |
| 2 | 分配水电费 | 66010903 销售费用-办公费-水电费 | 1100 | |
| 3 | 分配水电费 | 510104 制造费用-水电费_原料加工部 | 20917 | |
| 4 | 分配水电费 | 510104 制造费用-水电费_灌装部 | 21181 | |
| 5 | 分配水电费 | 510104 制造费用-水电费_成品部 | 67282 | |
| 6 | 分配水电费 | 510104 制造费用-水电费_包装部 | 6974 | |
| 7 | 进项税 | 22210101 应交税费-应交增值税-进项税额-本期认证抵扣 | 15768 | |
| 8 | 欠供应商款 | 220201 应付账款-应付账款-一般_绿城水务有限公司 | | 32182 |
| 9 | 欠供应商款 | 220201 应付账款-应付账款-一般_南方电网有限公司 | | 113967 |
| 10 | | | | |
| | 合计 壹万肆仟陆佰壹拾肆元玖角捌分 | | 1461498 | 1461498 |

图 12-29 计提本月水电费凭证

**业务 12-20**：12 月 30 日，本月生产桂圆海带八宝粥 15 400 箱，从原料部领用原材料（期间 12 月 1—31 日）。

操作步骤：参照业务 12-13，生产领料如图 12-30 所示。

| 序号 | 摘要 | 会计科目 | | 借方 | 贷方 |
|---|---|---|---|---|---|
| 1 | 生产领料 | 500101 生产成本-直接材料_原料加工部_矿泉水 | 数量:84.00千克 单价:250.000000 | 210000 | |
| 2 | 生产领料 | 500101 生产成本-直接材料_原料加工部_红豆 | 数量:2184.00千克 单价:6.800000 | 148512 | |
| 3 | 生产领料 | 500101 生产成本-直接材料_原料加工部_绿豆 | 数量:1260.00千克 单价:10.000000 | 126000 | |
| 4 | 生产领料 | 500101 生产成本-直接材料_原料加工部_花生 | 数量:1344.00千克 单价:8.800000 | 118272 | |
| 5 | 生产领料 | 500101 生产成本-直接材料_原料加工部_桂圆 | 数量:336.00千克 单价:48.000000 | 161280 | |
| 6 | 生产领料 | 500101 生产成本-直接材料_原料加工部_糯米 | 数量:6216.00千克 单价:4.800000 | 298368 | |
| 7 | 生产领料 | 500101 生产成本-直接材料_原料加工部_海带 | 数量:1512.00千克 单价:18.000000 | 272160 | |
| 8 | 生产领料 | 500101 生产成本-直接材料_原料加工部_薏米 | 数量:1008.00千克 单价:12.000000 | 120960 | |
| 9 | 生产领料 | 500101 生产成本-直接材料_原料加工部_燕麦 | 数量:840.00千克 单价:5.200000 | 43680 | |
| 10 | 生产领料 | 140301 原材料-外购原材料_矿泉水 | 数量:84.00千克 单价:250.000000 | | 210000 |
| 11 | 生产领料 | 140301 原材料-外购原材料_红豆 | 数量:2184.00千克 单价:6.800000 | | 148512 |
| 12 | 生产领料 | 140301 原材料-外购原材料_绿豆 | 数量:1260.00千克 单价:10.000000 | | 126000 |
| 13 | 生产领料 | 140301 原材料-外购原材料_花生 | 数量:1344.00千克 单价:8.800000 | | 118272 |
| 14 | 生产领料 | 140301 原材料-外购原材料_桂圆 | 数量:336.00千克 单价:48.000000 | | 161280 |
| 15 | 生产领料 | 140301 原材料-外购原材料_糯米 | 数量:6216.00千克 单价:4.800000 | | 298368 |
| 16 | 生产领料 | 140301 原材料-外购原材料_海带 | 数量:1512.00千克 单价:18.000000 | | 272160 |
| 17 | 生产领料 | 140301 原材料-外购原材料_薏米 | 数量:1008.00千克 单价:12.000000 | | 120960 |
| 18 | 生产领料 | 140301 原材料-外购原材料_燕麦 | 数量:840.00千克 单价:5.200000 | | 43680 |
| 19 | | | | | |
| | 合计 壹拾肆万玖仟玖佰贰拾叁元贰角 | | | 1499232 | 1499232 |

图 12-30 生产领料（1）

**业务 12-21**：12 月 30 日，本月生产养生八宝粥 21 384 箱，销售部根据市场调研，建议实验室调整配方。实验室根据顾客口味，在配方中调减了红豆 380 千克，同时增加绿豆 380 千克，调整后的原材料在领料单中反映。请根据领料单编制分录。

操作步骤：参照业务 12-20，生产领料如图 12-31 所示。

| 序号 | 摘要 | 会计科目 | 数量 | 借方金额 | 贷方金额 |
|---|---|---|---|---|---|
| 1 | 生产领料 | 500101 生产成本-直接材料_原料加工部_矿泉水 | 数量:116.64千克 单价:250.000000 | 291600 | |
| 2 | 生产领料 | 500101 生产成本-直接材料_原料加工部_糯米 | 数量:8398.08千克 单价:4.800000 | 4031 07 | |
| 3 | 生产领料 | 500101 生产成本-直接材料_原料加工部_紫米 | 数量:3965.76千克 单价:8.000000 | 317260 | |
| 4 | 生产领料 | 500101 生产成本-直接材料_原料加工部_薏米 | 数量:1399.68千克 单价:12.000000 | 167961 | |
| 5 | 生产领料 | 500101 生产成本-直接材料_原料加工部_燕麦 | 数量:3849.12千克 单价:5.200000 | 200154 | |
| 6 | 生产领料 | 500101 生产成本-直接材料_原料加工部_红豆 | 数量:319.84千克 单价:6.800000 | 21749 | |
| 7 | 生产领料 | 500101 生产成本-直接材料_原料加工部_绿豆 | 数量:1079.84千克 单价:10.000000 | 107984 | |
| 8 | 生产领料 | 500101 生产成本-直接材料_原料加工部_花生 | 数量:699.84千克 单价:8.800000 | 61585 | |
| 9 | 生产领料 | 500101 生产成本-直接材料_原料加工部_木耳 | 数量:699.84千克 单价:50.000000 | 349920 | |
| 10 | 生产领料 | 140301 原材料-外购原材料_矿泉水 | 数量:116.64千克 单价:250.000000 | | 291600 |
| 11 | 生产领料 | 140301 原材料-外购原材料_糯米 | 数量:8398.08千克 单价:4.800000 | | 403107 |
| 12 | 生产领料 | 140301 原材料-外购原材料_紫米 | 数量:3965.76千克 单价:8.000000 | | 317260 |
| 13 | 生产领料 | 140301 原材料-外购原材料_薏米 | 数量:1399.68千克 单价:12.000000 | | 167961 |
| 14 | 生产领料 | 140301 原材料-外购原材料_燕麦 | 数量:3849.12千克 单价:5.200000 | | 200154 |
| 15 | 生产领料 | 140301 原材料-外购原材料_红豆 | 数量:319.84千克 单价:6.800000 | | 21749 |
| 16 | 生产领料 | 140301 原材料-外购原材料_绿豆 | 数量:1079.84千克 单价:10.000000 | | 107984 |
| 17 | 生产领料 | 140301 原材料-外购原材料_花生 | 数量:699.84千克 单价:8.800000 | | 61585 |
| 18 | 生产领料 | 140301 原材料-外购原材料_木耳 | 数量:699.84千克 单价:50.000000 | | 349920 |
| 19 | | | | | |
| 合计 壹拾玖万贰仟壹佰叁拾贰元叁角肆分 | | | | 1921323 | 1921323 |

图 12-31　生产领料(2)

**业务 12-22**：12 月 30 日，将摊销过的正使用的蒸汽管路 1 500 元、已经损坏的压缩空气管路 1 500 元结转入产品成本，请编制摊销分录。

操作步骤：手动新增凭证，周转材料摊销如图 12-32 所示。

| 序号 | 摘要 | 会计科目 | 数量 | 借方金额 | 贷方金额 |
|---|---|---|---|---|---|
| 1 | 摊销蒸汽管路、压缩空气管路 | 510121 制造费用-低值易耗品摊销_罐装部 | | 300000 | |
| 2 | 摊销蒸汽管路、压缩空气管路 | 141103 周转材料-摊销_蒸汽管路 | 数量:1.00批 单价:1500.000000 | | 150000 |
| 3 | 摊销蒸汽管路、压缩空气管路 | 141103 周转材料-摊销_压缩空气管路 | 数量:1.00批 单价:1500.000000 | | 150000 |
| 4 | | | | | |
| 合计:叁仟元整 | | | | 300000 | 300000 |

图 12-32　周转材料摊销

**业务 12-23**：12月30日，将上一任务中摊销的蒸汽管路1 500元和压缩空气管路1 500元进行报废处理，运用五五摊销法进行销账处理。编制相关会计分录。

操作步骤：手动新增凭证，结转周转材料如图12-33所示。

| 序号 | 摘要 | 会计科目 | 数量 | 借方金额 | 贷方金额 |
|---|---|---|---|---|---|
| 1 | 摊销蒸汽管路、压缩空气管路 | 141103 周转材料-摊销_蒸汽管路 | 数量:1.00批 单价:3000.000000 | 300000 | |
| 2 | 摊销蒸汽管路、压缩空气管路 | 141103 周转材料-摊销_压缩空气管路 | 数量:1.00批 单价:3000.000000 | 300000 | |
| 3 | 摊销蒸汽管路、压缩空气管路 | 141102 周转材料-在用_蒸汽管路 | 数量:1.00件 单价:3000.000000 | | 300000 |
| 4 | 摊销蒸汽管路、压缩空气管路 | 141102 周转材料-在用_压缩空气管路 | 数量:1.00件 单价:3000.000000 | | 300000 |
| 5 | | | | | |
| 合计 陆仟元整 | | | | 600000 | 600000 |

图12-33 结转周转材料

**业务 12-24**：12月30日，月末财务收到公司人力资源管理部门提供的部门工资汇总表一份，请会计根据工资汇总表进行相关工资业务成本核算，通过调用"常用凭证"方式编制相应的记账凭证。

操作步骤：本题通过调用"常用凭证"生成凭证。单击凭证→新增凭证→单击左上方"常用凭证"→选择"计提工资"→自动带出会计科目→按题目金额一一录入即可，计提工资如图12-34所示。

| 序号 | 摘要 | 会计科目 | 数量 | 借方金额 | 贷方金额 |
|---|---|---|---|---|---|
| 1 | 计提工资 | 66020101 管理费用-职工薪酬-工资薪金 | | 6130304 | |
| 2 | 计提工资 | 66010101 销售费用-职工薪酬-工资薪金 | | 1132304 | |
| 3 | 计提工资 | 500102 生产成本-职工工资_原料加工部_桂圆 | 数量:15400.00千克 单价:0.600000 | 918802 | |
| 4 | 计提工资 | 500102 生产成本-职工工资_原料加工部_养生 | 数量:21384.00千克 单价:0.600000 | 1275822 | |
| 5 | 计提工资 | 500102 生产成本-职工工资_罐装部_桂圆海带 | 数量:15400.00千克 单价:0.490000 | 749844 | |
| 6 | 计提工资 | 500102 生产成本-职工工资_罐装部_养生八宝粥 | 数量:21384.00千克 单价:0.490000 | 1041212 | |
| 7 | 计提工资 | 500102 生产成本-职工工资_成品部_桂圆海带 | 数量:15400.00千克 单价:0.500000 | 774290 | |
| 8 | 计提工资 | 500102 生产成本-职工工资_成品部_养生八宝粥 | 数量:21384.00千克 单价:0.500000 | 1075158 | |
| 9 | 计提工资 | 510109 制造费用-职工工资_原料加工部 | | 610352 | |
| 10 | 计提工资 | 510109 制造费用-职工工资_罐装部 | | 610352 | |
| 11 | 计提工资 | 510109 制造费用-职工工资_成品部 | | 610352 | |
| 12 | 计提工资 | 510109 制造费用-职工工资_质检部 | | 1535880 | |
| 13 | 计提工资 | 221101 应付职工薪酬-职工工资 | | | 13586484 |
| 14 | 计提工资 | 224101 其他应付款-代扣代缴个人社保 | | | 1371692 |
| 15 | 计提工资 | 224102 其他应付款-代扣代缴个人公积金 | | | 1496400 |
| 16 | 计提工资 | 222131 应交税费-应交个人所得税 | | | 10096 |
| 17 | | | | | |
| 合计 壹拾陆万肆仟陆佰肆拾陆元柒角贰分 | | | | 16464672 | 16464672 |

图12-34 计提工资

项目十二　财务核算外包服务

**业务 12-25**：12 月 30 日，公司根据部门工资表汇总表，计提公司五险一金，通过调用"常用凭证"方式编制相应的记账凭证。

操作步骤：参考业务 12-24，计提五险一金如图 12-35 所示。

| 序号 | 摘要 | 会计科目 | 数量 | 借方金额 | 贷方金额 |
|---|---|---|---|---|---|
| 1 | 计提五险一金 | 6601010501 销售费用-职工薪酬-各类基本社会… | | 1392.00 | |
| 2 | 计提五险一金 | 6601010502 销售费用-职工薪酬-各类基本社会… | | 870.00 | |
| 3 | 计提五险一金 | 6601010503 销售费用-职工薪酬-各类基本社会… | | 69.60 | |
| 4 | 计提五险一金 | 6601010504 销售费用-职工薪酬-各类基本社会… | | 17.40 | |
| 5 | 计提五险一金 | 6601010505 销售费用-职工薪酬-各类基本社会… | | 69.60 | |
| 6 | 计提五险一金 | 66010106 销售费用-职工薪酬-住房公积金 | | 1044.00 | |
| 7 | 计提五险一金 | 6602010501 管理费用-职工薪酬-各类基本社会… | | 7456.00 | |
| 8 | 计提五险一金 | 6602010502 管理费用-职工薪酬-各类基本社会… | | 4660.00 | |
| 9 | 计提五险一金 | 6602010503 管理费用-职工薪酬-各类基本社会… | | 372.80 | |
| 10 | 计提五险一金 | 6602010504 管理费用-职工薪酬-各类基本社会… | | 93.20 | |
| 11 | 计提五险一金 | 6602010505 管理费用-职工薪酬-各类基本社会… | | 372.80 | |
| 12 | 计提五险一金 | 66020106 管理费用-职工薪酬-住房公积金 | | 5592.00 | |
| 13 | 计提五险一金 | 510110 制造费用-社会保险费_原料加工部 | | 1306.60 | |
| 14 | 计提五险一金 | 510111 制造费用-住房公积金_原料加工部 | | 564.00 | |
| 15 | 计提五险一金 | 510110 制造费用-社会保险费_罐装部 | | 1306.60 | |
| 16 | 计提五险一金 | 510111 制造费用-住房公积金_罐装部 | | 564.00 | |
| 17 | 计提五险一金 | 510110 制造费用-社会保险费_成品部 | | 1306.60 | |
| 18 | 计提五险一金 | 510111 制造费用-住房公积金_成品部 | | 564.00 | |
| 19 | 计提五险一金 | 510110 制造费用-社会保险费_质检部 | | 3252.60 | |
| 20 | 计提五险一金 | 510111 制造费用-住房公积金_质检部 | | 1404.00 | |
| 21 | 计提五险一金 | 500102 生产成本-职工工资_原料加工部_桂圆海… | 数量:15400.00千克 单价:0.180000 | 2732.68 | |
| 22 | 计提五险一金 | 500102 生产成本-职工工资_原料加工部_养生八… | 数量:21384.00千克 单价:0.180000 | 3794.52 | |
| 23 | 计提五险一金 | 500102 生产成本-职工工资_罐装部_桂圆海带八… | 数量:15400.00千克 单价:0.140000 | 2232.80 | |
| 24 | 计提五险一金 | 500102 生产成本-职工工资_罐装部_养生八宝粥 | 数量:21384.00千克 单价:0.140000 | 3100.40 | |
| 25 | 计提五险一金 | 500102 生产成本-职工工资_成品部_桂圆海带八… | 数量:15400.00千克 单价:0.150000 | 2299.45 | |
| 26 | 计提五险一金 | 500102 生产成本-职工工资_成品部_养生八宝粥 | 数量:21384.00千克 单价:0.150000 | 3192.95 | |
| 27 | 计提五险一金 | 22110301 应付职工薪酬-社会保险费-基本养老 | | | 19952.00 |
| 28 | 计提五险一金 | 22110303 应付职工薪酬-社会保险费-基本医疗… | | | 12470.00 |
| 29 | 计提五险一金 | 22110305 应付职工薪酬-社会保险费-失业保险费 | | | 997.60 |
| 30 | 计提五险一金 | 22110307 应付职工薪酬-社会保险费-工伤保险费 | | | 249.40 |
| 31 | 计提五险一金 | 22110306 应付职工薪酬-社会保险费-生育保险费 | | | 997.60 |
| 32 | 计提五险一金 | 221104 应付职工薪酬-住房公积金 | | | 14964.00 |
| 33 | | | | | |
| | 合计 肆万玖仟陆佰叁拾元陆角 | | | 49630.60 | 49630.60 |

图 12-35　计提五险一金

**业务12-26**：12月30日，公司会计根据部门工会费用、职教费用分配表，编制记账凭证。请根据相关单据编制记账凭证。

操作步骤：手动新增凭证，计提工会经费和职工教育经费如图12-36所示。

| 序号 | 摘要 | 会计科目 | 数量 | 借方 | 贷方 |
|---|---|---|---|---|---|
| 1 | 计提工会经费和职教费用 | 66020104 管理费用-职工薪酬-工会经费 | | 4660 00 | |
| 2 | 计提工会经费和职教费用 | 66010104 销售费用-职工薪酬-工会经费 | | 870 00 | |
| 3 | 计提工会经费和职教费用 | 500102 生产成本-职工工资_原料加工部_桂圆... | 数量 0.00 千克 单价 0.000000 | 686 60 | |
| 4 | 计提工会经费和职教费用 | 500102 生产成本-职工工资_原料加工部_养生... | 数量 0.00 千克 单价 0.000000 | 953 40 | |
| 5 | 计提工会经费和职教费用 | 500102 生产成本-职工工资_罐装部_桂圆海带... | 数量 0.00 千克 单价 0.000000 | 561 00 | |
| 6 | 计提工会经费和职教费用 | 500102 生产成本-职工工资_罐装部_养生八宝粥 | 数量 0.00 千克 单价 0.000000 | 779 00 | |
| 7 | 计提工会经费和职教费用 | 500102 生产成本-职工工资_成品部_桂圆海带... | 数量 0.00 千克 单价 0.000000 | 577 75 | |
| 8 | 计提工会经费和职教费用 | 500102 生产成本-职工工资_成品部_养生八宝... | 数量 0.00 千克 单价 0.000000 | 802 25 | |
| 9 | 计提工会经费和职教费用 | 510109 制造费用-职工工资_原料加工部 | | 470 00 | |
| 10 | 计提工会经费和职教费用 | 510109 制造费用-职工工资_罐装部 | | 470 00 | |
| 11 | 计提工会经费和职教费用 | 510109 制造费用-职工工资_成品部 | | 470 00 | |
| 12 | 计提工会经费和职教费用 | 510109 制造费用-职工工资_质检部 | | 1170 00 | |
| 13 | 计提工会经费和职教费用 | 221105 应付职工薪酬-工会经费 | | | 2494 00 |
| 14 | 计提工会经费和职教费用 | 221106 应付职工薪酬-职工教育经费 | | | 9976 00 |
| 15 | | | | | |
| 合计 壹万贰仟肆佰柒拾元整 | | | | 12470 00 | 12470 00 |

图12-36 计提工会经费和职工教育经费

**业务12-27**：计提2023年度全年奖金。请根据相关单据编制记账凭证。

操作步骤：手动新增凭证，计提全年奖金如图12-37所示。

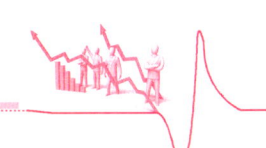

## 项目十二 财务核算外包服务

| 序号 | 摘要 | 会计科目 | 数量 | 借方金额 | 贷方金额 |
|---|---|---|---|---|---|
| 1 | 计提本月员工奖金 | 66020101 管理费用-职工薪酬-工资薪金 | | 7 125.00 | |
| 2 | 计提本月员工奖金 | 66010101 销售费用-职工薪酬-工资薪金 | | 1 375.00 | |
| 3 | 计提本月员工奖金 | 500102 生产成本-职工工资_原料加工部_桂圆… | 数量:0.00千克 单价:0.000000 | 1 046.65 | |
| 4 | 计提本月员工奖金 | 500102 生产成本-职工工资_原料加工部_养生… | 数量:0.00千克 单价:0.000000 | 1 453.34 | |
| 5 | 计提本月员工奖金 | 500102 生产成本-职工工资_罐装部_桂圆海带… | 数量:0.00千克 单价:0.000000 | 858.25 | |
| 6 | 计提本月员工奖金 | 500102 生产成本-职工工资_罐装部_养生八宝粥 | 数量:0.00千克 单价:0.000000 | 1 191.74 | |
| 7 | 计提本月员工奖金 | 500102 生产成本-职工工资_成品部_桂圆海带 | 数量:0.00千克 单价:0.000000 | 879.18 | |
| 8 | 计提本月员工奖金 | 500102 生产成本-职工工资_成品部_养生八宝… | 数量:0.00千克 单价:0.000000 | 1 220.81 | |
| 9 | 计提本月员工奖金 | 510109 制造费用-职工工资_罐装部 | | 725.00 | |
| 10 | 计提本月员工奖金 | 510109 制造费用-职工工资_原料加工部 | | 725.00 | |
| 11 | 计提本月员工奖金 | 510109 制造费用-职工工资_成品部 | | 725.00 | |
| 12 | 计提本月员工奖金 | 510109 制造费用-职工工资_质检部 | | 1 825.00 | |
| 13 | 计提本月员工奖金 | 221101 应付职工薪酬-职工工资 | | | 18 575.50 |
| 14 | 计提本月员工奖金 | 222131 应交税费-应交个人所得税 | | | 574.50 |
| 15 | | | | | |
| 合计:壹拾玖万壹仟伍佰伍元整 | | | | 19 150.00 | 19 150.00 |

图 12-37 计提全年奖金

**业务 12-28**：12 月 30 日，向职工预付年终奖 55 726.5 元（年终奖总金额 185 755.00 元的 30%），建行账户支付。

操作步骤：手动新增凭证，支付年终奖如图 12-38 所示。

业务 12-28

| 序号 | 摘要 | 会计科目 | 借方金额 | 贷方金额 |
|---|---|---|---|---|
| 1 | 支付部分年终奖 | 221101 应付职工薪酬-职工工资 | 55 726.50 | |
| 2 | 支付部分年终奖 | 100201 银行存款-工商银行营业支行 | | 55 726.50 |
| 3 | | | | |
| 4 | | | | |
| 合计:伍万伍仟柒佰贰拾陆元伍角 | | | 55 726.50 | 55 726.50 |

图 12-38 支付年终奖

**业务 12-29**：12 月 30 日，月末归集各部门的制造费用，确认期末各部门制造费用总额，按产量比例法分配制造费用。原则上各部门产生的制造费用归入各部门的"生产成本——制造费用"科目，另外规定，为简化核算，将质检部的制造费用全部分摊给成品部，本月公司房屋租金每月 61 800.00 元，分摊到各部门分别是：行政部 6 954.71 元，原料部 8 453.32 元，灌装部 16 755.43 元，成品部 29 636.54 元。请编制相关会计分录。

业务 12-29

提示：在财天下账务系统中，制造费用中的折旧无部门核算，因此折旧金额需分摊给三个生产部门，分配方法是采用各部门固定资产原值比例进行分配。

操作步骤：手动新增凭证，结转制造费用如图12-39所示。

| 序号 | 摘要 | 会计科目 | 数量 | 借方金额 | 贷方金额 |
|---|---|---|---|---|---|
| 1 | 分配12月制造费用 | 500108 生产成本-制造费用_原料加工部_桂圆... | 数量:0.00千克 单价:0.000000 | 1278453 | |
| 2 | 分配12月制造费用 | 500108 生产成本-制造费用_原料加工部_养生... | 数量:0.00千克 单价:0.000000 | 1774933 | |
| 3 | 分配12月制造费用 | 500108 生产成本-制造费用_罐装部_桂圆海带... | 数量:0.00千克 单价:0.000000 | 1828407 | |
| 4 | 分配12月制造费用 | 500108 生产成本-制造费用_罐装部_养生八宝粥 | 数量:0.00千克 单价:0.000000 | 2538459 | |
| 5 | 分配12月制造费用 | 500108 生产成本-制造费用_成品部_桂圆海带... | 数量:0.00千克 单价:0.000000 | 5032275 | |
| 6 | 分配12月制造费用 | 500108 生产成本-制造费用_成品部_养生八宝粥 | 数量:0.00千克 单价:0.000000 | 6986534 | |
| 7 | 分配12月制造费用 | 510109 制造费用-职工工资_原料加工部 | | | 1569412 |
| 8 | 分配12月制造费用 | 510109 制造费用-职工工资_罐装部 | | | 1569412 |
| 9 | 分配12月制造费用 | 510109 制造费用-职工工资_成品部 | | | 1569412 |
| 10 | 分配12月制造费用 | 510109 制造费用-职工工资_质检部 | | | 3943540 |
| 11 | 分配12月制造费用 | 510121 制造费用-低值易耗品摊销_罐装部 | | | 300000 |
| 12 | 分配12月制造费用 | 510121 制造费用-低值易耗品摊销_质检部 | | | 1750000 |
| 13 | 分配12月制造费用 | 510117 制造费用-折旧费 | | | 1424206 |
| 14 | 分配12月制造费用 | 510104 制造费用-水电费_原料加工部 | | | 209172 |
| 15 | 分配12月制造费用 | 510104 制造费用-水电费_罐装部 | | | 211816 |
| 16 | 分配12月制造费用 | 510104 制造费用-水电费_成品部 | | | 672822 |
| 17 | 分配12月制造费用 | 510104 制造费用-水电费_质检部 | | | 69740 |
| 18 | 分配12月制造费用 | 510102 制造费用-租赁费 | | | 5484529 |
| 19 | 分配12月制造费用 | 510120 制造费用-劳保费_原料加工部 | 数量:0.00套 单价:0.000000 | | 210000 |
| 20 | 分配12月制造费用 | 510120 制造费用-劳保费_罐装部 | 数量:0.00套 单价:0.000000 | | 175000 |
| 21 | 分配12月制造费用 | 510120 制造费用-劳保费_成品部 | 数量:0.00套 单价:0.000000 | | 175000 |
| 22 | 分配12月制造费用 | 510120 制造费用-劳保费_质检部 | 数量:0.00套 单价:0.000000 | | 105000 |
| 23 | | | | | |
| 合计 | 壹拾玖万肆仟叁佰玖拾陆元陆角壹分 | | | 19439061 | 19439061 |

图12-39 结转制造费用

**业务12-30**：12月30日，原料部生产桂圆海带八宝粥熟料的成本，全部转入生产成本—自制半成品—桂圆海带八宝粥熟料，月末原料部生产成本—桂圆海带八宝粥熟料无余额。请编制记账凭证。

操作步骤：在生产成本5001下新增二级科目500109生产成本—自制半成品，辅助核算：存货。生产领料如图12-40所示。

| 序号 | 摘要 | 会计科目 | 数量 | 借方金额 | 贷方金额 |
|---|---|---|---|---|---|
| 1 | 结转桂圆海带八宝粥成本 | 500109 生产成本-自制半成品_桂圆海带八宝粥 | | 18578154 | |
| 2 | 结转桂圆海带八宝粥成本 | 500101 生产成本-直接材料_原料加工部_桂圆海 | 数量:0.00千克 单价:0.000000 | | 14992320 |
| 3 | 结转桂圆海带八宝粥成本 | 500102 生产成本-职工工资_原料加工部_桂圆海 | 数量:0.00千克 单价:0.000000 | | 2307381 |
| 4 | 结转桂圆海带八宝粥成本 | 500108 生产成本-制造费用_原料加工部_桂圆海 | 数量:0.00千克 单价:0.000000 | | 1278453 |
| 5 | | | | | |
| 合计 壹拾捌万伍仟柒佰捌拾壹元伍角肆分 | | | | 18578154 | 18578154 |

图 12-40　生产领料

**业务 12-31**：12 月 30 日，原料部生产的养生八宝粥熟料的成本，全部转入生产成本—自制半成品—养生八宝粥罐装部，本月原料部生产成本—养生八宝粥熟料无余额。请编制记账凭证。

操作步骤：手动新增凭证，归集生产成本如图 12-41 所示。

业务 12-31

| 序号 | 摘要 | 会计科目 | 数量 | 借方金额 | 贷方金额 |
|---|---|---|---|---|---|
| 1 | 结转养生八宝粥成本 | 500109 生产成本-自制半成品_养生八宝粥 | | 24192130 | |
| 2 | 结转养生八宝粥成本 | 500101 生产成本-直接材料_原料加工部_养生八 | 数量:0.00千克 单价:0.000000 | | 19213234 |
| 3 | 结转养生八宝粥成本 | 500102 生产成本-职工工资_原料加工部_养生八 | 数量:0.00千克 单价:0.000000 | | 3203963 |
| 4 | 结转养生八宝粥成本 | 500108 生产成本-制造费用_原料加工部_养生八 | 数量:0.00千克 单价:0.000000 | | 1774933 |
| 5 | | | | | |
| 合计 贰拾肆万壹仟玖佰贰拾壹元叁角 | | | | 24192130 | 24192130 |

图 12-41　归集生产成本

**业务 12-32**：12 月 30 日，罐装部生产的桂圆海带八宝粥和养生八宝粥罐装的完工产品成本，其完工的半成品转入原材料—自制半成品—桂圆海带八宝粥和原材料—自制半成品—养生八宝粥罐装仓库入库，采用约当产量法将生产费用在完工产品和在产品之间进行分配。请编制记账凭证。

操作步骤：参照业务 12-13，分配生产成本如图 12-42 所示。

业务 12-32

| 序号 | 摘要 | 会计科目 | 数量 | 借方金额 | 贷方金额 |
|---|---|---|---|---|---|
| 1 | 结转桂圆海带八宝粥灌装 | 140302 原材料-自制半成品_桂圆海带八宝粥 | 数量:0.00千克<br>单价:0.000000 | 47910000 | |
| 2 | 结转桂圆海带八宝粥灌装 | 500109 生产成本-自制半成品_自制半成品-桂圆… | | | 17835000 |
| 3 | 结转桂圆海带八宝粥灌装 | 500101 生产成本-直接材料_罐装部_桂圆海带八… | 数量:0.00千克<br>单价:0.000000 | | 26430000 |
| 4 | 结转桂圆海带八宝粥灌装 | 500102 生产成本-职工工资_罐装部_自制半成品… | 数量:0.00千克<br>单价:0.000000 | | 1845000 |
| 5 | 结转桂圆海带八宝粥灌装 | 500108 生产成本-制造费用_罐装部_自制半成品… | 数量:0.00千克<br>单价:0.000000 | | 1800000 |
| 6 | 结转养生八宝粥灌装 | 140302 原材料-自制半成品_自制半成品-养生… | 数量:0.00千克<br>单价:0.000000 | 66024000 | |
| 7 | 结转养生八宝粥灌装 | 500109 生产成本-自制半成品_自制半成品-养生… | | | 23604000 |
| 8 | 结转养生八宝粥灌装 | 500101 生产成本-直接材料_罐装部_养生八宝粥 | 数量:0.00千克<br>单价:0.000000 | | 37317000 |
| 9 | 结转养生八宝粥灌装 | 500102 生产成本-职工工资_罐装部_养生八宝粥 | 数量:0.00千克<br>单价:0.000000 | | 2583000 |
| 10 | 结转养生八宝粥灌装 | 500108 生产成本-制造费用_罐装部_养生八宝粥 | 数量:0.00千克<br>单价:0.000000 | | 2520000 |
| 11 | | | | | |
| 合计 壹佰壹拾叁万玖仟叁佰肆拾元整 | | | | 113934000 | 113934000 |

图 12-42 分配生产成本

**业务 12-33**：12 月 30 日，罐装部生产的桂圆海带八宝粥和养生八宝粥罐装的完工产品成本，其完工的半成品转入原材料—自制半成品—桂圆海带八宝粥和原材料—自制半成品—养生八宝粥罐装仓库入库，采用约当产量法将生产费用在完工产品和在产品之间进行分配。针对两种已入库产品，请编制记账凭证。

操作步骤：手动新增凭证，产品验收入库如图 12-43 所示。

| 序号 | 摘要 | 会计科目 | 数量 | 借方金额 | 贷方金额 |
|---|---|---|---|---|---|
| 1 | 结转桂圆海带八宝粥到库存商品 | 1405 库存商品_桂圆海带八宝粥 | 数量:0.00千克<br>单价:0.000000 | 53246200 | |
| 2 | 结转桂圆海带八宝粥到库存商品 | 500109 生产成本-自制半成品_自制半成品-桂圆… | | | 46325800 |
| 3 | 结转桂圆海带八宝粥到库存商品 | 500102 生产成本-职工工资_罐装部_桂圆海带八… | 数量:0.00千克<br>单价:0.000000 | | 1927200 |
| 4 | 结转桂圆海带八宝粥到库存商品 | 500108 生产成本-制造费用_罐装部_桂圆海带八… | 数量:0.00千克<br>单价:0.000000 | | 4993200 |
| 5 | 结转养生八宝粥到库存商品 | 1405 库存商品_养生八宝粥 | 数量:0.00千克<br>单价:0.000000 | 75306000 | |
| 6 | 结转养生八宝粥到库存商品 | 500109 生产成本-自制半成品_养生八… | | | 65604000 |
| 7 | 结转养生八宝粥到库存商品 | 500102 生产成本-职工工资_罐装部_养生八宝粥 | 数量:0.00千克<br>单价:0.000000 | | 2688000 |
| 8 | 结转养生八宝粥到库存商品 | 500108 生产成本-制造费用_罐装部_养生八宝粥 | | | 7014000 |
| 9 | | | | | |
| 合计 壹佰贰拾捌万伍仟伍佰贰拾贰元整 | | | | 128552200 | 128552200 |

图 12-43 产品验收入库

## 任务评价

任务评价如表 12-2 所示。

表 12-2　任务评价

| 核心工作任务 | 自我评价 | 教师评价 |
| --- | --- | --- |
| 《中华人民共和国会计法》的基本内容 | | |
| 《企业会计准则第 1 号——存货》的基本内容 | | |
| 生产成本计算方法和账务处理规定 | | |
| 　编制企业固定资产折旧明细表，并在智能化财务操作平台上生成折旧核算账务处理凭证 | | |
| 　在智能化财务操作平台上对制造业生产环节的直接材料成本项目进行账务处理 | | |
| 在智能化财务操作平台上对工资表进行账务处理，并生成记账凭证 | | |
| 　在智能化财务操作平台上对制造业生产环节的间接制造费用进行账务处理，并生成记账凭证 | | |
| 学习态度 | | |
| 收获： | | |

# 任务三　销售业务核算

## 任务背景

泰福八宝粥公司与共享中心签订的外包服务合同中，同时将"销售业务核算"进行外包。每月月初将上月所有的有关票据移交财税共享服务中心，委托记账并要求提供存货、客户、供应商辅助核算以及相关科目的数量核算。

泰福八宝粥公司 2023 年 12 月发生 7 笔销售、5 笔收款业务。

## 认领任务

由共享中心工作人员唐宋负责泰福八宝粥公司"销售与收款业务核算"业务，具体要求如下：

（1）接收2023年12月的7笔销售、5笔收款业务的有关票据，将每张纸质票据进行扫描，形成独立的影像文件；

（2）使用会计核算云平台，采集票据影像文件，并进行识别与校验，存入数字档案系统；

（3）对业务审批流程与票据进行审核；

（4）根据每笔销售与收款业务的原始票据，自动生成记账凭证或手工编制记账凭证，同时进行存货、客户、供应商辅助核算以及相关科目的数量核算，并进行人工审核；

（5）查询本任务编制的所有记账凭证。

## 知识准备

### 1. 主营业务收入的账务处理

企业销售商品或提供劳务实现的收入，应按实际收到、应收或预收的金额，借记"银行存款""应收账款""应收票据""预收账款"等科目，按确认的营业收入，贷记"主营业务收入"科目。对于增值税销项税额，一般纳税人应贷记"应交税费——应交增值税（销项税额）"科目；小规模纳税人应贷记"应交税费——应交增值税"科目。

### 2. 主营业务成本的账务处理

期末，企业应根据本期销售各种商品、提供各种劳务等实际成本，计算应结转的主营业务成本，借记"主营业务成本"科目，贷记"库存商品""劳务成本"等科目。

### 3. 其他业务收入与其他业务成本的账务处理

主营业务和其他业务的划分并不是绝对的，一个企业的主营业务可能是另一个企业的其他业务，即便在同一个企业，不同期间的主营业务和其他业务的内容也不是固定不变的。

当企业发生其他业务收入时，借记"银行存款""应收账款""应收票据"等科目，按确定的收入金额，贷记"其他业务收入"科目，同时确认有关税金；在结转其他业务收入的同一会计期间，企业应根据本期应结转的其他业务成本金额，借记"其他业务成本"科目，贷记"原材料""累计折旧""应付职工薪酬"等科目。

### 4. 税金及附加的账务处理

税金及附加是指企业经营活动应负担的相关税费，包括消费税、城市维护建设税、教育费附加、地方教育费附加、资源税、房产税、车船税、城镇土地使用税、印花税等。

城市维护建设税和教育费附加是对从事生产经营活动的单位和个人，以其实际缴纳的增

值税、消费税等为依据，按照纳税人所在地使用不同税率计算征收的一种税。按规定计算确定的与经营活动相关的城市维护建设税和教育费附加，企业应借记"税金及附加"科目，贷记"应交税费"科目。

## 任务要领

接收销售业务票据时需对产品或劳务、服务的说明，客户名称地址，货物的名称、单位、数量、总价等信息仔细核对，对不符合的票据有权拒绝接收。对合法票据进行采集、整理、查验、生成凭证，并对凭证进行电子归档，处理完之后应知道库存商品剩余数量、客户的应收账款金额等数据。

## 任务实施

**业务12-34**：12月30日，本月累计销售桂圆海带八宝粥12 000箱（288 000罐），每箱不含税价格50.4元/箱，销售收入604 800元，增值税78 624元，税率为13%。本月累计销售养生八宝粥21 000箱（504 000罐），每箱不含税价格45.6元/箱，销售收入957 600元，增值税124 488元，税率为13%。以上业务均已发货，此处出库单省略。

操作步骤：

（1）单击开始练习，进入财天下平台。

（2）单击左侧"票据"｜票据采集→采集｜教学平台图片/PDF→勾选：七张增值税发票，全部进入"销项发票"。

（3）单击"销项发票"→校对发票的"票据信息"和"行信息"，逐一修正错误的信息，然后返回"票据信息"→审核→确定。

（4）单击"凭证"｜票据制单→销项发票，可以看到已经自动生成七张凭证。

（5）勾选这七张票据→单击右上角的"取消凭证"，此时凭证取消，凭证号消失→重新勾选这七张票据→单击右上角的"生成凭证"→按相同日期合并生成一张凭证→单击凭证号→进入凭证→查看并审核凭证。确认销售商品收入如图12-44所示。

| 序号 | 摘要 | 会计科目 | 数量 | 借方金额 | 贷方金额 |
|---|---|---|---|---|---|
| 1 | 客户欠款 | 1122 应收账款_柳州江北宁新超市 | | 26306400 | |
| 2 | 客户欠款 | 1122 应收账款_桂林阳光超市 | | 19119600 | |
| 3 | 客户欠款 | 1122 应收账款_南宁百货超市 | | 19092480 | |
| 4 | 客户欠款 | 1122 应收账款_南院后勤公司 | | 13424400 | |
| 5 | 客户欠款 | 1122 应收账款_南城百货超市有限公司 | | 42849600 | |
| 6 | 客户欠款 | 1122 应收账款_南宁南城岭南超市 | | 36639120 | |
| 7 | 客户欠款 | 1122 应收账款_南宁恒信食品有限公司 | | 19119600 | |
| 8 | 销售商品收入 | 600101 主营业务收入-销售商品收入-一般货物... | 数量:12000.00箱 单价:50.400000 | | 60480000 |
| 9 | 销售商品收入 | 600101 主营业务收入-销售商品收入-一般货物... | 数量:21000.00箱 单价:45.600000 | | 95760000 |
| 10 | 销售商品收入 | 22210107 应交税费-应交增值税-销项税额 | | | 20311200 |
| 11 | | | | | |
| 合计:壹佰柒拾陆万伍仟伍佰壹拾贰元整 | | | | 176551200 | 176551200 |

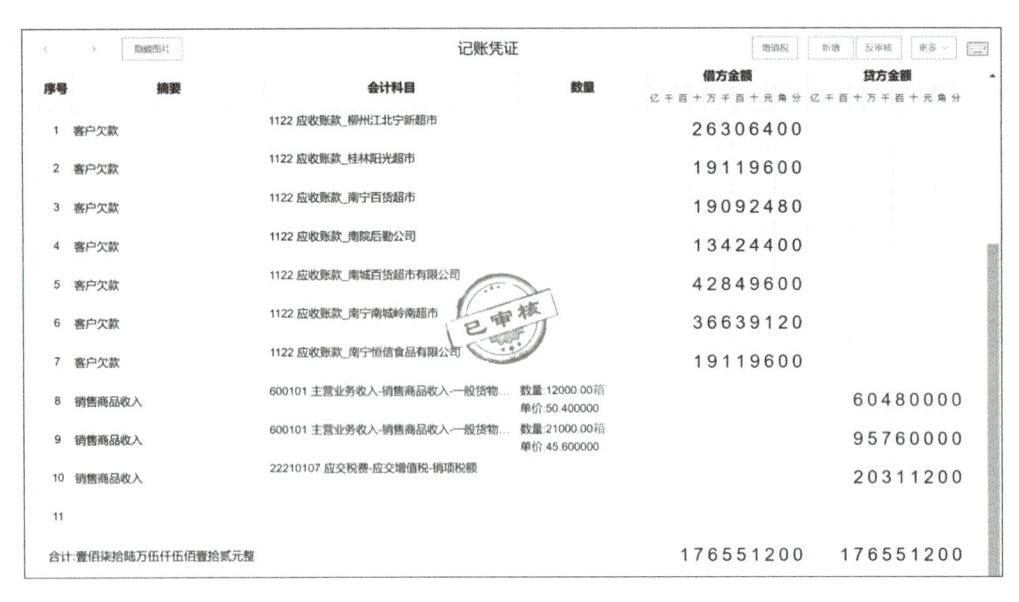

图 12-44　确认销售商品收入

**业务 12-35**：12 月 6 日，公司工行账户收到南宁南城岭南超市八宝粥货款 30 万元。

操作步骤：

采集一张进账单，进入"银行回单"→校对票面信息→审核→手动新增凭证，如图 12-45 所示。

| 序号 | 摘要 | 会计科目 | 借方金额 | 贷方金额 |
|---|---|---|---|---|
| 1 | 收到货款 | 100201 银行存款-工商银行邕宁支行 | 30000000 | |
| 2 | 收到货款 | 1122 应收账款_南宁南城岭南超市 | | 30000000 |
| 3 | | | | |
| 4 | | | | |
| 合计 叁拾万元整 | | | 30000000 | 30000000 |

图 12-45　收到货款凭证（1）

**业务 12-36**：12 月 13 日，收到南城百货超市有限公司货款 550 000 元，存入工行账户。

操作步骤：步骤参照业务 12-35，收到货款凭证如图 12-46 所示。

| 序号 | 摘要 | 会计科目 | 借方金额 | 贷方金额 |
|---|---|---|---|---|
| 1 | 收到货款 | 100201 银行存款-工商银行邕宁支行 | 55000000 | |
| 2 | 收到货款 | 1122 应收账款_南城百货超市有限公司 | | 55000000 |
| 3 | | | | |
| 4 | | | | |
| 合计 伍拾伍万元整 | | | 55000000 | 55000000 |

图 12-46　收到货款凭证（2）

**业务 12-37**：12 月 30 日，收到南宁南城岭南超市货款 300 000 元，收到桂林阳光超市货款 191 196 元，收到柳州江北宁新超市货款 200 000 元，货款已入工行账户。

操作步骤：步骤参照业务 12-35。

| 序号 | 摘要 | 会计科目 | 借方金额 | 贷方金额 |
|---|---|---|---|---|
| 1 | 收到货款 | 100201 银行存款-工商银行邕宁支行 | 691 196.00 | |
| 2 | 收到货款 | 1122 应收账款_南宁南城岭南超市 | | 300 000.00 |
| 3 | 收到货款 | 1122 应收账款_桂林阳光超市 | | 191 196.00 |
| 4 | 收到货款 | 1122 应收账款_柳州江北宁新超市 | | 200 000.00 |
| 5 | | | | |
| 合计 陆拾玖万壹仟壹佰玖拾陆元整 | | | 691 196.00 | 691 196.00 |

图 12-47　收到货款凭证（3）

## 任务评价

任务评价如表 12-3 所示。

表 12-3　任务评价

| 核心工作任务 | 自我评价 | 教师评价 |
|---|---|---|
| 利用会计核算云平台的总账系统，完成销售业务核算外包服务的一般处理流程 | | |
| 在会计核算云平台的票据处理系统中，采集销售业务相关单据影像文件，并进行分类与识别 | | |
| 在会计核算云平台的总账系统中，根据销售业务原始票据自动生成记账凭证 | | |
| 学习态度 | | |
| 收获： | | |

## 素养课堂

本项目通过对采购业务核算、生产成本核算以及销售业务核算的解析，让学生懂得程序规范、操作规范的意义，进而逐步树立规则意识、诚信意识、契约精神、质量意识和工匠精神。

党的二十大报告中指出：坚持把立德树人作为根本任务，培养担当民族复兴大任的时代新人。坚持以人民为中心发展教育，加快建设高质量教育体系，发展素质教育，促进教育公平。统筹职业教育、高等教育、继续教育协同创新，推进职普融通、产教融合、科教融汇，优化职业教育类型定位。加强家庭家教家风建设，加强和改进未成年人思想道德建设，推动社会主义核心价值观转化为思想自觉和行为习惯。

中共中央办公厅 国务院办公厅印发《关于推进社会信用体系建设高质量发展促进形成新发展格局的意见》，指出：大力弘扬社会主义核心价值观，推动形成崇尚诚信、践行诚信的良好风尚。引导行业协会商会加强诚信自律，支持新闻媒体开展诚信宣传和舆论监督，鼓励社会公众积极参与诚信建设活动。深化互联网诚信建设，依法推进个人诚信建设，着力针对青少年、企业家以及专业服务机构与中介服务机构从业人员、婚姻登记当事人等群体开展诚信教育，加强定向医学生、师范生等就业履约管理，强化信用学科建设和人才培养。

# 项目十三

# 纳税申报外包服务

【知识目标】
- 了解税法相关法律、法规及规章，企业会计准则等基本内容
- 了解财务报表与纳税申报表之间的联系

【技能目标】
- 能在智能化税务操作平台上导入财务报表数据，并生成纳税申报表
- 能在智能化税务操作平台上填写企业所得税、增值税基本信息，并能生成企业所得税、增值税的纳税申报表
- 能在智能化税务操作平台上对企业财务报表数据计算及账务处理进行复核
- 能在智能化税务操作平台上对企业所得税数据计算及账务处理进行复核
- 能在智能化税务操作平台上对企业增值税数据计算及账务处理进行复核
- 能在智能化税务操作平台上对各税种的扣款数额和对应科目进行核对
- 能根据法律法规和当地税务机关的企业所得税汇算清缴政策及时办理纳税申报及退税

【素养目标】
- 培养依法纳税的意识
- 培养及时更新税收优惠政策相关知识的意识

## 任务背景

北京子林文化有限公司（以下简称"子林公司"）是一家以文化活动策划及实施、赛事活动策划及推广、摄影服务等为主的公司，该公司为一般纳税人，12月将其纳税申报业务外包给共享中心办理，双方签订合同，合同约定按国家有关规定，负责公司纳税报表复

核与申报业务。该外包公司账套号：302；账套名称：北京子林文化有限公司；存储路径：计算机"D"盘新建文件夹"北京子林文化有限公司"；账套启用会计期：2023年12月；公司法人代表：冯庄；企业类型：服务；行业性质：2007年新会计制度科目；单位地址：北京市怀柔区府前东街58号；邮政编码：124022；电话：010-69601285；纳税人识别号：95730106317958313D；开户行：中国工商银行府前东街分行；银行账号：21997394464679；本位币代码：RMB(人民币)；预置科目：按行业性质预置科目。公司2023年第四季度季初从业人数为4人，季末从业人数为5人；季初资产总额2 000 000.00元，季末资产总额2 036 750.00元。

**业务13-1**：12月18日，子林公司收到A公司派发股票分红3 000元。

**业务13-2**：12月18日，子林公司收到B公司派发股票分红2 000元。

**业务13-3**：12月18日，子林公司支出与生产经营活动有关的业务招待费500元。

**业务13-4**：12月18日，子林公司为提升知名度，委托华宇工作室制作一部宣传片，费用合计1 000元。

**业务13-5**：12月18日，北京中奥尚达体育文化有限公司委托子林公司设计一套赛事方案，取得不含税收入30 000元(增值税税率6%)。

**业务13-6**：12月18日，子林公司计提职工工资5 000元、职工福利费700元、工会经费100元，并计提企业负担社会保险1 600元、补充养老保险300元、住房公积金400元。

**业务13-7**：12月18日，子林公司实际发放职工工资5 000元、社会保险1 600元、住房公积金400元、补充养老保险300元、职工福利费350元。

**业务13-8**：12月18日，子林公司缴纳税收滞纳金50元。

**业务13-9**：12月18日，工会组织"我爱我的祖国"歌唱比赛，购买纪念品花费100元。

**业务13-10**：12月18日，收到上半年国债利息2 000元。

## 认领任务

财税共享服务中心李司根据合同约定为子林公司办理纳税报表复核与申报业务，具体要求如下：

(1)审核已导入金税师的公司资产负债表；

(2)增值税税表审核与申报；

(3)企业所得税(季报)审核与申报。

## 知识准备

(1)会计报表是反映企业一定时期内财务状况和经营成果的书面性报告文件，是纳税人计算应纳税款的重要依据，也是税务机关进行税务稽查的必要资料。在税表填写完毕后，需

要对表格中内容进行复核，确保无误后才可以进行申报。

申报时，纳税人应按税法规定：按期向当地主管税务机关报送会计报表；一般纳税人每月1日必须进行防伪税控开票机的抄税工作，如没有进行抄税工作，则不能申报。

（2）企业所得税汇算清缴，是指纳税人自纳税年度终了之日起5个月内或实际经营终止之日起60日内，依照税收法律、法规、规章及其他有关企业所得税的规定，自行计算本纳税年度应纳税所得额和应纳所得税额，根据月度或季度预缴企业所得税的数额，确定该纳税年度应补或者应退税额，并填写企业所得税年度纳税申报表，向主管税务机关办理企业所得税年度纳税申报、提供税务机关要求提供的有关资料、结清全年企业所得税税款的行为。

（3）纳税调整项目按照会计法规计算确定的会计利润与按照税收法规计算确定的应税利润对同一个企业的同一个会计时期来说，其计算的结果往往不一致，在计算口径和确认时间方面存在一定的差异，即计税差异，一般将这个差异称为纳税调整项目。

（4）税收优惠政策是指税法对某些纳税人和征税对象给予鼓励和照顾的一种特殊规定。比如，免除其应缴的全部或部分税款，或者按照其缴纳税款的一定比例给予返还等，从而减轻其税收负担。税收优惠政策是国家利用税收调节经济的具体手段，国家通过税收优惠政策，可以扶持某些特殊地区、产业、企业和产品的发展，促进产业结构的调整和社会经济的协调发展。

## 任务要领

纳税人应对申报表的逻辑性和有关资料的完整性、准确性进行审核，审核重点包括：
(1)申报表中所填内容与账簿是否相符，各项逻辑关系是否正确，计算是否准确。
(2)纳税人是否符合税收优惠条件，税收优惠的确认是否符合程序。

对于年度所得税汇算清缴，纳税人还需审核是否按规定弥补以前年度亏损额和结转以后年度待弥补的亏损额。

## 任务实施

### 1. 审核资产负债表

（1）进入金税师平台，选中"数据导入"后单击"财报"，进入财务报表界面后，选择"2023年季度四"，单击主界面的"北京子林文化有限公司"选项，如图13-1所示。单击"保存"按钮，保存后进入数据导入界面，如图13-2所示。选择界面左上角的"资产负债表"后，单击"教学平台导入EXCEL"/"资产负债表"选项，选择"附表13-2一般企业资产负债表.xls"后单击"确定"按钮即可上传成功。同理，可导入利润表和现金流量表。单击"调整项目"按钮，若提示"无调整项目"，

则表明已导入财务报表的格式及科目与税务局的要求相符；若提示"有项目需要调整"，则需手动更改财务报表。项目调整结束后，单击右上角的"保存"按钮，即可自动进入"纳税工作台"界面。

（2）进入纳税工作台界面后，需查看资产负债表试算平衡结果和资产负债表中资产是否有项目值。

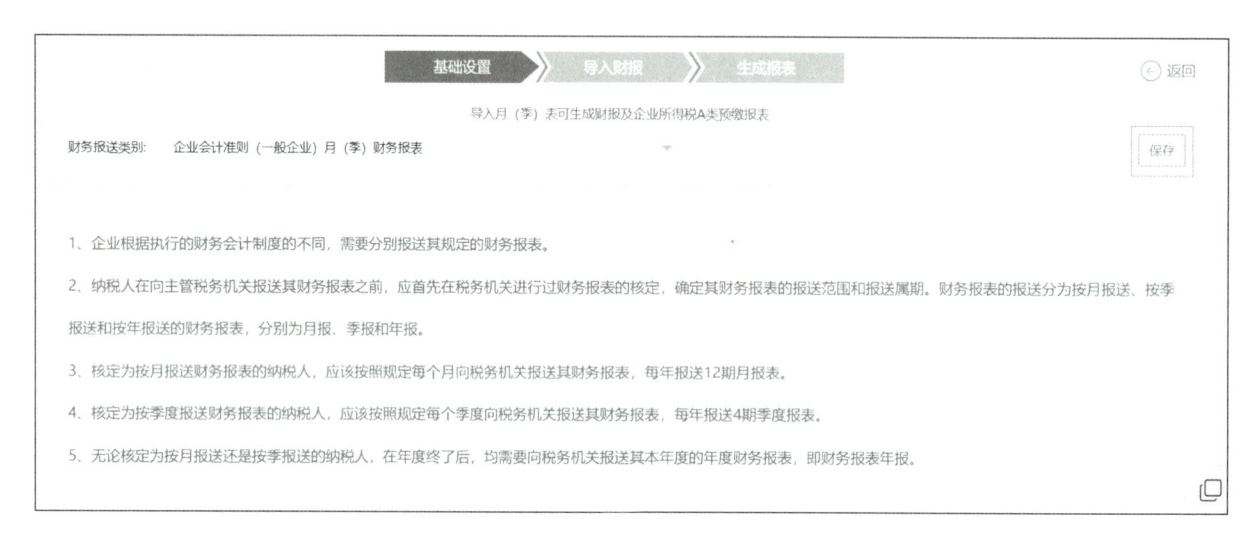

图13-1 财务报表导入基础设置

图13-2 导入资产负债表

## 2. 申报资产负债表

确认报表无误后，单击"审核"/"通过"按钮，之后可单击"申报"按钮，如图13-3所示；若审核通过后仍需更改信息，可在单击"反审核"按钮后再进行数据处理。

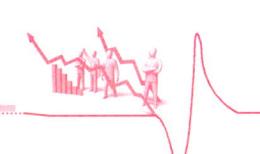

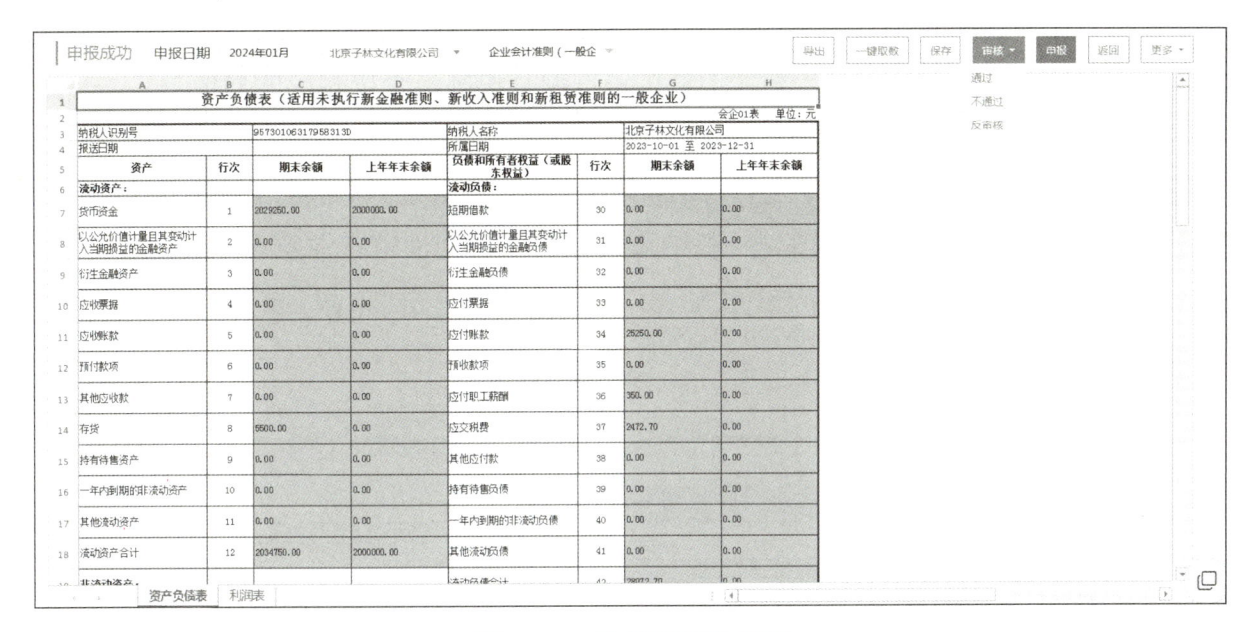

图 13-3　审核资产负债表

### 3. 增值税纳税申报表审核

进入金税师平台，选中"数据导入"后单击"增值税"选项，在左上角选择"2023 年 12 月"后，单击主界面的"北京子林文化有限公司"，进入增值税界面，单击"导入"/"教学平台导入"选项，选中"附表 13-5 认证抵扣发票清单.xlsx"并单击"确定"按钮后提示导入进项成功。选中"销项"，单击"导入"/"教学平台导入"选项，选中"附表 13-6 销项发票一般人模板下载.xlsx"并单击"确定"按钮后提示导入销项成功。

（1）企业性质为一般纳税人。增值税销项税表审核要点主要包括：

①销售额合计金额与财务报表中的营业收入金额是否一致；

②是否存在未开票收入；

③是否存在免税收入；

④不同税率下的销售额是否与实际核算一致。

增值税进项税表审核要点主要包括：

①本期可抵扣进项的实际税票信息与税务系统数据是否一致；

②是否存在可计算抵扣的票据金额，填写是否正确；

③进项税额转出额项目填写是否完整。

（2）企业性质为小规模纳税人。小规模纳税人增值税申报表审核注意事项：

①按照财税〔2019〕13 号的规定，小规模纳税人发生增值税应税销售行为。合计月销售额未超过 10 万元（以 1 个季度为 1 个纳税期的，季度销售额未超过 30 万元）的，免征增值税，符合免税政策的小规模纳税人仍需要进行纳税申报；其销售额填入"增值税纳税申报表"（小规模纳税人适用）主表"未达起征点销售额"表格中，相应税额填入"本期免税额"表格中。

②核对销售额总额是否与当月的销售收入一致。

③货物及劳务与服务、不动产和无形资产销售额及税额是否按相应的列填写。

### 4. 增值税纳税申报表申报

进入纳税工作台后，申报日期选择"2024年1月"，单击进入"北京子林文化有限公司"的"增值税纳税申报表(适用于增值税一般纳税人)"，查看前面审查注意事项且检查无误后，确认无"上期留抵"金额，单击"审核"/"通过"按钮后，再单击"申报"按钮，申报成功界面如图13-4所示。

图13-4 增值税纳税申报表(适用于增值税一般纳税人)申报成功

### 5. 企业所得税纳税申报表(年报)审核注意事项

（1）利润总额审核。

审核企业所得税纳税申报表中的利润总额与利润表中的利润总额是否一致。

（2）纳税调整项目审核。

①业务招待费支出。

账载金额为成本、费用科目核算的业务招待费的账面金额合计。

税收金额=min(账面金额*60%，收入总额*0.5%)。

②免税收入。

a. 免税收入——国债利息收入免征企业所得税。

b. 免税收入——符合条件的居民企业之间的股息、红利等权益性投资收益免征企业所得税。

### 6. 企业所得税纳税申报表(年报)申报

进入纳税工作台后，申报日期选择"2024年1月"，单击进入"北京子林文化有限公司"

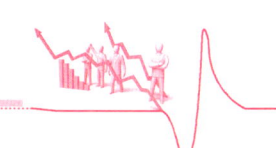

的"企业所得税年度汇算清缴",查看前面审查注意事项且检查无误后,单击"审核"/"通过"按钮后,再单击"申报"按钮,申报成功界面如图13-5所示。

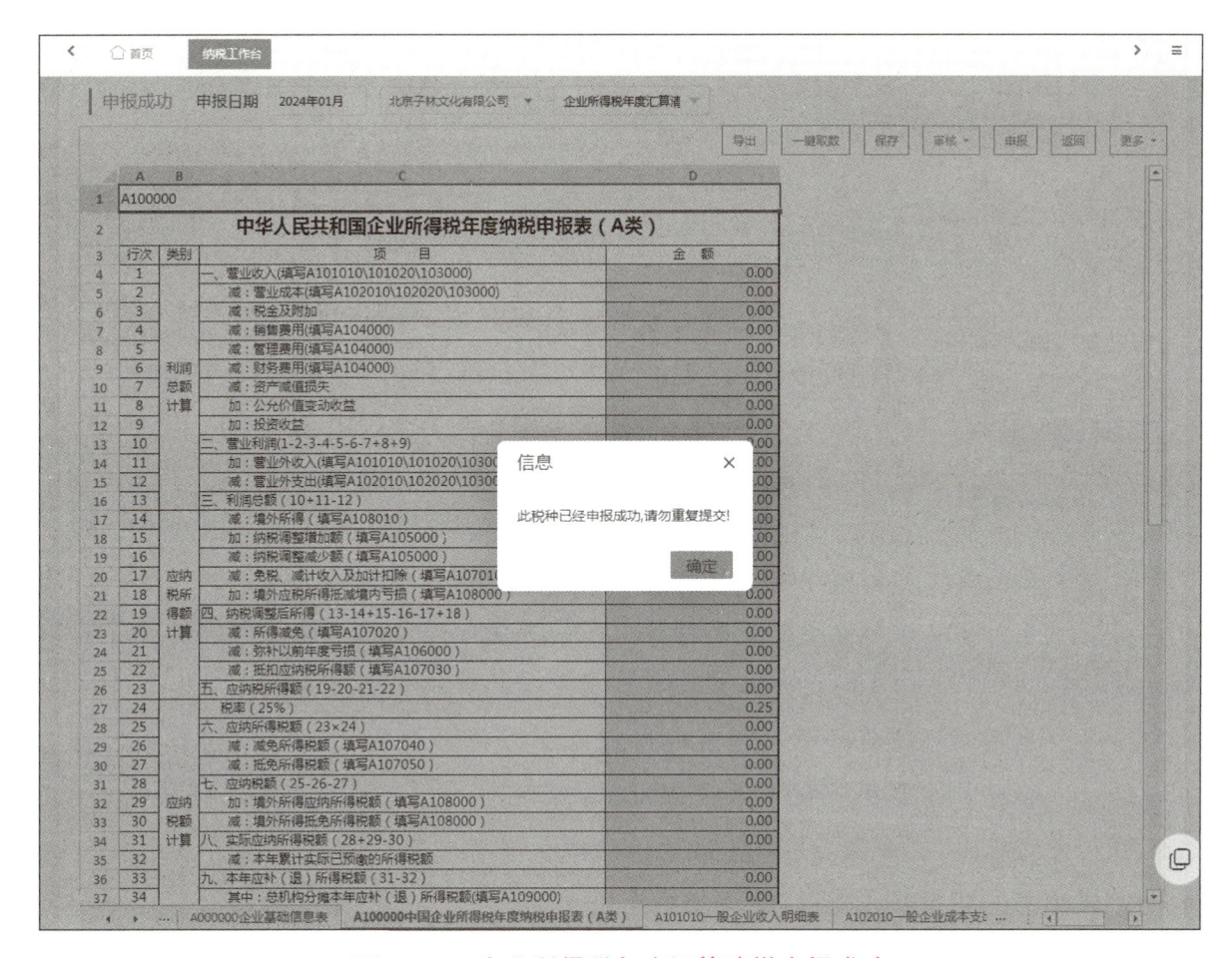

图13-5 企业所得税年度汇算清缴申报成功

## 任务评价

任务评价如表13-1所示。

表13-1 任务评价

| 核心工作任务 | 自我评价 | 教师评价 |
| --- | --- | --- |
| 了解《中华人民共和国税收征收管理法》的基本内容 | | |
| 了解《企业会计准则》的基本内容 | | |
| 在智能化税务操作平台上对企业财务报表数据计算及账务处理进行复核 | | |
| 在智能化税务操作平台上对企业所得税数据进行复核及纳税申报 | | |
| 在智能化税务操作平台上对增值税数据进行复核及纳税申报 | | |

续表

| 核心工作任务 | 自我评价 | 教师评价 |
|---|---|---|
| 学习态度 | | |
| 收获： | | |

## 素养课堂

本项目主要完成的是企业各项税费申报表填制和申报等相关实操工作，涉及不同税费申报的相关细节，可以让学生了解不同税种申报的真实处理流程，能让学生运用所学知识正确完成税费申报工作，及时更新国家税务总局发布的税收优惠政策并运用得当。

2023年，全国新增减税降费及退税缓费超2.2万亿元，有效助力稳定市场预期、提振市场信心、激发市场活力。2024年召开的中央经济工作会议据此要求"坚持稳中求进、以进促稳、先立后破"，并做出"落实好结构性减税降费政策，重点支持科技创新和制造业发展""谋划新一轮财税体制改革"等重要部署。

对于中央经济工作会议提出的"落实好结构性减税降费政策"，国家税务总局政策法规司司长戴诗友表示，税务部门将全面贯彻中央经济工作会议精神，重点聚焦支持科技创新和制造业发展，落实好结构性减税降费政策，增强政策精准性和针对性，支持企业增加研发投入，引导各类要素资源投向实体经济。

国家税务总局所得税司司长王世宇也强调，税务部门将认真落实支持科技创新的税费优惠政策，畅通"政策红利引导—研发投入增加—产品质量提升—企业效益增加"的链条，强化企业科技创新的主体地位，助力加快实现高水平科技自立自强。具体而言，一是要持续加大支持科技研发税费优惠政策落实力度，坚持把研发费用税前加计扣除比例提高至100%的政策作为制度性安排长期实施，增强科技研发税收优惠的确定性；二是要持续激发企业科技创新主体的积极性、主动性，以税费优惠政策引导企业走自主创新之路，逐步形成覆盖企业成长和创新全生命周期的税费政策支持体系；三是要持续优化科技成果转化的政策环境，探索丰富针对研发成果收益的税费优惠政策，鼓励产学研深度融合和创新科技成果的转化，引导提升科研"软实力"，深度对接产业"新赛道"。

# 项目十四

# 工资及社保业务外包服务

【知识目标】
- 熟练掌握工资的内容及其计提、支付账务处理
- 掌握个人所得税专项附加扣除的标准
- 掌握个人所得税税率
- 掌握五险一金的缴费比例

【技能目标】
- 能在智能化财务操作平台上完成对工资表的导入,并根据工资表数据自动生成记账凭证
- 能收集整理现场办理个人社保所需材料,并能办理代扣代缴协议
- 了解现场办理报销生育医疗保险、养老退休、社保减员及增员、工伤认定等业务所需的材料和流程,并能实际应用
- 能在社保平台上根据收集的资料办理社保减员及增员业务和社保补缴业务
- 了解《中华人民共和国个人所得税法》《中华人民共和国个人所得税法实施条例》《国务院关于印发个人所得税专项附加扣除暂行办法的通知》《个人所得税专项附加扣除操作办法(试行)》等相关法律法规的基本内容
- 了解个人所得税的计算方法和相关账务处理的规定
- 能在智能化税务操作平台上录入员工信息、工资表及获取专项附加扣除信息
- 能将工资表导入"自然人税收管理系统扣缴客户端"

【素养目标】
- 坚持诚实守信、秉公办事的工作准则
- 增进对社会政策的了解,树立依法纳税的意识

## 任务背景

南宁泰福八宝粥有限公司(以下简称"泰福八宝粥公司")以生产经营八宝粥为主。该公司为一般纳税人，12月将其工资表编制及发放工资的账务处理业务外包给共享中心办理，双方签订合同。人力资源部门提供人员花名册、工资数据、考勤表、薪酬政策等工资计算所需资料。该外包公司账套号：401；账套名称：南宁泰福八宝粥有限公司；存储路径：计算机"D"盘新建文件夹"南宁泰福八宝粥有限公司"；账套启用会计期：2023年12月；公司法人代表：梁林；企业类型：工业企业；行业性质：2007年新会计制度科目；单位地址：广西壮族自治区南宁市邕宁龙亭路3号；邮政编码：530000；电话：0771-4946158；纳税人识别号：914500001982273333；开户行：中国工商银行南宁邕宁支行；银行账号：6222082102000411888；本位币代码：RMB(人民币)；预置科目：按行业性质预置科目。

泰福八宝粥公司2023年12月将其"五险一金"业务外包给共享中心办理，双方签订合同。

泰福八宝粥公司将其员工个人所得税申报业务外包给财税共享服务中心办理，双方签订合同，约定由财税共享服务中心负责为其公司的员工申报个人所得税。

## 认领任务

共享中心李司根据合同约定为泰福八宝粥公司办理2023年11月工资单编制及发放工资的账务处理业务，具体要求如下：

(1)登录财天下平台；
(2)启用智能工资模块(启用日期：2023年11月)，并计算个税；
(3)根据工资表数据自动生成记账凭证；
(4)在财天下平台(个税管理端)对职员信息进行采集；
(5)在税务局个税系统进行个税申报。

## 知识准备

### 1. 职工薪酬

职工薪酬是指企业为了获得职工提供的服务或解除劳动关系而给予的各种形式的报酬或补偿。根据《企业会计准则第9号——职工薪酬》(2014)的规定，职工薪酬包括短期薪酬、离职后福利、辞退福利和其他长期职工福利。企业提供给职工配偶、子女、受赡养人、已故员工遗属及其他受益人等的福利，也属于职工薪酬。

### 2. 个人所得税专项附加扣除

个人所得税专项附加扣除(以下简称"个税专项附加扣除")，是指个人所得税法规定的

子女教育、继续教育、大病医疗、住房贷款利息、住房租金和赡养老人、3岁以下婴幼儿照护七项专项附加扣除。2023年8月28日，国务院发布《关于提高个人所得税专项附加扣除标准的通知》。

**3. 五险一金**

"五险一金"指的是五种社会保险以及一个公积金，"五险"包括养老保险、医疗保险、失业保险、工伤保险和生育保险；"一金"指的是住房公积金。其中养老保险、医疗保险和失业保险是由企业和个人共同缴纳的保费；工伤保险和生育保险完全由企业承担，个人不需要缴纳。五险一金的缴纳额度每个地区的规定都不同，以工资总额为基数。有的企业在缴纳五险一金时，缴纳基数除基本工资外，还包括相关补贴。

**4. 个人所得税相关税法规定**

了解《中华人民共和国个人所得税法》《中华人民共和国个人所得税法实施条例》《国务院关于印发个人所得税专项附加扣除暂行办法的通知》《个人所得税专项附加扣除操作办法(试行)》以及《税收征收管理法》等相关法律法规的基本内容。

## 任务要领

(1) 熟知企业薪酬结构，计提工资；

(2) 熟知社保、公积金计提比例；

(3) 熟知个人所得税的法律，正确核算应缴数额；

(4) 完成工资表的编制；

(5) 自动生成工资发放的相关记账凭证。工资及社保业务外包流程如图14-1所示。

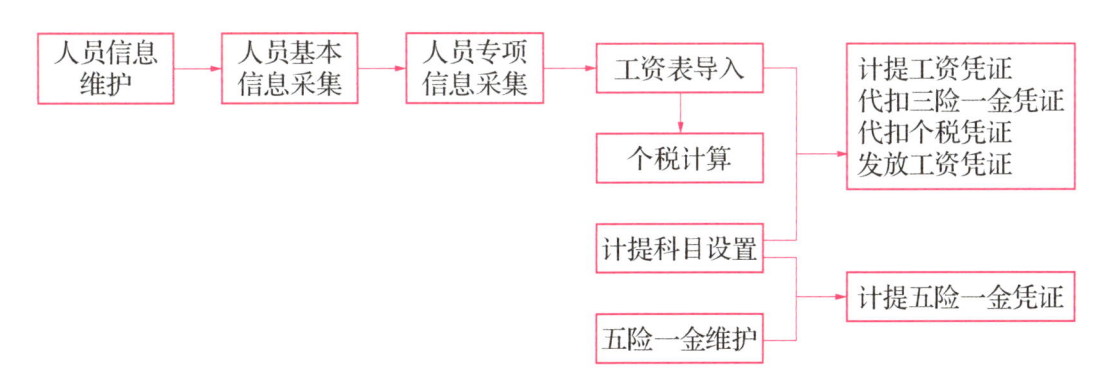

图14-1　工资及社保业务外包流程

## 任务实施

(1) 基础设置→账套信息→启用智能工资(2023-11)→保存。

(2) 智能工资→人员信息→单击"同步人员"→显示"同步成功"。

（3）智能工资→人员基本信息采集→纳税所属日期：2023-11→同步人员信息→当期确认。

（4）智能工资→人员专项信息采集→纳税所属日期：2023-11→单击"同步"按钮。

（5）智能工资→智能算税→纳税所属日期：2023-11→导入→平台导入→单击"泰福2023年11月员工工资表"→开始上传→单击"税款计算"按钮→单击"计算"按钮→显示"计算成功"。

（6）智能工资→科目设置（目的：自动生成正确的凭证）。科目设置如图14-2和图14-3所示。

图14-2　计提工资借方科目设置

图14-3　计提五险一金科目设置

（7）智能工资→凭证生成→时间2023-11→单击"入账设置｜修改"→支付方式：银行发放→发放工资设置：当月工资次月发放→保存→生成凭证（两张凭证，可去凭证管理里面查询），如果有数字错误，再单击重新计算（进行修改后，再重新计算）→生成凭证。

## 任务评价

任务评价如表 14-1 所示。

表 14-1　任务评价

| 核心工作任务 | 自我评价 | 教师评价 |
| --- | --- | --- |
| 在智能化税务操作平台上录入工资表及获取专项附加扣除信息 | | |
| 在智能化税务操作平台上录入员工信息 | | |
| 在智能化工资操作平台上根据工资表数据自动生成记账凭证 | | |
| 了解《中华人民共和国个人所得税法》的基本内容 | | |
| 了解《中华人民共和国个人所得税法实施条例》的基本内容 | | |
| 了解《国务院关于提高个人所得税有关专项附加扣除标准的通知》（国发〔2023〕13 号） | | |
| 保存数字档案 | | |
| 学习态度 | | |
| 收获： | | |

## 素养课堂

本项目主要讲解了工资的计提、发放及个人所得税的计算，着重培养学生坚持诚实守信、秉公办事的工作准则，加强学生对社会政策的了解，使学生树立依法纳税的意识。

党的二十大报告中指出：着力解决好人民群众最关心最直接最现实的利益问题，不断提高公共服务均衡化、优质化水平。坚持严格规范公正文明执法，提高行政效率和公信力。深化司法体制综合配套改革，全面准确落实司法责任制，加快建设公正高效权威的社会主义司法制度，努力让人民群众在每一个司法案件中感受到公平正义。加强对权力运行的制约和监督，深化政务公开，自觉接受人民监督，始终保持同人民群众的血肉联系。加强新时代廉洁文化建设，教育引导广大党员、干部增强不想腐的自觉，清清白白做人、干干净净做事，使严厉惩治、规范权力、教育引导紧密结合、协调联动，不断取得更多制度性成果和更大治理效能。

根据《国务院关于提高个人所得税有关专项附加扣除标准的通知》(国发〔2023〕13号,以下简称《通知》),现就有关贯彻落实事项公告如下:

(1)3岁以下婴幼儿照护、子女教育专项附加扣除标准,由每个婴幼儿(子女)每月1 000元提高到2 000元。父母可以选择由其中一方按扣除标准的100%扣除,也可以选择由双方分别按50%扣除。

(2)赡养老人专项附加扣除标准,由每月2 000元提高到3 000元,其中,独生子女每月扣除3 000元;非独生子女与兄弟姐妹分摊每月3 000元的扣除额度,每人不超过1 500元。

需要分摊享受的,可以由赡养人均摊或者约定分摊,也可以由被赡养人指定分摊。约定或者指定分摊的须签订书面分摊协议,指定分摊优先于约定分摊。

(3)纳税人尚未填报享受3岁以下婴幼儿照护、子女教育、赡养老人专项附加扣除的,可以在手机个人所得税APP或者通过扣缴义务人填报享受,系统将按照提高后的专项附加扣除标准计算应缴纳的个人所得税。

纳税人在2023年度已经填报享受3岁以下婴幼儿照护、子女教育、赡养老人专项附加扣除的,无须重新填报,系统将自动按照提高后的专项附加扣除标准计算应缴纳的个人所得税。纳税人对约定分摊或者指定分摊赡养老人专项附加扣除额度有调整的,可以在手机个人所得税APP或通过扣缴义务人填报新的分摊额度。

# 专题四

## 社会共享初级企业管家

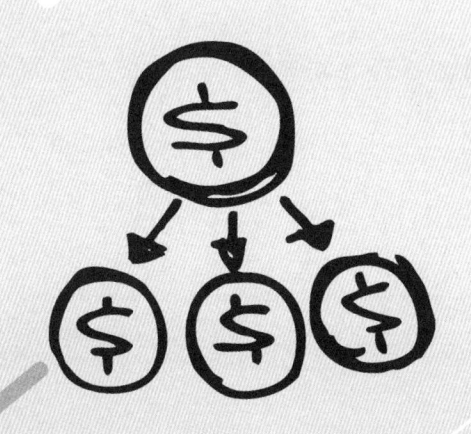

# 项目十五

# 企业设立登记

【知识目标】
- 了解企业设立登记、变更、信息公示、注销、印鉴刻制与使用保管等业务相关法律法规的内容

【技能目标】
- 掌握企业设立登记、变更、信息公示、注销、印鉴刻制与使用保管等业务的操作流程
- 能根据有关法律法规规定和业务流程，在相关平台上熟练帮助客户办理企业设立登记、变更、信息公示、填制申报、注销、印鉴刻制与使用保管等业务

【素养目标】
- 培养参与管理的职业素养
- 明白企业应该依法设立、信息透明，不存在灰暗面

## 任务一 企业设立登记

### 任务背景

2023年9月，林宇明、韩超、陈平三人拟共同出资设立一家关于软件开发的有限责任公司，名称定为：北京振兴科技有限公司（字号为振兴），从事技术开发和服务，注册资本200万元。三人经协商决定：

（1）设立时间：2023年9月10日（出资时间为2023年9月30日）。

（2）股东会组成：公司由林宇明、韩超、陈平三人组成股东会。

（3）设一名执行董事、一名董事、一名监事、一名经理，由林宇明担任执行董事兼经理和公司法定代表人（职务产生的方式为协商）。

（4）公司暂不建立工会组织。

（5）企业的核算方式为独立核算。

（6）职工的月工资标准。

（7）招聘一名出纳兼秘书，协助办理公司设立登记相关事宜，并担任企业的联系人、办税员、社保和住房公积金缴费经办人、购票人。

（8）经营范围：传感网络信息服务，物联网信息服务；数字媒体；数字作品的数据库管理；数字作品的制作、集成，数字作品的印刷出版、发行，数字出版领域内的技术开发、技术转让、技术咨询、技术服务。

（9）主营业务：技术开发、技术服务。

（10）拟登记市场主体所在地：丰台区。

（11）公司营业期限为30年。

（12）没有位于中关村国家自主创新示范园及"三城一区"内。

（13）投资人类型全部为自然人。

（14）固定电话：010-67532981。

商定之后，他们招聘王清担任公司的出纳兼秘书。林宇明等三人的出资及主要人员信息如表15-1所示。

表 15-1 林宇明等人的信息

| 姓名 | 性别 | 民族 | 政治面貌 | 学历 | 职业状况 | 证件类型 | 证件号码 | 户籍所在地 | 移动电话 | 电子邮箱 | 认缴出资额/万元 | 认缴出资比例 | 认缴出资方式 | 认缴出资来源 | 认缴出资时间 | 担任职务 | 职务任期期限 | 月工资标准/元 |
|---|---|---|---|---|---|---|---|---|---|---|---|---|---|---|---|---|---|---|
| 林宇明 | 男 | 汉 | 群众 | 硕士研究生 | 在职 | 身份证 | 110××××××××××××××× | 北京市丰台区海棠园×××× | 189×××××××× | | 100 | 50% | 货币 | 工资收入 | 2023.7.31 | 执行董事兼总经理 | 三年 | 20 000 |
| 韩超 | 男 | 汉 | 群众 | 大学本科 | 在职 | 身份证 | 110××××××××××××××× | 北京市通州区紫云苑×××× | 185×××××××× | | 60 | 30% | 货币 | 工资收入 | 2023.7.31 | 董事兼财务负责人 | 三年 | 10 000 |
| 陈平 | 男 | 汉 | 群众 | 大学本科 | 在职 | 身份证 | 110××××××××××××××× | 北京市丰台区未来家园×××× | 150×××××××× | | 40 | 20% | 货币 | 工资收入 | 2023.7.31 | 监事 | 三年 | 10 000 |
| 王清 | 女 | 汉 | 群众 | | 在职 | 身份证 | 110××××××××××××××× | 北京市丰台区东安小区×××× | 189×××××××× | ×××××××@163.com | | | | | | 出纳兼秘书 | | 5 000 |
| 刘庆 | 男 | 汉 | 群众 | 大学本科 | 在职 | 身份证 | 110××××××××××××××× | 北京市丰台区荷花苑×××× | 189×××××××× | | | | | | | 企业管家 | | |
| 合计 | | | | | | | | | | | 200 | 100% | | | | | | |

## 认领任务

由共享中心企业管家（中小企业财税综合服务岗）刘庆帮助林宇明等三人办理公司登记手续。

(1) 签订外包服务合同，准备公司设立登记的相关资料。

(2) 用户注册登录。

(3) 申请企业设立登记，进行公司核名。

(4) 进行股东、法人实名认证。

(5) 填写公司基本信息，上传相关证明材料。

(6) 审批通过，领取营业执照、印章、税控设备和发票。

## 知识准备

### 1. 核心概念

企业是指以营利为目的，从事商品生产、商品流通或服务性经济活动，实行自主经营、自负盈亏、独立核算、依法成立的经济组织。

### 2. 相关法规

《国务院办公厅关于加快推进"五证合一、一照一码"登记制度改革的通知》（国办发〔2016〕53号）、《优化营商环境条例》、《国务院办公厅关于做好优化营商环境改革举措复制推广借鉴工作的通知》（国办函〔2019〕89号）、《北京市、上海市优化营商环境典型做法》、《中华人民共和国公司法》、《中华人民共和国合伙企业法》、《中华人民共和国个人独资企业法》、《市场主体登记管理条例》、《企业法人登记管理条例》、《企业法人登记管理条例施行细则》、《企业名称登记管理规定》、《中华人民共和国合同法》等。

## 任务要领

### 1. 企业类型及其区别

企业包括公司、合伙企业、个人独资企业、外商独资企业等。公司分为有限责任公司、股份有限公司，公司以其全部财产对公司的债务承担责任。有限责任公司的股东以其认缴的出资额为限对公司承担责任，股份有限公司的股东以其认购的股份为限对公司承担责任。集团公司是由母公司、子公司、参股公司及其他成员共同组成的企业法人联合体。在总公司和分公司中，分公司不具有法人资格，不独立承担民事责任。

### 2. 有限责任公司的设立条件

根据《中华人民共和国公司法》（以下简称《公司法》）规定，有限责任公司应由50个以下股东出资设立。设立有限责任公司，应当具备下列条件：①股东符合法定人数；②有符合公

司章程规定的全体股东认缴的出资额；③股东共同制定公司章程；④有公司名称，建立符合有限责任公司要求的组织机构；⑤有公司住所。

### 3. 经营范围

根据《企业经营范围登记管理规定》，经营范围是企业从事经营活动的业务范围，应当依法经企业登记机关登记。申请人应当参照《国民经济行业分类》选择一种或多种小类、中类或者大类自主提出经营范围登记申请。对《国民经济行业分类》中没有规范的新兴行业或者具体经营项目，可以参照政策文件、行业习惯或者专业文献等提出申请。

### 4. 企业名称：《企业名称登记管理规定》

企业名称组成：行政区划名称+字号(或者商号)+行业(或者经营特点)+组织形式。

(1)字号：字号应当由两个以上的字组成。企业有正当理由可以使用本地或者异地地名作为字号，但不得使用县以上行政区划名称作为字号。私营企业可以使用投资人姓名作为字号。

(2)行业名称(或者经营特点)：企业应当根据主营业务，依照国家行业分类标准划分的类别，在企业名称中标明所属行业或者经营特点。

(3)组织形式：企业应当根据组织结构或者责任形式，在企业名称中标明组织形式。所标明的组织形式必须明确易懂，如有限公司、股份有限公司等。

(4)行政区划名称：企业名称还应当冠以企业所在地省(包括自治区、直辖市)或者市[包括州或者县(包括市辖区)]行政区划名称。

下列企业的企业名称可以不冠以企业所在地行政区划名称：①企业名称中使用"中国""中华"或者冠以"国际"字词的企业；②历史悠久、字号驰名的企业；③外商投资企业。

下列企业，可以申请在企业名称中使用"中国""中华"或者冠以"国际"字词：①全国性公司；②国务院或其授权的机关批准的大型进出口企业；③国务院或其授权的机关批准的大型企业集团；④国家工商行政管理局规定的其他企业。

企业名称文字和内容的规定：企业名称应当使用汉字，民族自治地方的企业名称可以同时使用本民族自治地方通用的民族文字。企业使用外文名称的，其外文名称应当与中文名称相一致，并报登记主管机关登记注册。

企业名称不得含有下列内容和文字：①有损于国家、社会公共利益的；②可能对公众造成欺骗或者误解的；③外国国家(地区)名称、国际组织名称；④政党名称、党政军机关名称、群众组织名称、社会团体名称及部队番号；⑤汉语拼音字母(外文名称中使用的除外)、数字；⑥其他法律、行政法规规定禁止的。

其他规定：①确定企业名称时不得擅自使用他人已经登记注册的企业名称或者有其他侵犯他人企业名称专用权的行为。②企业名称经核准登记注册后，无特殊原因在1年内不得申请变更。③企业的印章、银行账户、牌匾、信笺所使用的名称应当与登记注册的企业名称相

同。从事商业、公共饮食、服务等行业的企业名称牌匾可适当简化，但应当报登记主管机关备案。

### 5. 营业场所和注册地

根据《市场主体登记管理条例》《企业法人登记管理条例施行细则》的规定，营业场所和注册地应保持一致，符合当地法律规定。选取的经营场所符合法律法规要求及本地区有关规定。避免营业场所与注册场所不一致导致的稽查风险。

### 6. 有限责任公司注册资本

（1）注册资本认缴数额。

《公司法》规定，有限责任公司的注册资本为在公司登记机关登记的全体股东认缴的出资额。法律、行政法规以及国务院决定对有限责任公司注册资本实缴、注册资本最低限额另有规定的，从其规定。公司注册资本认缴数额要适当，公司认缴的出资金额及出资期限将通过"企业信用信息网"向社会进行披露，如果超出股东经济实力盲目认缴巨额资本，超过合理期限随意约定过长的出资时间，不仅加大了股东责任，而且会影响公司的公信度和竞争力。

（2）注册资本出资方式。

股东可以用货币出资，也可以用实物、知识产权、土地使用权等可以用货币估价并可以依法转让的非货币财产作价出资；但是，法律、行政法规规定不得作为出资的财产除外。

（3）注册资本缴纳的要求。

股东应当按期足额缴纳公司章程中规定的各自所认缴的出资额。股东不按照前款规定缴纳出资的，除应当向公司足额缴纳外，还应当向已按期足额缴纳出资的股东承担违约责任。公司成立后，公司应当向股东签发出资证明书，股东不得抽逃出资。

### 7. 有限责任公司组织机构

有限责任公司要设股东会、董事会或者执行董事、监事会或者监事，还可以设经理。股东会是有限责任公司的权力机构，由全体股东组成；董事会对股东会负责，其成员为3~13人，董事会设董事长一人，可以设副董事长。董事长、副董事长的产生办法由公司章程规定；股东人数较少或者规模较小的有限责任公司，可以设一名执行董事，不设董事会；执行董事可以兼任公司经理；经理由董事会决定聘任或者解聘，对董事会负责，可以列席董事会会议。监事会成员不得少于三人。股东人数较少或者规模较小的有限责任公司，可以设1~2名监事，不设监事会。董事、高级管理人员（如经理、财务人员等）不得兼任监事。监事可以列席董事会会议，并对董事会决议事项提出质询或者建议。股东会、董事会或者执行董事、监事会或者不设监事会的公司监事、经理的职权，在《公司法》中有明确的规定，详细内容可查阅《公司法》。

### 8. 有限责任公司章程

根据《公司法》规定，有限责任公司章程应当载明下列事项：公司名称和住所；公司经

营范围;公司注册资本;股东的姓名或者名称;股东的出资方式、出资额和出资时间;公司的机构及其产生办法、职权、议事规则;公司法定代表人;股东会议认为需要规定的其他事项。股东应当在公司章程上签名、盖章。

### 9. "五证合一、一照一码"的登记制度

"五证合一、一照一码"登记制度是根据《国务院办公厅关于加快推进"五证合一、一照一码"登记制度改革的通知》(国办发〔2016〕53号),自2016年10月1日起在全国范围内实施的。"五证"指工商营业执照、组织机构代码证、税务登记证、社会保险登记证和统计登记证。"一码"指统一社会信用代码,共18位,是每一个法人和其他组织在全国范围内唯一的、终身不变的法定身份识别码。"五证合一、一照一码"就是将上述五证整合为一个加载了统一社会信用代码的营业执照,企业无须再另行办理组织机构代码证、税务登记证、社会保险登记证和统计登记证。

### 10. 企业设立登记

开办新企业,首先要进行企业设立登记。企业设立登记首先要进行企业核名、提交申请材料、申请营业执照、刻制印章。申请了营业执照、刻制了印章,企业就可以开业了。但是,企业要正式开始经营,还需要进行税务登记、社保登记、住房公积金开户和银行开户。企业开办涉及市场监督管理局、公安、人民银行、税务、人力资源和社会保障、住房公积金管理等多个部门。为进一步优化营商环境,提高企业开办效率,2019年1月17日北京市开通了"北京市企业登记e窗通服务平台",整合了各部门业务办理流程。在该平台上,申请人申请营业执照及刻制印章、办理涉税事项、为员工办理"五险一金"、银行预约开户等业务,能够全流程在线申报、多部门网上联合审批、审批结果由后台推送完成,且推广使用电子执照和电子发票,实现了开办企业全程网上办理。申请人在提交申请审批通过后的当天即可领取电子营业执照,3天即可完成企业开办。

### 11. 企业设立过程中应注意的问题

(1)选择适合自己的企业类型。

过去,90%的企业类型为有限公司(公司是以其全部财产对公司的债务承担责任),个人独资企业或合伙企业因为投资者承担无限责任,选择这两种企业类型的较少。近年来,随着各地政府大力推进招商引资项目,网络博主、影视明星、讲师、医生等个人创业者,纷纷在税收洼地注册个人独资企业,享受税收洼地核定征收的扶持。个人独资企业不是按照查账征收缴纳企业所得税,而是按照核定征收,核定企业开票额的多少来计算企业的利润,从而确定企业缴纳的企业所得税。

(2)公司的基础情况。

新设立公司注册资本、地域、字号、经营范围、行业特点、组织形式、地址、股东出资比例等都属于基础情况。大多数企业都会选择认缴,无论注册资本是100万元或者是1 000

万元，都可以选择最长期限进行注册资本实缴。新设公司的经营范围决定着未来开展业务，是否需要行政审批，是否有区域限制，公司是否可以开具业务相关的发票。新设公司的股权分配不再只衡量出资的多少，增加了能让公司发展的因素，例如，是否具备技术、能力、管理、经验、人脉、渠道、资源，等等，往往发起人股东会成为企业的决策人，众多初创公司会选择同股不同权的分红方式。

（3）特殊项目审批。

有些行业的企业，需要到相关部门申请特别准入证才能经营，也就是需要前置审批或后置审批后才能经营。除此之外，企业运营良好，还可以申请政府相关补贴或国家高新技术企业资质认定。前置审批事项如快递业务、危险化学品、保安服务、烟草专卖生产、烟草专卖批发、证券公司设立、营利性民办学校（营利性民办培训机构），等等。后置审批事项如食品生产、食品生产加工作坊、食品流通、餐饮服务、公共场所卫生、烟草专卖零售、旅行社业务、旅馆业、公章刻制业、拍卖业、典当业、养老机构、会计师事务所、中介机构从事会计代理记账业务、国内水路运输、水路运输业务、出租汽车经营，等等。

## 任务实施

（1）企业设立登记。

签订外包服务合同，并给出企业注册建议：①按新设公司经营范围及行业特点进行建议，如餐厅、酒吧等需要前置审批《食品经营许可证》，新设公司如果经营与食品相关的业务还需要办理卫生许可证；②按企业股东情况进行建议，如网络博主、讲师等个人成立的公司，可以在税收洼地注册个人独资企业，在税收洼地可以享受核定征收扶持，不按查账征收缴纳企业所得税，按照的是核定征收、核定企业开票额的多少来计算企业的利润；③按主营业务进行建议，如科技、文化类可以注册在各大园区，享受优先高新技术企业、政策补贴的申报；④按新设公司经营范围匹配地域进行建议，比如制造业建议在北京郊区或周边注册（以北京为例，各地情况不同）；⑤按新设立公司地域、字号、经营范围、行业特点、组织形式、地址、出资比例等综合情况进行建议。

（2）准备申请材料。

①内资公司设立登记申请书（由法定代表人亲笔签字）。

②公司章程（全体股东共同签署，其中自然人股东亲笔签字，法人股东加盖公章）。

③企业名称预先核准通知书。

④股东资格证件（自然人身份证、企业法人股东加盖公章的营业执照复印件）。

⑤住所使用证明（一般应为产权人签字或盖章的房产证复印件。产权人为自然人的应亲笔签字，产权人为单位的应加盖公章）。

⑥许可项目审批条件（仅限经营项目涉及前置许可的，如危险化学品经营、快递业务

等，提交有关批准文件或者许可证件的复印件）。

⑦指定（委托）书（委托他人办理）。

（3）进入政务仿真训练系统，登录"e窗通服务平台"，如图15-1所示。单击"企业设立登记"→"个人用户登录"选项，输入用户名和密码，如图15-2所示。

企业设立登记

图15-1 智慧财经产教融合综合服务平台界面

图15-2 个人用户登录

（4）选择公司登记→设立，如图15-3所示。

项目十五　企业设立登记

图 15-3　公司设立登记

（5）经办人下载"e窗通服务平台"APP进行身份认证（见图15-4），申请营业执照，如图15-5所示。

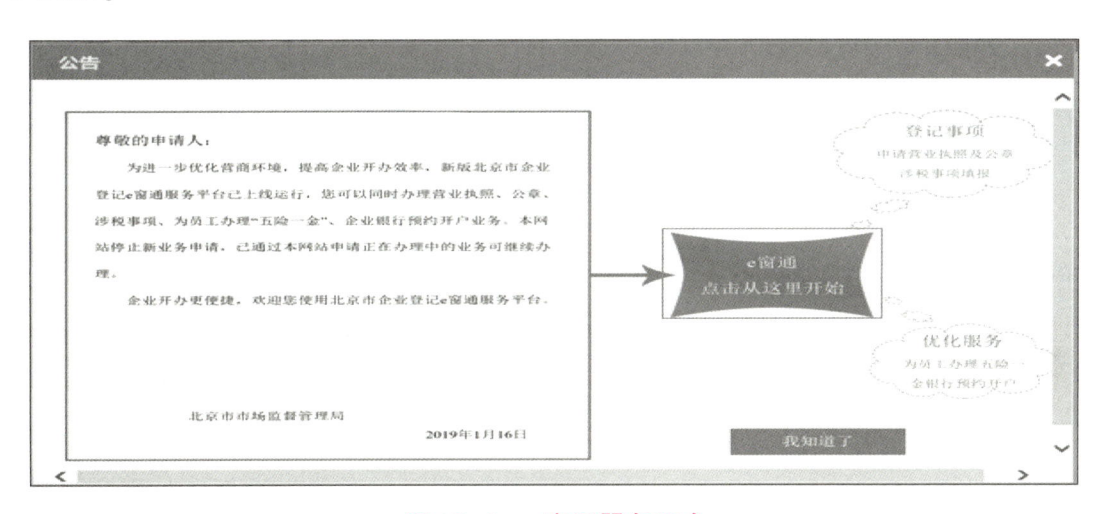

图 15-4　e窗通服务平台

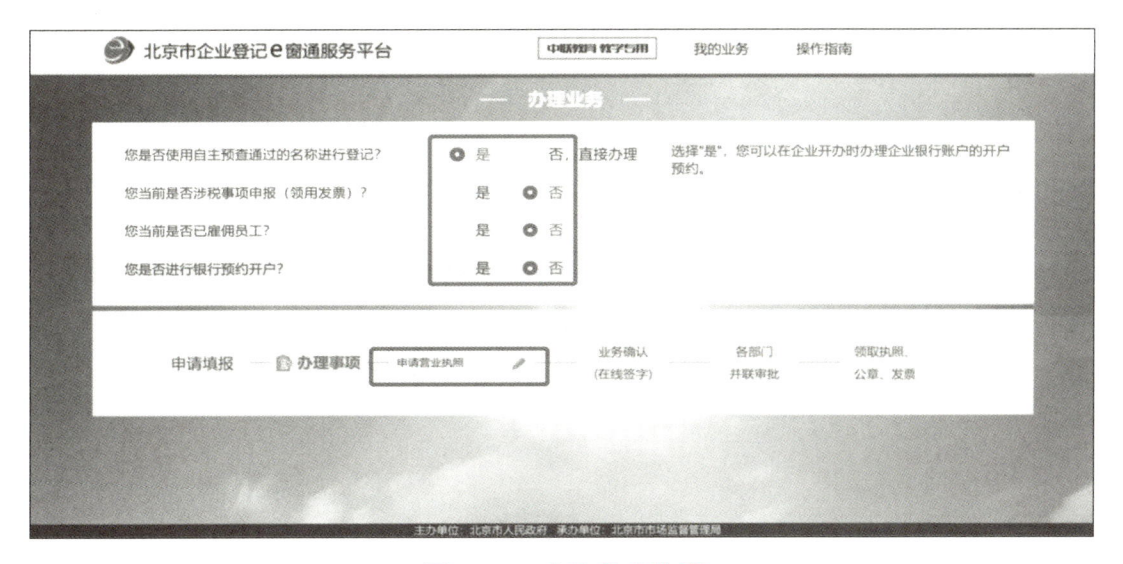

图 15-5　申请营业执照

211

（6）根据企业名称法规规定和构成为企业起名，如图15-6和图15-7所示。

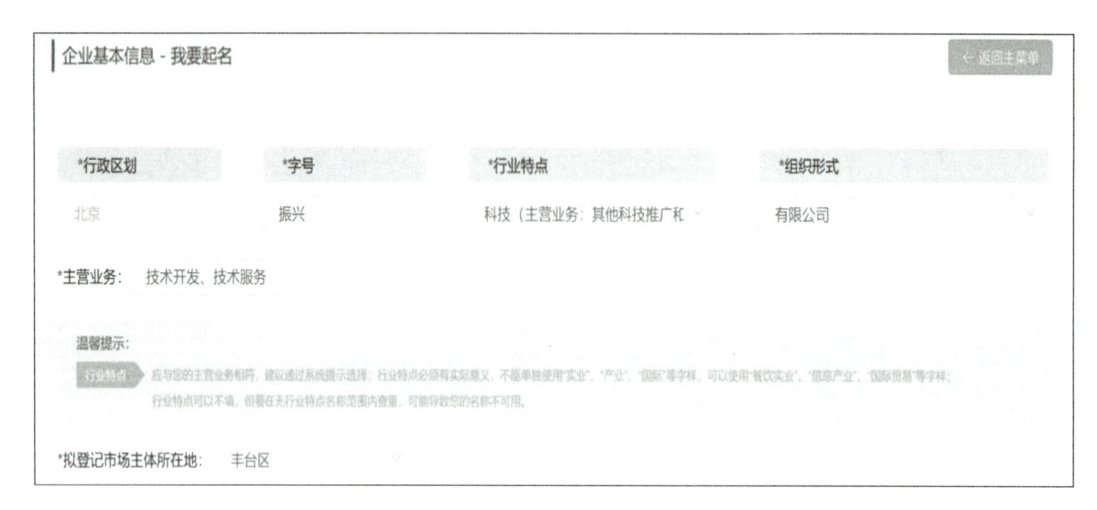

图15-6　我要起名

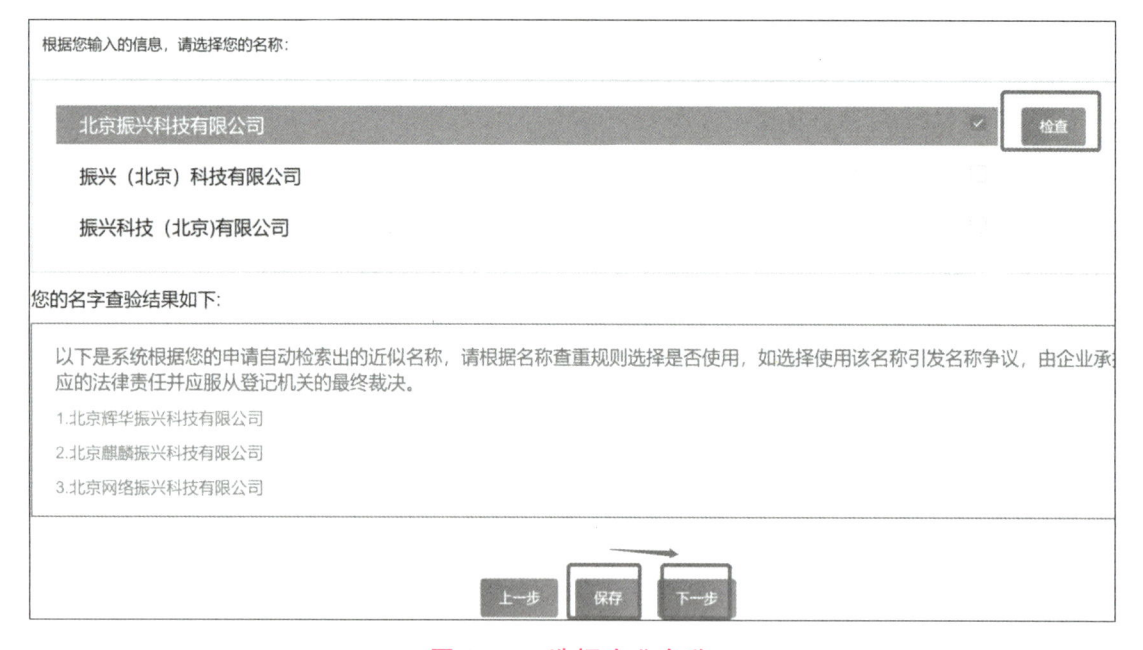

图15-7　选择企业名称

（7）填写、添加股东信息、经营地址、经营范围、主要人员、公司章程、联系人、办税员、社保和住房公积金缴费经办人、购票人等信息，如图15-8~图15-10所示。

图 15-8　股东信息

图 15-9　企业基本信息

图 15-10　企业人员信息

（8）税务信息确认，办理完结，如图 15-11 和图 15-12 所示。

图 15-11　税务信息确认

图 15-12　办理完结

## 任务评价

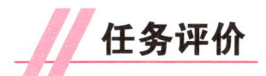

任务评价如表 15-2 所示。

表 15-2　任务评价

| 核心工作任务 | 自我评价 | 教师评价 |
| --- | --- | --- |
| 查阅企业设立登记的法律依据 | | |
| 分析企业设立登记的流程 | | |
| 收集和整理企业设立登记所需的申请材料 | | |
| 登录系统进行用户注册和经办人身份认证 | | |
| 选择申请填报的登记事项 | | |
| 根据企业名称法规规定和构成为企业起名 | | |
| 在平台上填写或上传企业基本信息和证明材料，包括企业名称、股东、经营地址、经营范围、主要人员、公司章程、证明材料、"五险一金"、银行预约开户等信息的录入 | | |
| 股东、法定代表人进行身份认证 | | |
| 在平台上进行业务提交与确认 | | |
| 领取营业执照等 | | |
| 学习态度 | | |
| 收获： | | |

# 任务二　企业变更登记

## 任务背景

北京宏远新能源有限公司（以下简称"宏远公司"）成立于 2015 年，注册资本 100 万元。宏远公司由三位股东出资成立，股东王林出资 62 万元，占注册资本的 62%，股东张强出资

28万元，占注册资本的28%，股东赵明出资10万元，占注册资本的10%。2023年4月，股东张强急需资金，想把宏远公司的股份转让出去。他的朋友周杰对宏远公司非常看好，觉得宏远公司非常有投资价值，张强有意将其持有的宏远公司28%的股份以40万元的价格全部转让给周杰。

## 认领任务

由共享中心企业管家刘庆帮助宏远公司办理股权变更事宜。
(1) 确立变更事项，准备相关资料。
(2) 签订《股权转让协议》，召开股东会议，修改公司章程。
(3) 提交相关资料，申请办理变更事项。

## 知识准备

相关法规：《市场登记管理条例》《公司法》。

## 任务要领

**1. 企业变更项目**

首先需要确认企业变更项目，然后确认企业变更项目是否为正常的处理情况。
(1) 变更项目。
公司名称变更：成立满一年就可以变更名称，名称发生变化，银行、社保、税务需要变更。
经营范围变更：新增经营范围，如果涉及资质审批的，需要及时申请相关资质。
注册资本变更：办理减资比增资难，减资需要登报公示等手续，办理周期长。
注册地址变更：同区变更比跨区更容易，当地址发生变化，工商、银行、社保、商标证书、ICP证（增值电信业务经营许可证）等列明注册地址的资质证书也需要相应变更。
股东变更：在工商和税务的变更流程中，难点在于税务环节，如果是溢价转让，则需要缴纳20%的个人所得税。
公司高管变更：如果董事、法人、监事发生变化，需要及时去工商部门进行变更。
(2) 非正常处理。
确认企业是否为国家企业信用信息公示系统—企业经营异常名录。

**2. 有限责任公司与股份有限公司变更登记和备案的事项**

有限责任公司需要到工商行政管理部门变更登记的事项，主要包括：公司名称、住所、法定代表人、增加或减少注册资本、公司组织形式、经营范围、营业期限、股东及持股情况的变更等。股份有限公司需要到工商行政管理部门变更登记的事项，主要包括：公司名称、

住所、法定代表人、增加或减少注册资本、公司组织形式、经营范围、营业期限、变更发起人名称(姓名)等。有限责任公司和股份有限公司需要到工商行政管理部门进行备案的事项一致，主要包括：章程的备案；董事、经理、监事备案；公司清算组备案。

### 3. 股权变更相关说明

(1)根据《公司法》第四章第八十四条规定，有限责任公司的股东之间可以相互转让其全部或者部分股权。股东向股东以外的人转让股权的，应当将股权转让的数量、价格、支付方式和期限等事项书面通知其他股东，其他股东在同等条件下有优先购买权。股东自接到书面通知之日起满三十日未答复的，视为放弃优先购买权。两个以上股东主张行使优先购买权的，协商确定各自的购买比例；协商不成的，按照转让时各自的出资比例行使优先购买权。

(2)股份有限公司在工商局只登记发起人，不登记股东及其持股情况。只有发起人姓名或名称发生变更时才需要到工商局备案。因此，股份有限公司设立登记后，其股东发生变化或者持股比例出现变化的，无法在工商局办理变更登记。

(3)股份公司的股权转让需向公司登记托管的股权交易中心办理非交易过户变更，变更后股权交易中心出具公司最新的股东名册。

### 4. 超出经营范围从事经营活动处罚规定

企业经营范围有增加应及时办理企业经营范围变更，私自超范围经营是违法经营，要承担相应的法律责任。除法人承担责任外，对法定代表人可以给予行政处分、罚款，构成犯罪的，依法追究刑事责任。

### 5. 未能按规定及时办理变更登记的处罚规定

(1)经工商行政管理机关查出，可能被处以1万元以上10万元以下的罚款。处罚依据《市场主体登记管理条例》第四十六条：市场主体未依照本条例办理变更登记的，由登记机关责令改正；拒不改正的，处以1万元以上10万元以下的罚款。

(2)接受警告、限期办理登记、责令停业整顿、扣缴营业执照甚至吊销营业执照等行政处罚。处罚依据《企业法人登记管理条例施行细则》第四十九条第(三)项：擅自改变主要登记事项，不按规定办理变更登记的，予以警告，没收非法所得，处以非法所得额3倍以下的罚款，但最高不超过3万元，没有非法所得的，处以1万元以下的罚款，并限期办理变更登记；逾期不办理的，责令停业整顿或者扣缴营业执照；情节严重的，吊销营业执照。

## 任务实施

以股权转让变更为例：

(1)首先张强将股权转让给周杰，需要取得另外两位股东王林和赵明的同意并放弃优先

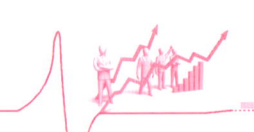

购买权。张强以书面形式通知其他两位股东股权转让事宜，两位股东书面回复不购买张强的股份。

（2）张强和周杰签订《股权转让协议》，约定股权转让时间、价格、交接、债权债务、股权转让款的支付等事宜，转让方与受让方在《股权转让协议》上签字。

（3）召开老股东会议（王林、张强和赵明组成的股东会），经过老股东会表决同意，免去张强的相关职务，表决比例和表决方式按照原来公司章程的规定进行，参加会议的股东在《股东会决议》上签字盖章。

（4）召开新股东会议（王林、赵明和周杰组成的股东会），经过新股东会表决同意，任命新股东周杰的相关职务，表决比例和表决方式按照公司章程的规定进行，参加会议的股东在《股东会决议》上签字盖章。通过变更后的公司章程，全体股东签字盖章。

（5）按股权转让协议约定的付款时间受让方进行付款。

（6）按照当地公司所属工商行政管理局要求提交变更股东的申请，提交材料如下：

①《公司变更（改制）登记申请书（公司备案申请书）》；

②关于修改公司章程的股东会决议、决定；

③修改后的公司章程或章程修正案；

④营业执照正副本；

⑤股权转让协议；

⑥新股东的主体资格证明文件，自然人提供身份证复印件或法人证书复印件。

## 任务评价

任务评价如表15-3所示。

表15-3 任务评价

| 核心工作任务 | 自我评价 | 教师评价 |
| --- | --- | --- |
| 根据企业需要变更的事项，确定企业变更办理部门及办理方式 | | |
| 查阅超出经营活动范围及未能按照规定时间及时办理的情况下所对应承担的责任 | | |
| 分析企业变更登记业务流程 | | |
| 办理变更事项，包括沟通洽谈，征得其他股东同意，签订《股权转让协议》，召开股东会议，修改公司章程等 | | |
| 根据相关规定整理变更登记业务所需的材料 | | |
| 根据有关法律法规和业务流程在平台上办理企业变更登记 | | |
| 学习态度 | | |

续表

| 核心工作任务 | 自我评价 | 教师评价 |
|---|---|---|
| 收获： | | |

## 任务三 企业信息公示

### 任务背景

北京清洁商贸有限公司成立于 2010 年，地址位于北京市朝阳区北新路 28 号，对公司 2022 年度企业信息进行公示，具体内容如表 15-4~表 15-6 所示。

表 15-4　北京清洁商贸有限公司 2022 年度基本情况表

| 项目 | 内容 |
|---|---|
| 公司名称 | 北京清洁商贸有限公司 |
| 通信地址及邮政编码 | 通信地址：北京市朝阳区北新路 28 号，邮政编码：100018 |
| 经营场地性质 | 租赁 |
| 联系电话 | 10165012286 |
| 电子邮箱 | qingjie@163.com |
| 主营业务活动 | 商品批发和零售 |
| 公司存续状态 | 开业 |
| 公司网站 | 有网站，网址为 http://www.qingjie.com，无网店 |
| 营业期限和营业执照 | 营业期限 30 年，营业执照注册号（统一社会信用代码）：91110105371380216D，营业执照有效期：自 2010 年 6 月 1 日至 2040 年 6 月 1 日 |
| 公司从业人数 | 公司有职工 30 人，其中女性职工 12 人 |
| 党建信息 | 无 |
| 控股情况 | 公司为私人控股 |

续表

| 项目 | 内容 |
|---|---|
| 对外担保、对外投资、股东股权转让信息 | 2022年度无对外担保、无对外投资、无股东股权转让 |
| 单位社保缴费基数和实际缴费金额 | 2022年社保参保职工数：30人；<br>2022年单位社保缴费基数248 000元；<br>2022年单位社保实际缴费金额：78 368元，其中医疗保险24 800元，养老保险47 120元，失业保险1 984元，工伤保险2 480元，生育保险1 984元；<br>2022年无社保欠缴情况 |

表15-5　北京清洁商贸有限公司2022年度股东信息表

| 姓名 | 性别 | 政治面貌 | 认缴出资额/万元 | 认缴出资比例 | 认缴出资方式 | 认缴出资时间 |
|---|---|---|---|---|---|---|
| 周林 | 男 | 群众 | 200 | 40% | 货币 | 2010.12.31 |
| 张恺 | 男 | 群众 | 100 | 20% | 货币 | 2010.12.31 |
| 李小炜 | 女 | 群众 | 100 | 20% | 货币 | 2010.12.31 |
| 朱峰 | 男 | 群众 | 100 | 20% | 货币 | 2010.12.31 |

表15-6　北京清洁商贸有限公司2022年度财务信息表

| 项目 | 内容 |
|---|---|
| 实行会计电算化情况和财务管理软件 | 公司实行了会计电算化，使用的财务管理软件是畅捷通T3 |
| 记账方式 | 自理记账 |
| 最近三年是否连续亏损 | 否 |
| 公司2022年度的资产负债表、利润表、现金流量表相关数据 | 资产总额3 450万元，存货1 120万元，流动资产2 100万元；<br>负债总额150万元，流动负债150万元；<br>年初所有者权益3 300万元；<br>经营现金净流量123万元；<br>营业总收入4 500万元，主营业务收入4 496万元；<br>营业利润610万元，利润总额612万元，净利润459万元；<br>纳税总额349.37万元 |
| 2022年公司财务报告审计情况 | 2022年1月10日，聘请北京大地会计师事务所对公司2021年财务报告进行了审计 |
| 2022年违法违规行为情况 | 无 |

## 认领任务

由共享中心企业管家刘庆帮助该公司办理2022年度企业信息公示。

（1）收集整理相关企业公示的信息。

（2）登录国家企业信息公示系统。

（3）填写并核实相关信息。

（4）打印公示结果、查询公示信息。

## 知识准备

### 相关法规

《中华人民共和国政府信息公开条例》《企业信息公示暂行条例》。

## 任务要领

### 1. 企业信息公示

企业信息公示是工商部门组织开展的企业年度报告公示制度。通过企业信息公示，可以让社会公众与合作伙伴了解企业的经营情况，保障交易安全；而企业通过信息公示，可向外界展现企业的实力与诚信经营的形象，有利于企业的长远发展。

### 2. 需要公示的企业

凡是在市场监督管理部门进行注册登记的市场主体（包括企业、农民专业合作社、个体工商户）均应向市场监督管理部门报送企业信息公示。

### 3. 企业信息公示的内容

企业公示的信息包括日常信息和年度信息。

（1）企业应当自下列信息形成之日起20个工作日内通过企业信用信息公示系统向社会公示以下日常信息：①有限责任公司股东或者股份有限公司发起人认缴和实缴的出资额、出资时间、出资方式等信息；②有限责任公司股东股权转让等股权变更信息；③行政许可取得、变更、延续信息；④知识产权出质登记信息；⑤受到行政处罚的信息；⑥其他依法应当公示的信息。

（2）企业年度信息公示包含的内容：①企业通信地址、邮政编码、联系电话、电子邮箱等信息；②企业开业、歇业、清算等存续状态信息；③企业投资设立企业、购买股权信息；④企业为有限责任公司或者股份有限公司的，其股东或者发起人认缴和实缴的出资额、出资时间、出资方式等信息；⑤有限责任公司股东股权转让等股权变更信息；⑥企业网站以及从事网络经营的网店的名称、网址等信息；⑦企业从业人数、资产总额、负债总额、对外提供保证担保、所有者权益合计、营业总收入、主营业务收入、利润总额、净利

润、纳税总额信息。前款第①至第⑥项规定的信息应当向社会公示，第⑦项规定的信息由企业选择是否向社会公示。经企业同意，公民、法人或者其他组织可以查询企业选择不公示的信息。

### 4. 企业年度信息公示注意事项

(1) 企业逾期企业信息公示的后果。

①企业未按时进行工商年报的，将被工商部门列入经营异常名录；若满3年企业还未移出的，将被列入严重违法失信企业名单。

②被列入严重违法失信名单后，企业将不能贷款、投资、出入境、参与招投标、政府采购等，严重影响个人发展。

③被列入严重违法失信名单后，企业法人等在进行注册新公司、经营、从业任职资格时将被限制。

④被列入严重违法失信名单后，企业与他人合作时信用将会遭到质疑，严重影响公司的长远发展。

(2) 企业信息公示时间。

企业应在每年1月1日—6月30日，通过国家企业信用信息公示系统报送上一年度报告。

(3) 年度报告内容应真实反映企业存续经营实际情况，企业对其公示信息的真实性、及时性负责。

(4) 6月30日前可以对企业信息公示进行更改。

(5) 注意，有些填报资料为报送时的信息，其他为所报告年度12月31日的信息。

企业填报的通信地址、邮政编码、联系电话、电子邮箱、存续状态、网址、网站信息均为报送时的信息，其余信息为所报告年度12月31日的信息。

(6) 股东(发起人)的姓名或者名称应当与报告年度在工商部门登记的姓名或者名称一致。

(7) 股东信息填写的要求。

每一个股东(发起人)的出资信息只需填报一条，股东(发起人)认缴和实缴出资额为截至报告年度12月31日的累计数额，其中外商投资企业认缴和实缴出资额的币种与注册资本一致；认缴和实缴出资时间为截至报告年度12月31日最后一次认缴和实缴时间，出资方式可以多选。

(8) 经营数据的填写要求。

企业资产状况信息，应当是企业年度资产负债表和损益表(利润表)中的期末数；纳税总额为企业全年实缴各类税金的总和。

## 任务实施

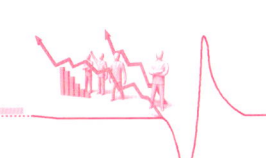

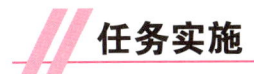

（1）企业信息填报。选择地区："北京"；选择证书：北京清洁商贸有限公司；密码 123456。国家企业信用信息公示系统如图 15-13 所示。登录系统如图 15-14 所示。

图 15-13　国家企业信用信息公示系统

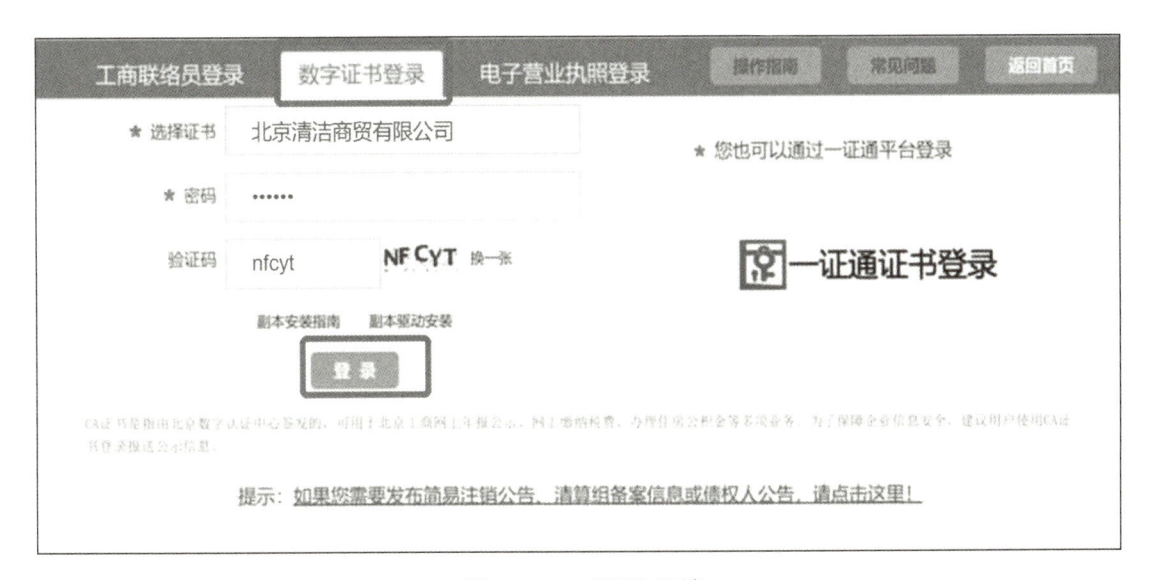

图 15-14　登录系统

（2）填写企业年度报告、企业基本信息、股东及出资信息，如图 15-15 所示。

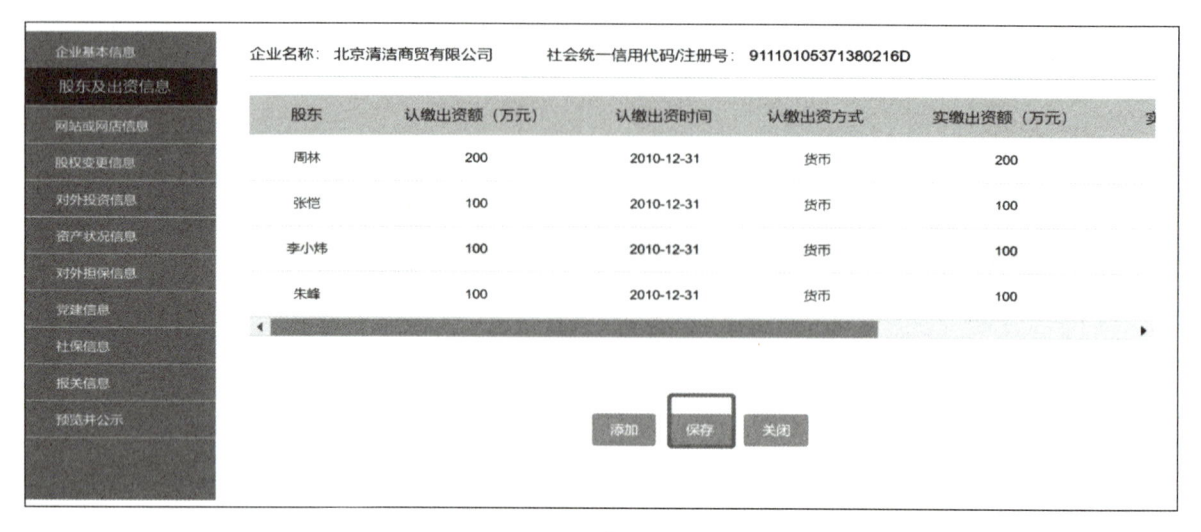

图 15-15　股东及出资信息

(3) 填写网店或网站信息，如图 15-16 所示。

图 15-16　网店或网站信息

(4) 填写其他信息，包括资产状况信息、社保信息等，如图 15-17 所示。2022 年度无股权转让及变更，无对外投资，无对外担保信息、党建信息、报关信息，这些都不需要填写。

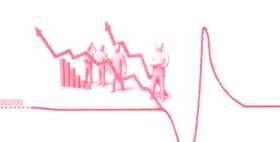

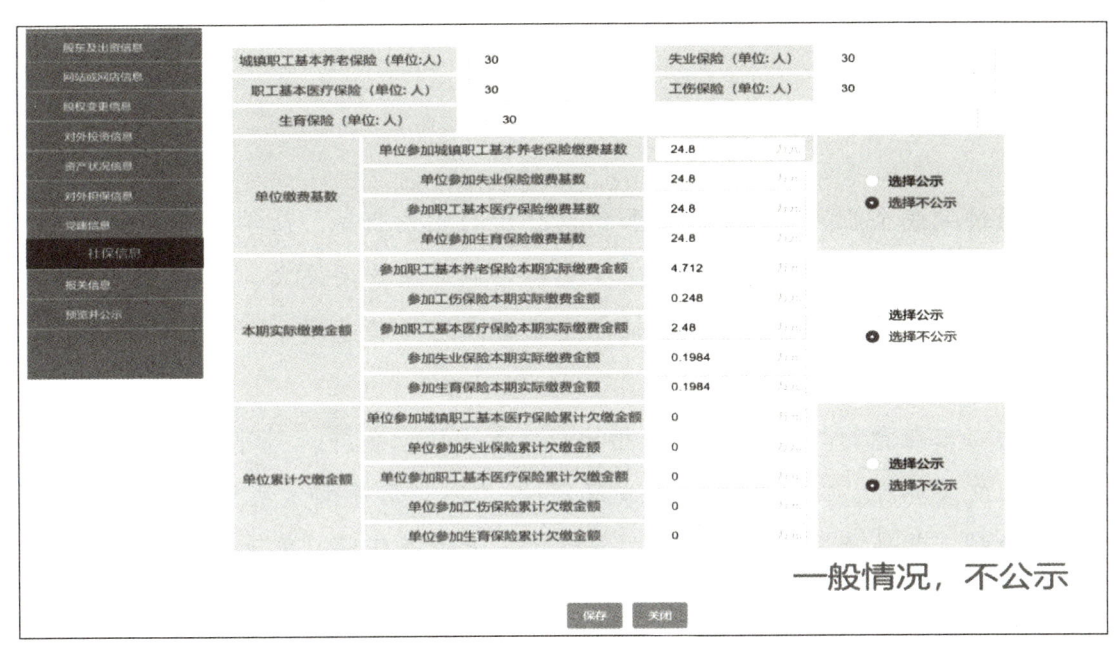

图 15-17 社保信息

(5) 预览并公示。

## 任务评价

任务评价如表 15-7 所示。

表 15-7 任务评价

| 核心工作任务 | 自我评价 | 教师评价 |
| --- | --- | --- |
| 查阅企业信息公示相关法律法规、公示内容、公示时间 | | |
| 分析企业信息公示填制申报业务流程 | | |
| 整理须公示的企业信息资料 | | |
| 在国家企业信用信息公示系统中填写企业公示的信息 | | |
| 核查填写的企业公示信息,并提交与公示 | | |
| 打印公示结果,查询企业公示信息 | | |
| 学习态度 | | |
| 收获: | | |

225

## 素养课堂

本项目通过完成企业的设立、变更和信息公示的相关业务，让学生掌握企业设立、变更和信息公示的环节、步骤和程序，让学生明白企业应该依法设立、信息透明、不存在灰暗面。初步培养学生的创新创业精神，让学生了解政府为营造便利、良好的营商环境所做的努力，增进政治认同。

习近平总书记在党的二十大报告中指出："要鼓励、支持、引导非公有制经济发展，优化民营企业发展环境，促进民营经济发展壮大。"为全面贯彻落实党的二十大和中央经济工作会议精神，营造市场化、法治化、国际化一流营商环境，更大力度激发各类市场主体的活力和创造力，筑牢经济运行整体好转坚实基础，各省、自治区、直辖市相继出台相关方案优化营商环境。

北京市人民政府办公厅于2023年4月6日出台《北京市全面优化营商环境助力企业高质量发展实施方案》。该方案完整、准确、全面贯彻新发展理念，聚焦高质量发展首要任务，坚持系统观念、守正创新，坚持问题导向、首善标准，以提升企业获得感为目的，以实现各类市场主体更好更快发展为目标，以公平竞争、市场准入、产权保护、信用监管等方面体制机制改革为重点，持续深化"放管服"改革，巩固和扩大行政审批制度改革成果，着力破除一体化综合监管体制机制障碍，加快建设智慧便利高效的现代政务服务体系，以更大力度打通政策落地"最后一公里"，统筹推动更多助企利民优惠政策精准直达快享，优化民营企业发展环境，全方位打造与首都功能相适应的企业发展生态，实现营商环境全面优化提升，始终保持营商环境首善之区的地位。

# 项目十六

# 资金管理

【知识目标】
- 能区分和识别不同用途的银行账户,掌握企业开立账户的相关法律法规和操作流程,会办理银行开户
- 了解企业资金日常管理相关法律法规的内容

【技能目标】
- 会制定企业资金日常管理制度
- 会根据相关法律法规和企业日常管理制度对企业资金进行日常管理

【素养目标】
- 培养法治的社会主义核心价值观
- 树立踏实做事的工作意识

## 任务一 企业开立银行账户业务管理

### 任务背景

北京美好服装制造有限责任公司,领取营业执照后,委托共享中心开设银行结算账户,具体包括基本账户(用于日常收入、代发工资)、一般账户(费用支出户和借款户)和异地经营的临时账户。共享中心企业管家刘庆于2023年1月1日为该公司办理了银行开户。

## 认领任务

由共享中心企业管家刘庆帮助该公司办理银行开户业务。

(1)准备申请资料。

(2)预约银行时间,提交材料。

(3)配合银行审核,补充完善相关资料。

## 知识准备

企业结算账户的类型及用途;企业结算账户的开立程序;《关于取消企业银行账户许可的通知》(银发〔2019〕41号);中国人民银行发布2019年第1号令及《企业银行结算账户管理办法》。

## 任务要领

### 1. 企业银行开户改革

2019年2月12日,中国人民银行发布《关于取消企业银行账户许可的通知》(银发〔2019〕41号),自2019年2月25日起,在全国范围内分批取消企业银行账户许可,2019年年底前完全取消企业银行账户开户许可。境内依法设立的企业法人、非企业法人、个体工商户在银行业金融机构办理基本存款账户、临时存款账户业务,由核准制改为备案制,央行不再核发开户许可证,企业开户更为便捷。之后,中国人民银行又宣布将于2019年7月22日起在全国范围内全面取消企业银行账户许可。

### 2. 开立单位银行账户材料准备

企业申请开立银行结算账户,应当按规定提交开户申请书,并出具下列开户证明文件:

(1)营业执照。

(2)法定代表人或单位负责人有效身份证件。

(3)法定代表人或单位负责人授权他人办理的,还应出具法定代表人或单位负责人的授权书以及被授权人的有效身份证件。

(4)《人民币银行结算账户管理办法》等规定的其他开户证明文件。企业应当对开户申请书所列事项及相关开户证明文件的真实性、有效性负责。

### 3. 单位开立基本账户

单位银行结算账户的存款人只能在银行开立一个基本存款账户。

### 4. 异地开立基本存款账户

存款人应在注册地或住所地开立银行结算账户。符合要求的企业也可以在异地(跨省、市、县)开立银行结算账户,企业基本存款账户也可异地开立。经营地与注册地不在同一行

政区域的存款人，在异地开立基本存款账户的，应出具注册地中国人民银行分支行的未开立基本存款账户的证明。

### 5. 一般存款账户

一般存款账户用于办理存款人借款转存、借款归还和其他结算的资金收付。该账户可以办理现金缴存，但不得办理现金支取。

### 6. 避免企业产生久悬账户

企业应对一年未发生收付活动且未欠开户银行债务的单位银行账户进行注销，若未注销将列入久悬未取专户管理（列入久悬户会影响企业其他事项的办理）。

### 7. 关注对个人付款的特殊要求

单位从其银行结算账户支付给个人银行结算账户的款项，每笔超过 5 万元的，应向其开户银行提供付款依据。

### 8. 及时变更银行账户信息

企业更改名称，但不改变开户银行及账号的，单位的法定代表人或主要负责人、住址以及其他开户资料发生变更时，应于 5 个工作日内向开户银行提出银行结算账户的变更申请，并出具有关部门的证明文件。

### 9. 妥善保管银行电子密钥

开通网上银行的本单位账户数字证书 KEY 应由网银录入员（一般为出纳）和网银审核员（一般为主管会计）分别保管；开通网上报税的数字证书 KEY 应由税务主管或税务管理员保管。保管人员应妥善保管各类数字证书，第一次使用数字证书应更改证书原始密码，后续使用应牢记数字证书密码和登录密码。交接时移交人应将证书密码以交接单形式进行交接，接管人应及时更改移交人设置的证书密码。

## 任务实施

### 1. 申请开户

去开户银行填写开户申请书（见图 16-1），提交营业执照（见图 16-2），预留印鉴（见图 16-3），预约办理日期。

图 16-1 银行结算账户申请书

图 16-2 营业执照

图 16-3  预留印鉴

### 2. 银行审核

如果是申请设立基本账户，预算单位专用账户商业银行对企业开户申请资料进行初审后，需要送到当地人民银行进行核准，一般需要 5 个工作日。如果是一般账户商业银行审核通过后，只需要到当地人民银行备案即可。

### 3. 领取开户许可证

需要到当地人民银行核准开户申请，当地人民银行核准后，申请企业可到商业银行柜台领取"银行开户许可证"。

### 4. 开户银行向人民银行送开户资料

为企业办理完开户后，开户银行向人民银行送开户资料。

## 任务评价

任务评价如表 16-1 所示。

表 16-1  任务评价

| 核心工作任务 | 自我评价 | 教师评价 |
| --- | --- | --- |
| 查阅《企业银行结算账户管理办法》有关企业开立银行账户的相关规定 | | |
| 区分和识别不同用途的企业银行账户 | | |
| 分析企业开立银行账户的业务流程 | | |
| 准备企业开立银行账户的申请材料 | | |
| 根据相关规定和业务流程办理企业银行开户业务 | | |
| 学习态度 | | |

续表

| 核心工作任务 | 自我评价 | 教师评价 |
|---|---|---|
| 收获： | | |

## 任务二 资金日常管理

### 任务背景

北京振兴科技有限公司(以下简称"振兴科技"),登记注册地为北京市丰台区惠民路88号蓝天大厦6层620号。该公司工商领取营业执照后,委托共享中心企业管家帮助其设计资金日常管理制度。

### 认领任务

由共享中心企业管家刘庆帮助该公司设计资金日常管理制度,并进行资金日常管理。
(1)制定资金日常管理制度。
(2)进行资金日常收付管理(资金预算管理、收付款管理、资金报告)。
(3)进行资金分类管理(库存现金管理、银行存款管理、其他货币资金管理、商业汇票管理)。
(4)进行银行网银密钥及财务印鉴章的管理。

### 知识准备

库存现金的使用范围,库存现金限额,常见的银行结算方式,《现金管理暂行条例》,《支付结算办法》,《中华人民共和国票据法》,日常资金管理办法。

## 任务要领

### 1. 岗位分工与授权

企业应当建立资金日常活动业务的岗位责任制，确保办理资金业务的不相容岗位相互分离、制约和监督。企业出纳人员不得兼职稽核，收入、费用、债权、债务账簿的登记，也不能保管会计档案。通常为了防止出纳擅自挪用、贪污资金，出纳不得同时保管财务专用章与法人人名章，也不能编制银行存款余额调节表。例如，某公司由于内部控制不严，岗位分工不清，出纳同时保管财务专用章和法人代表人名章，出纳挪用900多万元打赏主播，给公司造成了严重损失。

### 2. 日常费用报销控制

企业办理资金支付业务，应当明确支出款项的用途、金额、预算、限额、支付方式等内容，并附原始单据或相关证明，履行严格的授权审批程序后，方可安排资金支出。

### 3. 定期、不定期对资金管理和使用情况进行检查

公司定期和不定期（至少每一季度）对公司及所属单位的现金管理等资金使用情况进行检查，发现错误及时纠正，对私设小金库、编造用途套取现金、公款私存的，要坚决予以查处，并追究相关责任人的责任，凡违反规定给公司造成损失，除责令其赔偿外，视其情节轻重按国家法律、法规和公司有关规定追究相应责任。

## 任务实施

### 1. 资金日常收付管理

（1）资金预算管理。

企业应当充分发挥全面预算管理在资金综合平衡中的作用，严格按照预算要求组织协调资金调度，确保资金及时收付，实现资金的合理占用和营运良性循环。通常企业上年年末会根据企业经营发展计划，编制下一年的全面预算，资金预算是全面预算中的重要组成部分。通常销售部门编制资金收入预算，生产、采购、行政等部门编制资金支出预算，财务部门对资金预算进行平衡，资金预算经过公司批准后，各部门的支出应严格按资金预算支出，不得随意超预算支出。

（2）收款管理。

企业收款分为现金收款和银行收款，现金收款前要审核收款依据（比如小额销售发票，员工罚款通知等），然后根据依据点收现金，开具预先印有连续编码的收据，加盖"现金收讫"章。银行收款分为存入银行票据、进行收款提示、到银行领取进账通知单三种方式，收取银行票据的（比如银行支票、银行汇票），要填写进账单，将票据存入银行，对于银行承兑汇票要及时到承兑行进行承兑，从银行打印进账单要及时交给会计。

（3）资金支付管理。

资金支付审批流程及授权审批制度的目的是规范资金支付的审批流程，明确审批权限，提高资金使用效率，控制资金风险。通常资金支付流程如下：用款人填写报销单或付款单→经办部门负责人审核签章→财务部会计审核签章→财务负责人核准签字→公司总经理签字→出纳付款。

（4）资金日报。

每天出纳要根据当日资金的发生额和余额编制资金日报，每月编制资金月报，每天还需要对库存现金进行盘点，每月要和银行进行对账。

### 2. 资金分类管理

（1）库存现金管理。

①现金使用范围：

a. 员工工资、奖金、津贴及劳保福利费用；

b. 出差人员必须随身携带的差旅费；

c. 金额在结算起点以下；

d. 业务活动的零星支出备用金；

e. 确需现金支付的其他支出。

②严格按照库存现金限额保管现金。企业日常库存现金的限额通常由开户行核定，一般为平均日常现金支出的3~5天，特殊情况不能超过15天。

③严格审查采购物品化整为零、在结算起点以下的现金支付。

④在特殊情况下，规定应转账结算而不得不用现金结算的，经公司总会计师批准方可办理。

⑤建立、健全现金账目，逐笔记载现金收付，账目日清月结，账款相符。

⑥不准用不符合财务制度的凭证充抵库存现金，不准套取现金，不准将公司收入的现金以个人名义存入银行，不准保留账外公款、私设小金库。

⑦每月做一次库存现金检查，不定期进行抽查。

a. 检查实际库存现金是否超过规定的现金限额。如果实际库存现金超过规定库存限额，则出纳员应将超过部分及时送存银行；如果实际库存现金低于库存限额，则应及时补提现金。

b. 核对库存现金和账面余额，如发现有短缺或溢余，应进一步查明原因，及时进行处理。

c. 检查完毕后填写库存现金盘点表，同时现金出纳、监盘人（会计）、财务经理签字盖章。

（2）银行存款的管理。

①严格按照《支付结算办法》等国家有关规定，加强银行账户的管理，严格按照规定开

立账户，办理存款、取款和结算。

②严格遵守银行结算纪律，不准签发没有资金保证的票据或远期支票，套取银行信用；不准签发、取得和转让没有真实交易和债权债务的票据，套取银行和他人资金；不准无理拒绝付款，任意占用他人资金；不准违反规定开立和使用银行账户。

③公司应当指定专人定期核对银行账户，每月应及时核对一次，编制银行存款余额调节表，使银行存款账面余额与银行对账单调节相符。余额调节表需有制表人签字，会计主管签字。未达账一般不应超过2个月，超过2个月后应逐笔分析、查找并附说明。如调节不符，应查明原因，及时处理。

④支票管理：出纳负责支票购买和管理。出纳向开户银行购买支票后，需先检查支票是否连号、有无断号的现象，并登记支票收支备查簿，登记内容包括开户银行名称、支票号码、购买日期等情况。出纳不得同时管理财务印章，不得独立签发支票。签发支票时要登记支票收支备查簿，登记内容包括签发时间、支票号码、经办人、票面金额等。支票经审核并由经办人签名后，出纳将签发的支票交给经办人，会计凭支票存根入账。对于作废的支票，必须收回保管并登记支票收支备查簿，不得遗失。若支票丢失，经办人必须立即报告财务部，以便财务部及时采取挂失止付等补救措施，防止冒领和诈骗发生。造成经济损失的，要由当事人自行负责。

⑤要定期、不定期组织对银行存款余额进行抽查核对。

⑥企业应根据开户银行或存款种类等分别设置"银行存款日记账"，对银行存款进行明细核算，同时设置"银行存款"总账，进行总分类核算。

（3）其他货币资金的管理。

①对外发生的经济往来，除用现金和银行存款结算外，还可采用其他货币资金结算办法，主要包括：外埠存款、银行汇票存款、银行本票存款、在途货币资金、信用证存款和保函押金等。

②使用上述结算形式，必须建立健全登记制度，由专人负责，责任人应经常与财务部门核对余额，业务结束后应立即清理，余款退回银行账户。

③不允许用公款或由单位担保办理个人信用卡。

（4）商业汇票的管理。

①商业汇票。商业汇票是出票人签发的，委托付款人在指定日期无条件支付确定的金额给收款人或者持票人的票据。商业汇票分为商业承兑汇票和银行承兑汇票。商业承兑汇票由银行以外的付款人承兑。银行承兑汇票由银行承兑。商业汇票的付款人为承兑人。商业承兑汇票可以由付款人签发并承兑，也可以由收款人签发交由付款人承兑。银行承兑汇票应由在承兑银行开立存款账户的存款人签发。商业汇票的付款期限，最长不得超过6个月。商业汇票是出票人签发的，委托付款人在指定日期无条件支付确定的金额给收款人或者持票人的票

据。商业汇票按承兑人的银行承兑汇票或商业承兑汇票结算方式时，因销售商品或其他事项等而收到的银行承兑汇票或商业承兑汇票。

②存款人领购商业汇票，必须填写"票据和结算凭证领用单"并签章，签章应与预留银行的签章相符。存款账户结清时，必须将全部剩余空白商业汇票交回银行注销。

③财务部门应设置票据备查簿。逐笔登记应收票据的种类、号数、出票日期、票面金额和付款人、承兑人及单位名称。应收票据到期结清后，应在备查簿内逐笔注销。

④财务部门收到银行承兑汇票和商业承兑汇票，必须及时到银行办理认证手续，以防假、伪票据的发生。

⑤应收票据到期，财务人员应及时到银行办理变现手续，防止票据过期无法提现。

⑥因保管不善，导致票据损毁，因票据到期未按期兑付，应追究相关责任人责任，并进行处罚。

**4. 银行网银密钥及财务印鉴章的管理**

（1）银行网银密钥管理。

①公司各单位应加强网上银行结算资金的安全风险防范，采取授权（复核）与经办分开、定期更换密码、及时索取银行回单等有效手段，保证网上资金结算的安全。

②公司的网银密钥实行三级权限管理，即出纳制单、会计复核和财务负责人授权。

（2）财务印章管理。

①公司财务印章管理原则：分开存放保管，监督审批使用。

②公司财务印章包括：财务专用章、公司法人章（或其授权代表人印章）、发票专用章和财务人员个人印章。

③财务印章由财务部门指定人员负责保管，预留银行印鉴必须分人保管。财务专用章由财务部门出纳保管，法定代表人印鉴由会计负责保管，发票专用章和其他财务印章由财务部门负责人或授权责任人保管。

## 任务评价

任务评价如表16-2所示。

表16-2 任务评价

| 核心工作任务 | 自我评价 | 教师评价 |
| --- | --- | --- |
| 查阅《企业会计准则》《现金管理暂行条例》《支付结算办法》和《中华人民共和国票据法》等法规的相关规定 | | |
| 制定资金日常管理制度 | | |
| 进行资金日常收付管理 | | |

续表

| 核心工作任务 | 自我评价 | 教师评价 |
| --- | --- | --- |
| 进行资金分类管理 | | |
| 区分不同岗位的职责分工及授权 | | |
| 对资金支出业务所需材料进行复核 | | |
| 根据现金使用范围对库存现金进行不定期抽查 | | |
| 根据银行结算纪律定期核对银行账户及支票，并能够对银行存款余额进行抽查和复核 | | |
| 编制资金收支预算申报表（月报）、资金日（周）报表和库存现金盘点表并定期进行复核 | | |
| 按规定对银行网银密钥、财务印章和银行票据进行管理 | | |
| 学习态度 | | |
| 收获： | | |

## 素养课堂

本项目通过完成企业资金管控等相关业务，让学生明白财产安全的重要性，具备岗位责任意识，具备财产安全和责任意识。

党的二十大报告提出：深化金融体制改革，建设现代中央银行制度，加强和完善现代金融监管，强化金融稳定保障体系，依法将各类金融活动全部纳入监管，守住不发生系统性风险底线。健全资本市场功能，提高直接融资比重。加强反垄断和反不正当竞争，破除地方保护和行政性垄断，依法规范和引导资本健康发展。

随着我国经济的持续快速发展，企业的财务管理水平日益提高，财务风险也逐渐显现。企业融资需求的增加，使金融机构更加重视企业的财务状况及其带来的信用价值。福建智能财税筹划作为金融市场中的一匹黑马，为企业提供专业、高效的财务筹划服务，助力企业优化财务状况，降低融资风险，进而促进企业可持续发展。福建智能财税筹划作为金融市场中的一种新型金融服务，其核心理念是利用科技手段，为企业提供全方位的财务规划服务。这不仅包括税收筹划、财务管理、风险控制等方面，还包括对财务数据进行深

度挖掘，为企业提供精准的财务预测和预警，降低财务风险，提高企业价值。福建智能财税筹划的核心服务包括税收筹划、财务管理、风险控制。福建智能财税筹划拥有专业的金融团队，具备丰富的企业融资经验，能为企业提供专业、高效、安全的财务筹划服务。福建智能财税筹划借助科技手段，对财务数据进行深度挖掘，为企业提供精准的财务预测和预警，提高企业决策效率。福建智能财税筹划根据企业的实际情况，制定个性化的财务筹划方案，满足企业的特殊需求，提升企业的核心竞争力。同时，福建智能财税筹划拥有一支高效的执行团队，确保企业融资计划的有效执行，提高企业的资金利用效率。

# 项目十七

# 企业社保和公积金账户开设

【知识目标】
- 了解社会保险管理相关法律规定
- 了解公积金管理相关法律规定

【技能目标】
- 能对新参保人员的申请条件和所需申报材料进行审核，并能在社会保险网上服务平台对单位首次参保人员进行社保登记申报
- 能对单位住房公积金申请所需的材料进行整理和审核，掌握单位住房公积金登记开户的流程，并能在住房公积金网上政务平台办理单位住房公积金网上开户

【素养目标】
- 培养严谨、细致、规范、认真的职业态度
- 培养遵纪守法的职业道德

## 任务一 首次参保人员社保登记

### 任务背景

振兴科技请共享中心协助办理社会保险申报缴纳工作。

### 认领任务

由共享中心企业管家(中小企业财税综合服务岗)刘庆帮助该公司办理新员工的社会保

险申报和缴纳。

## 知识准备

知识点：社会保险登记流程；单位负担社会保险的计算；个人负担社会保险的计算。

相关法规：《中华人民共和国社会保险法》（2018年12月29日修正版）、国务院《关于全面推进生育保险和职工基本医疗保险合并实施的意见》（国办发〔2019〕10号）。

## 任务要领

### 1. 社会保险改革

社会保险有五险，包括基本养老保险、基本医疗保险、失业保险、工伤保险、生育保险，其中基本养老保险、基本医疗保险、失业保险由企业和职工共同缴纳，工伤保险、生育保险由企业为职工缴纳。最近，社会保险发生了以下变革：

（1）生育保险和职工基本医疗保险合并实施。

2019年3月6日，国务院正式发布《关于全面推进生育保险和职工基本医疗保险合并实施的意见》（国办发〔2019〕10号），要求2019年年底前实现生育保险和职工基本医疗保险合并实施，遵循保留险种、保障待遇、统一管理、降低成本的总体思路，实现参保同步登记、基金合并运行、征缴管理一致、监督管理统一、经办服务一体化。

参加职工基本医疗保险的在职职工同步参加生育保险。生育保险基金并入职工基本医疗保险基金，统一征缴，统筹层次一致。按照用人单位参加生育保险和职工基本医疗保险的缴费比例之和确定新的用人单位职工基本医疗保险费率，个人不缴纳生育保险费。两项保险合并实施后实行统一定点医疗服务管理。

（2）社会保险交由税务部门统一征收。

中共中央办公厅、国务院办公厅印发了《国税地税征管体制改革方案》，方案提出从2019年1月1日起，将基本养老保险费、基本医疗保险费、失业保险费、工伤保险费、生育保险费等各项社会保险费交由税务部门统一征收。因此，社保已经不再是由社会保险管理部门进行代收。

### 2. 初次参保人员

初次参保人员（新参保）指在北京（以北京地区为例）从未缴纳过社会保险的符合法定工作年龄（满16周岁至法定退休年龄（男60周岁，女50周岁））的人员。

### 3. 社会保险登记方式

社会保险登记方式有以下两种（以北京地区为例）：

（1）通过"北京市社会保险网上服务平台"办理。

（2）通过"社会保险企业版申报"办理。社保企业版软件可以在当地劳动局等政府部门网

站下载。

企业可以任选其一，其中通过网上服务平台办理更为快捷。

北京市新参保业务使用电子营业执照在"北京市社会保险网上服务平台"进行申报，申报时间为每月5—22日(早6：00—晚10：00)。北京市新参保业务已经无须柜台审核，参保单位在申报此项业务时须与参保人核实信息后再提交，确保各项信息准确无误。

## 任务实施

(1)打开"北京市社会保险网上的服务平台"，进入网上申报。

(2)新参保人员增加申报，证书登录。CA证书：北京振兴科技有限公司；密码：123456，如图17-1所示。

首次参保人员社保登记

图17-1 CA证书登录

(3)录入新参保人员身份证号码(见图17-2)、个人信息等上传电子照片，单击"提交"按钮，完成新参保人员个人信息采集，如图17-3所示。

图 17-2　新参保人员身份证号码

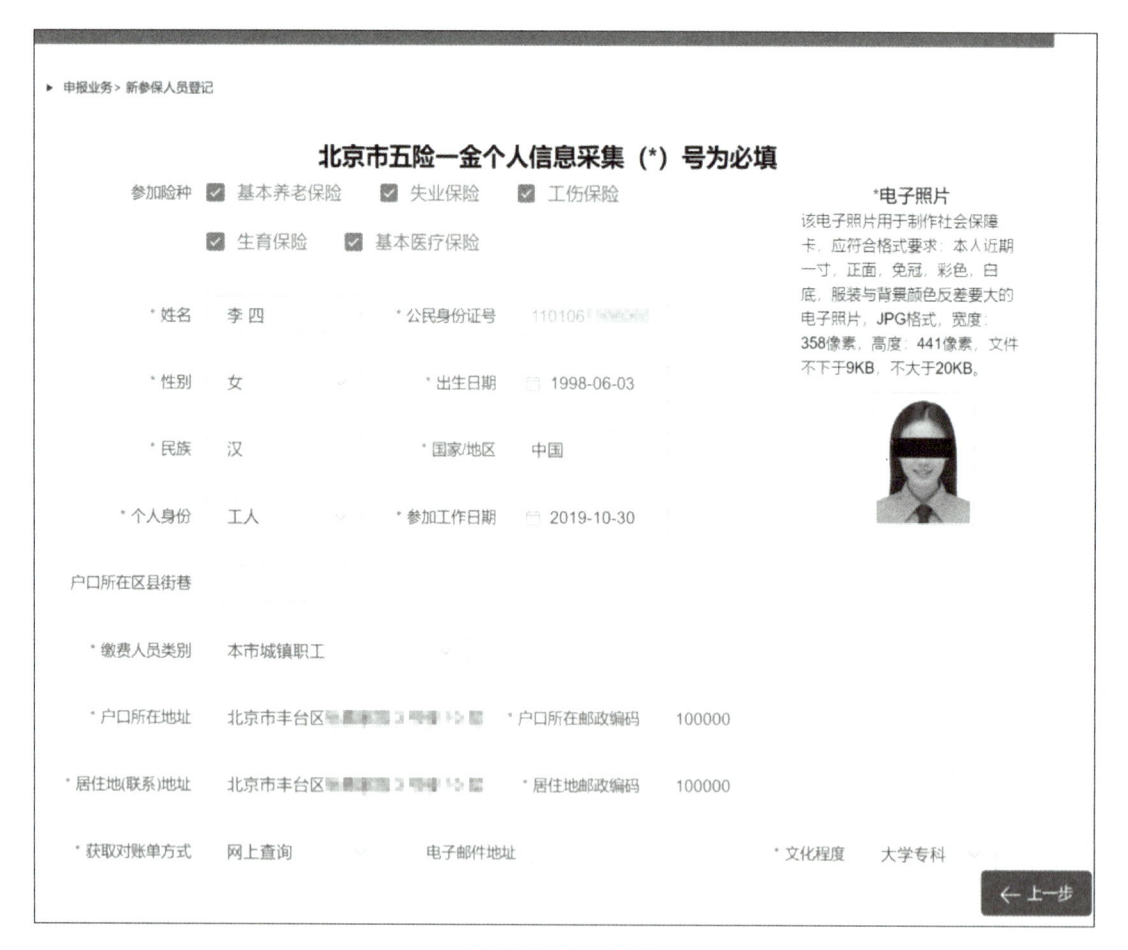

图 17-3　新参保人员个人信息采集

## 任务评价

任务评价如表 17-1 所示。

表 17-1 任务评价

| 核心工作任务 | 自我评价 | 教师评价 |
|---|---|---|
| 对新参保人员的申请条件进行审核 | | |
| 对新参保人员所需申报材料进行审核 | | |
| 在社会保险网上服务平台对单位首次参保人员进行登记申报，并对其信息进行登记填写，上传员工照片 | | |
| 在社保网上平台查询信息并导入 | | |
| 学习态度 | | |
| 收获： | | |

# 任务二 住房公积金办理

## 任务背景

振兴科技领取营业执照后，还没有办理住房公积金开户业务，2023 年 10 月 31 日，其请共享中心协助办理住房公积金开户业务。

## 认领任务

由共享中心企业管家（中小企业财税综合服务岗）刘庆帮助该公司办理住房公积金开户业务。

（1）登录单位网上业务平台，进行经办人注册。

（2）输入单位信息，登记开户。

（3）添加经办人信息。

（4）办理签订委托收款业务。

## 知识准备

住房公积金开户单位负担住房公积金的计算；个人负担住房公积金的计算。

## 任务要领

**1. 住房公积金开户资料准备**

（1）《单位网上办理住房公积金登记开户申请表》（住房公积金表201），经法定代表人、经办人签字，并加盖单位公章；

（2）载有统一信用代码的营业执照原件；

（3）法定代表人或负责人身份证复印件；

（4）单位经办人身份证原件及复印件；

（5）公积金中心规定的其他材料；

（6）推荐携带"法人一证通"数字证书在登记开户审批时，同步开通单位网上业务。

**2. 职工住房公积金账户缴存登记**

单位录用职工的，应当自录用之日起30日内到住房公积金管理中心办理缴存登记，并持住房公积金管理中心的审核文件，到受委托银行办理职工住房公积金账户的设立或者转移手续。

**3. 职工住房公积金账户转移或者封存手续**

单位与职工终止劳动关系的，单位应当自劳动关系终止之日起30日内到住房公积金管理中心办理变更登记，并持住房公积金管理中心的审核文件，到受委托银行办理职工住房公积金账户转移或者封存手续。

## 任务实施

（1）进入"北京住房公积金网"（以北京地区为例），进入"公积金网上业务系统"。选择住房公积金办理，单击"个人网上公积金平台"选项，如图17-4和图17-5所示。

住房公积金办理

项目十七 企业社保和公积金账户开设

图17-4 住房公积金网上业务平台

图17-5 住房公积金网上业务系统

（2）注册并录入注册信息，单击"确认"按钮，显示注册成功界面，如图17-6～图17-8所示。

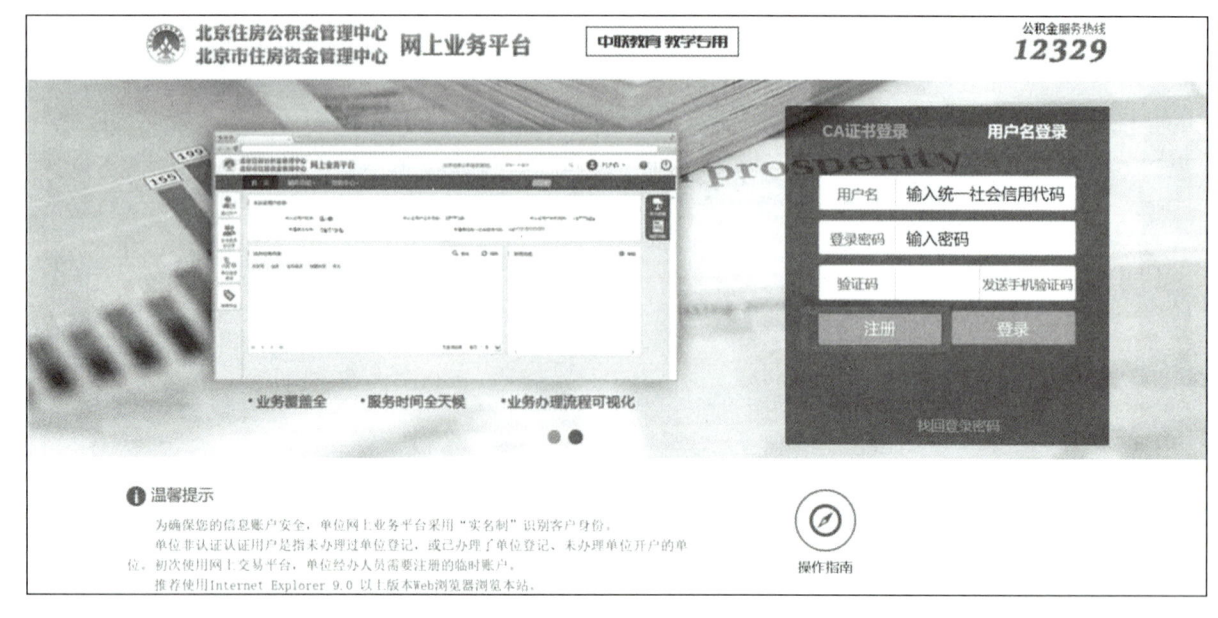

图 17-6 注册信息

图 17-7 录入注册信息

项目十七　企业社保和公积金账户开设

图 17-8　注册成功

（3）单位登记开户，单击"下一步"按钮，显示业务办理完成，如图 17-9 所示。

图 17-9　单位登记开户

（4）公积金单位开户申请，单击"提交"按钮，显示办理成功界面，如图 17-10 所示。

图 17-10　公积金单位开户申请

247

(5）增加经办人员信息，单击办理签订委托收款业务，如图17-11所示。

图17-11　经办人员信息

（6）签订委托收款业务，委托告知书如图17-12所示。

图17-12　委托告知书

（7）打印开户申请表，如图17-13所示。

图17-13　开户申请表

## 任务评价

任务评价如表 15-2 所示。

表 17-2　任务评价

| 核心工作任务 | 自我评价 | 教师评价 |
| --- | --- | --- |
| 单位住房公积金登记开户的流程，包括经办人注册和登录、登记开户、添加经办人信息以及签订委托收款等流程，并能在实际业务中应用 | | |
| 对申请所需的材料进行整理和审核 | | |
| 办理经办人注册 | | |
| 办理单位开户 | | |
| 添加经办人信息 | | |
| 办理公积金开户审核 | | |
| 办理公积金委托收款业务 | | |
| 操作各种类型的打印机，并打印登记开户申请表 | | |
| 学习态度 | | |
| 收获： | | |

## 素养课堂

本项目通过完成首次参保人员社保登记管理和企业住房公积金开户管理的业务操作，让学生明白企业应当承担的社会责任以及理解以人为本的观念，培养学生的遵纪守法意识。

党的二十大报告指出："高质量发展是全面建设社会主义现代化国家的首要任务。"贯彻新发展理念、推动高质量发展，是关系现代化建设全局的一场深刻变革。新发展理念中的共享是高质量发展的根本目的。党的二十大报告还指出："社会保障体系是人民生活的安全网和社会运行的稳定器。"建设高质量的社会保障体系是高质量发展战略的重要内容，是中国式现代化的应有之义。

养老保障体系建设。当前，我国已经建立了由职工基本养老保险、城乡居民基本养老保险、老年人社会救助等构成的保障体系。党的二十大报告指出，我们还要"完善基本养老保险全国统筹制度"，以提高养老保险的规模效应，解决养老保险所面临的问题。同时，党的二十大报告强调，我们要"发展多层次、多支柱养老保险体系"。

医疗保障体系建设。我国基本医疗保险的覆盖率和基本养老保险的覆盖率有所不同。基本养老保险是面向劳动年龄人口，而基本医疗保险是面向全体人民。党的二十大报告指出，我们要"推动基本医疗保险、失业保险、工伤保险省级统筹"。基本医疗保险应当由户籍地参保向居住证所在地参保转型。同时，基本医疗保险权益也要实现顺畅转接。

就业保障体系建设。当前，我国建立了由失业保险、就业促进、就业援助等构成的就业保障体系。失业保险是指国家通过立法强制实行的，由用人单位、职工个人缴费及国家财政补贴等渠道筹集资金建立失业保险基金，对因失业而暂时中断生活来源的劳动者提供物质帮助以保障其基本生活，并通过专业训练、职业介绍等手段为其再就业创造条件的制度。党的二十大指出，失业保险也要进行省级统筹。同时，失业保险要实现权益的顺畅转接。

伤残保障体系建设。当前，我国伤残保障体系由工伤保险、残疾人保障、职业病防治等构成。工伤保险是指劳动者在工作中或在规定的特殊情况下，遭受意外伤害或患职业病导致暂时或永久丧失劳动能力以及死亡时，劳动者或其遗属从国家和社会获得物质帮助的一种社会保险制度。

# 项目十八

# 税务管理

【知识目标】
- 了解税务登记、发票管理、纳税申报、特殊涉税事项处理等相关法律法规的内容
- 掌握企业需要申报的税种及其申报时间和申报地点
- 了解领取税控授权硬件(一证通、税控盘等)的相关系统填报信息,办理税务登记和各种税费的纳税申报业务

【技能目标】
- 能在规定的时间内整理相关材料,登录税务相关系统填报信息,办理税务登记和各种税费的纳税申报业务
- 能登录税务相关系统填写发票的领用、使用、发放等业务的相关信息,并登记发票的领购、领用、签收和使用等情况
- 能在相关开票软件上对发票进行管理、开具及保管,能操作各种打印机,对发票收票单进行核查并打印
- 能根据被投资方的要求对税务股权变更的材料进行整理,并提交至税务局进行审核
- 能对完税证明和股权变更证明进行提交,并能进行税务变更登记

【素养目标】
- 培养坚持准则的会计道德要求,提高会计专业技能
- 培养遵纪守法的职业道德,提高纳税意识

## 任务一 税务登记

### 任务背景

振兴科技是一家新成立的软件开发和服务企业，刚领取了营业执照，请共享中心的管家办理其税务登记工作。

### 认领任务

由共享中心企业管家刘庆帮助该公司办理税务登记。

办理税务登记（下载电子营业执照、新户报到、实名认证、申请税控盘）。

### 知识准备

税务登记流程。

### 任务要领

**1. 政策依据**

《中华人民共和国税收征收管理法》(2015年修正)；

《中华人民共和国税收征收管理法实施细则》；

《税务登记管理办法》(2018年修正)。

**2. 税务登记注意事项**

(1)设立完成应及时办理税务登记。

从事生产、经营的纳税人应当自领取营业执照之日起30日内，向生产、经营地或者纳税义务发生地的主管税务机关申报办理税务登记，如实填写税务登记表，并按照税务机关的要求提供有关证件、资料。若未按照规定的期限申报办理税务登记由税务机关责令限期改正，可以处二千元以下的罚款；情节严重的，处二千元以上一万元以下的罚款。

(2)未办理税务登记，工商行政管理机关有权吊销其营业执照。

纳税人不办理税务登记的，由税务机关责令限期改正；逾期不改正的，经税务机关提请，由工商行政管理机关吊销其营业执照。

# 项目十八 税务管理

## 任务实施

（1）打开"国家税务总局北京市电子税务局"（以北京地区为例）网站，单击"我要办税"选项，选择税务登记，如图18-1和图18-2所示。

税务登记

图18-1 我要办税

图18-2 税务登记

（2）信息确认。选择个体经营登记，填写基本信息和其他信息，如图18-3和图18-4所示。

253

图 18-3　纳税人基本信息

图 18-4　其他信息

（3）实名采集。上传电子身份证，单击"确定"按钮，如图 18-5 所示。

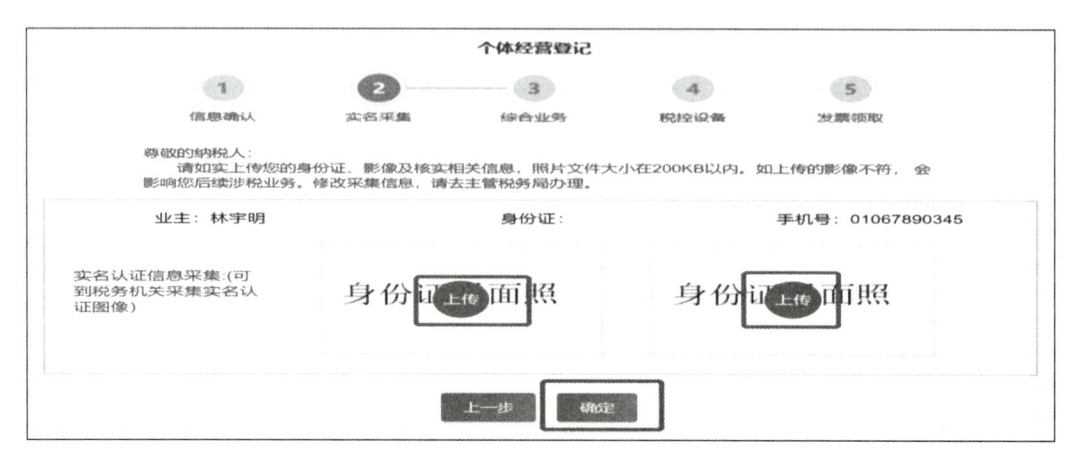

图 18-5　上传身份证照片

(4)新增报告。填写纳税人存款账户报告表,单击"下一步"按钮,如图18-6和图18-7所示。

图18-6　新增报告

图18-7　存款账户报告

(5)单击三方协议签订,填写委托银行划缴税款三方协议书,保存,单击"下一步"按钮,进入银税库三方协议账号网络签订界面,填写完成,单击"保存"/"关闭"按钮,如图18-8和图18-9所示。

图18-8 委托银行划缴税款三方协议书

图18-9 银税库三方协议账号网络签订

（6）单击"发票板式"/"数量申请"。选择发票种类、单份发票最高开票限额版面和每月最高领购数量，单击"提交"→"下一步"按钮，如图18-10所示。

图 18-10　发票版式/数量申请

（7）选择税控设备（见图 18-11），支付价款（见图 18-12），税控盘的费用和年服务费是可以全额抵扣增值税的。（相关政策链接：https：//www.acc5.com/news-shiwu/detail_124865.html）

图 18-11　税控设备

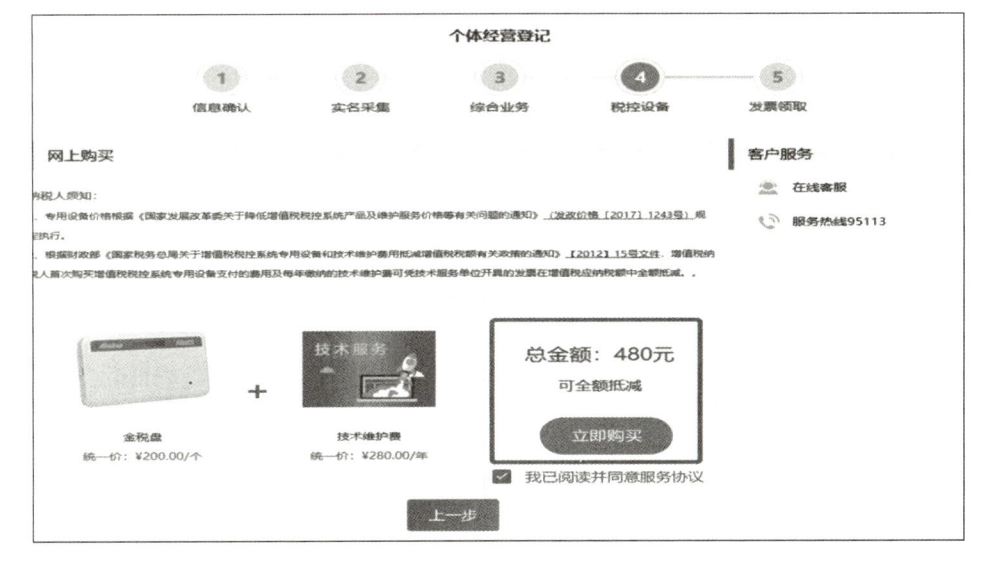

图 18-12　支付价款

257

## 任务评价

任务评价如表18-1所示。

表18-1 任务评价

| 核心工作任务 | 自我评价 | 教师评价 |
|---|---|---|
| 查阅税务登记的相关法规、税务登记的时间 | | |
| 分析税务登记业务流程 | | |
| 整理税务登记所需资料 | | |
| 按业务流程登录税务相关系统，填写和上传税务登记相关信息，办理税务登记和税务变更业务 | | |
| 提交领取税控授权硬件（一证通、税控盘等）的相关材料，按流程申请并领取税控盘和发票 | | |
| 学习态度 | | |
| 收获： | | |

# 任务二 税务变更

## 任务背景

2023年9月12日，北京博创中联科技有限公司（纳税识别号：911109107109063681），因经营需要变更了注册地址、法定代表人、办税人员，其他信息无变更，并已完成了工商变更，现请管家协助其办理税务变更。批准机关名称：朝阳区工商局。批准文件：朝阳工商3号。

（1）该公司原注册信息如下：

注册地址：北京市朝阳区麒麟路26号。

法定代表人：刘华，身份证号码：110107××××××××××××，手机号码：137××××××××，

固定电话：010-582×××××，电子邮箱：×××××××@qq.com。

营业执照注册号：911109107×××××××。

办税员：张倩，身份证号码：110115××××××××××。

(2) 该公司变更信息如下：

注册地址：北京市朝阳区榆林路××号

法定代表人：杨勇，身份证号码：110107××××××××××，手机号码：188××××××××，固定电话：010-582×××××，电子邮箱：×××××××@163.com。

办税员：王艳，身份证号码：110106××××××××××。

CA 账号：北京博创中联科技有限公司；密码：××××××；身份证件种类无须变更。

## 认领任务

由共享中心企业管家刘庆帮助该公司办理税务变更。网上提交申请变更资料，完成税务变更登记章的管理。

## 知识准备

税务登记流程；税务变更流程。

## 任务要领

### 1. 政策依据

《中华人民共和国税收征收管理法》(2015 年修正)；

《中华人民共和国税收征收管理法实施细则》；

《税务登记管理办法》(2018 年修正)。

### 2. 税务变更注意

(1) 纳税人已在工商行政管理机关办理变更登记的，应当自工商行政管理机关变更登记之日起 30 日内，向原税务登记机关如实提供下列证件、资料，申报办理变更税务登记：

① 工商登记变更表及工商营业执照；

② 纳税人变更登记内容的有关证明文件；

③ 税务机关发放的原税务登记证件(登记证正、副本和登记表等)；

④ 其他有关资料。

例如，企业名称、登记注册类型、法定代表人、注册资本、注册地址、经营范围等发生变更，完成工商变更之后需在 30 日内进行税务变更登记。

(2) 纳税人按照规定不需要在工商行政管理机关办理变更登记，或者其变更登记的内容与工商登记内容无关的应当自税务登记内容实际发生变化之日起 30 日内，或者自有关

机关批准或者宣布变更之日起 30 日内，持下列证件到原税务登记机关申报办理变更税务登记：

① 纳税人变更登记内容的有关证明文件；

② 税务机关发放的原税务登记证件（登记证正、副本和税务登记表等）；

③ 其他有关资料，例如，变更核算形式、银行账号、办税人员发生变更等。

（3）纳税人税务登记内容发生变化要及时变更登记。

纳税人税务登记内容发生变化的，应当自工商行政管理机关或者其他机关办理变更登记之日起 30 日内，持有关证件向原税务登记机关申报办理变更税务登记。纳税人税务登记内容发生变化，不需要到工商行政管理机关或者其他机关办理变更登记的，应当自发生变化之日起 30 日内，持有关证件向原税务登记机关申报办理变更税务登记。若未按照规定的期限申报办理税务登记由税务机关责令限期改正，可以处二千元以下的罚款；情节严重的，处二千元以上一万元以下的罚款。开通网上银行的本单位账户数字证书 KEY 应由网银录入员（一般为出纳）和网银审核员（一般为主管会计）分别保管；开通网上报税的数字证书 KEY 应由税务主管或税务管理员保管。保管人员应妥善保管各类数字证书，第一次使用数字证书应更改证书原始密码，后续使用应牢记数字证书密码和登录密码。交接时，移交人应将证书密码以交接单形式进行交接，接管人应及时更改移交人设置的证书密码。

## 任务实施

（1）打开"国家税务总局北京市电子税务局"（以北京地区为例）平台，选择税务变更，账号登录。CA 账号：北京博创中联科技有限公司，密码：123456，如图 18-13 和图 18-14 所示。

税务变更

图 18-13 税务变更

图 18-14　企业账号登录

（2）单击身份信息报告，选择"一照一码户登记信息变更"，如图 18-15 所示。

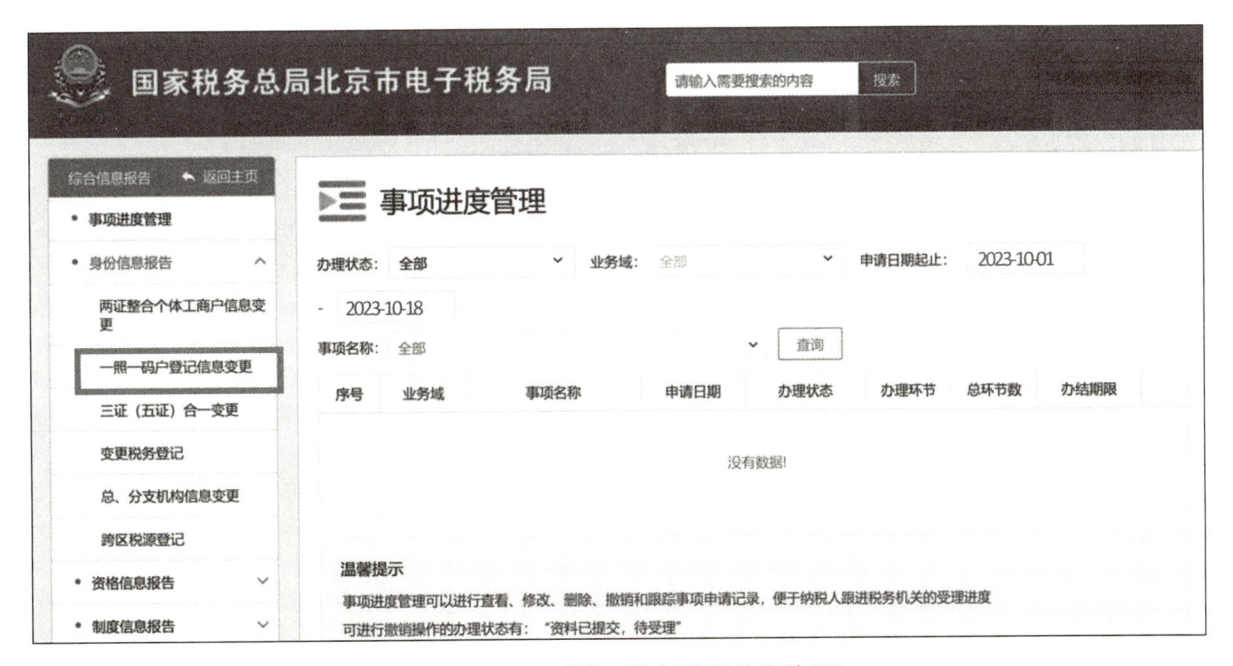

图 18-15　一照一码户登记信息变更

（3）变更相关信息，变更税务登记表如图 18-16 所示。

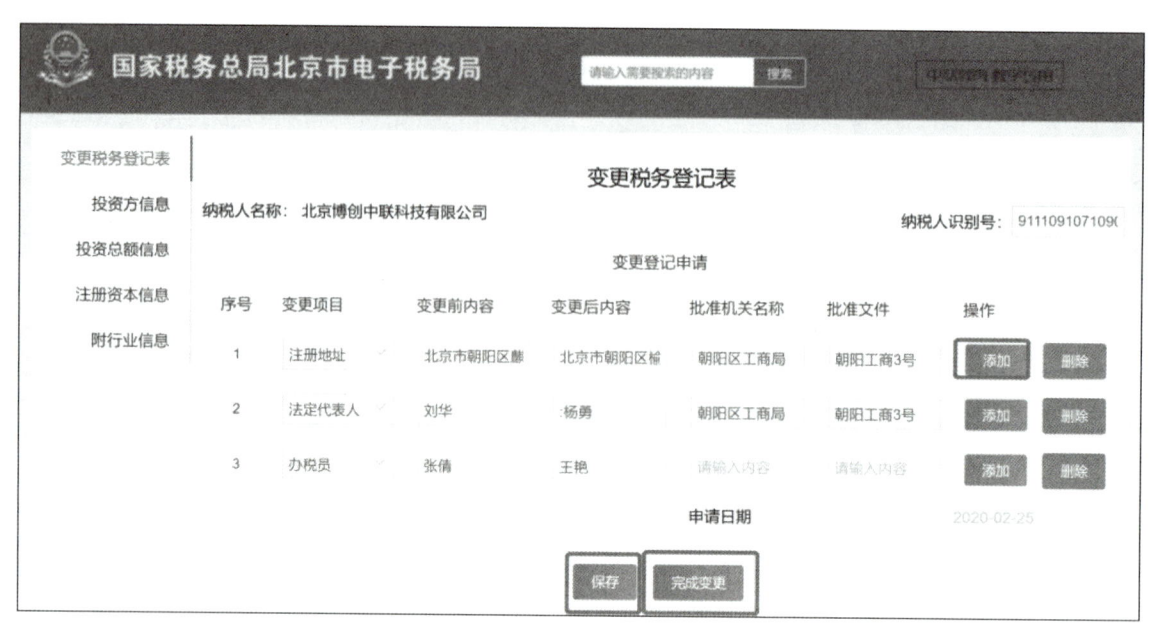

图 18-16　变更税务登记表

## 任务评价

任务评价如表 18-2 所示。

表 18-2　任务评价

| 核心工作任务 | 自我评价 | 教师评价 |
| --- | --- | --- |
| 分析税务变更相关流程 | | |
| 办理税务变更相关业务 | | |
| 学习态度 | | |
| 收获： | | |

# 项目十八 税务管理

## 任务三 发票管理

### 任务背景

北京美好服装制造有限责任公司是一家服装加工与销售企业，因业务繁忙，人手不足，将发票的领用、开具、作废、冲红等管理工作外包给了共享中心。

### 认领任务

由共享中心企业管家刘庆帮助该公司进行发票的领购、开具、作废、冲红等管理，企业管家朱玉负责复核。

### 知识准备

发票种类、发票的开具、发票的冲红和作废程序、《中华人民共和国税收征收管理法（2015年修正）》、《中华人民共和国发票管理办法》、《会计档案资料管理办法》、《国家税务总局关于红字增值税发票开具有关问题的公告》（国家税务总局公告2016年第47号）。

### 任务要领

**1. 发票管理说明**

发票是纳税人经营活动轨迹的原始凭证，是消费者维护自身合法权益的有效证据，是税务机关征收税款的重要依据。"信息管税，以票控税"管理模式又将发票管理提到新的高度，也对发票管理信息化建设提出了更高的要求。发票管理包括发票的领购、发票的填开、发票的保管、发票的取得等。

从事生产、经营的纳税人应当在领取营业执照之日起15日内按照规定设置总账、明细账、日记账以及其他辅助性账簿，并根据合法、有效凭证进行记账核算，会计人员在年度结束后，应将各种账簿、凭证和有关资料按顺序装订成册，统一编号、归档保管。纳税人的账簿（包括收支凭证粘贴簿、进销货登记簿）、会计凭证、报表和完税凭证及其他有关纳税资料，除另有规定者外，保存十年，保存期满需要销毁时，应编制销毁清册，经主管国家税务机关批准后方可销毁。纳税人、扣缴义务人采用电子计算机记账的，对于会计制度健全，能够通过电子计算机正确、完整计算其收入、所得的，其电子计算机储存和输出的会计记录，

可视同会计账簿，但应按期打印成书面记录并完整保存；对于会计制度不健全，不能通过电子计算机正确、完整反映其收入、所得的，应当建立总账和与纳税或者代扣代缴、代收代缴税款有关的其他账簿。

### 2. 发票保管的要求

（1）单位和个人应当建立发票使用登记制度，设置发票登记簿。

（2）单位和个人应当在办理变更或者注销税务登记的同时，办理发票和发票领购簿的变更、缴销手续。

（3）使用发票的单位和个人应当妥善保管发票，不得丢失。发票丢失，应当于发现丢失当日书面报告主管国家税务机关，并在报刊和电视等传播媒介上公开声明作废，并接受国家税务机关的处罚。

（4）开具发票的单位和个人应当按照国家税务机关的规定存放和保管发票，不得擅自损毁。已经开具的发票存根联和发票登记簿，应当保存五年。保存期满，报经主管国家税务机关查验后销毁。

### 3. 公司空白发票保管

未按规定保管发票，导致发票丢失、毁损等，由国家税务机关责令限期改正，没收非法所得，并处一万元以下的罚款。有所列两种或者两种以上行为的，可以分别处罚。

### 4. 所开具发票与合同内容相一致

在工作当中开具发票时一定要注意合同内容，所开具的发票要与合同内容一致，特别注意销售项目、数量等。

### 5. 妥善保管发票可抵扣凭证

认证通过的抵扣凭证，税务机关将出具《认证结果通知书》和《认证结果清单》。税务管理人员须将抵扣联、《认证结果通知书》和《认证结果清单》装订成册，作为税务检查的备查资料。

### 6. 开具发票一定要加盖发票专用章

《发票管理办法实施细则》第二十八条对此就有规定，"单位和个人在开具发票时，必须做到按照号码顺序填开，填写项目齐全，内容真实，字迹清楚，全部联次一次打印，内容完全一致，并在发票联和抵扣联加盖发票专用章"。

### 7. 发票管理单据

（1）领购发票登记，公司发票入库登记表。

（2）××公司发票领用/核销登记表密码。

## 任务实施

（1）登录"国家税务总局北京市电子税务局"（以北京地区为例）平台，单击填写并领购发票—我要办税，如图18-17所示。登录企业账号。CA账号：北京美好服装制造有限责任

公司，密码：123456。

图 18-17　填写并领购发票

（2）单击"发票发放（票 E 送）"选项，进入申领发票，单击"新申请"按钮，如图 18-18 和图 18-19 所示。

图 18-18　发票发放（票 E 送）

图 18-19　申领发票

(3) 发票申领。填写增值税发票申领信息，单击"保存"按钮，如图18-20和图18-21所示。

| 增值税发票申领 | | | |
|---|---|---|---|
| 发票种类 | 单位 | 申领数量 | 备注 |
| 增值税普通发票（二联折叠式） | 份 | 2 | |
| 增值税专用发票中文三联电脑版 | 份 | 3 | |

为了能够足额的申领发票，请及时联通网络上传数据，完成系统验旧。（上传次日完成验旧）

图18-20 增值税发票申领

| 纳税人信息 | | |
|---|---|---|
| 纳税人信息 | *纳税人识别号 | 91110105397106688C |
| | *纳税人名称 | 北京美好服装制造有限 |
| 领票人信息 | *姓名 | 张兰 |
| | *手机号码 | 133**** |
| 配送地址 | *北京市 | 通州区 |
| | *详细地址 | 张家湾开发区00号 |
| | *邮政编码 | 101100 |
| 是否自提 | | 是  ●否 |
| 支付方式 | 货到付款 | |
| 送票时间 | 预计发售成功后次日送达（特殊要求请在留言栏说明） | |
| 留言 | 留言内容： | |

保存

图18-21 纳税人信息

(4) 完成发票领购，打开税控盘，读入所申领发票信息，如图18-22所示。

项目十八　税务管理

| 增值税普通发票（二联折叠式） | 2 | 011001800304 | 00972907 | 00972909 | 受理通过 | 发票发售成功 |
| 增值税专用发票中文三联电脑版 | 3 | 011001800304 | 00552001 | 00552004 | 受理通过 | 发票发售成功 |

**纳税人信息**

| 纳税人信息 | *纳税人识别号：91110105397106688D |
| | *纳税人名称：北京美好服装制造有限责任公司 |
| 领票人信息 | *姓名：张兰 |
| | *手机号码：133 |
| 配送地址 | *详细地址：北京市通州区张家湾开发区88号 |
| | *邮政编码：101100 |
| 配送状态 | 配送状态：发票收讫，配送成功 |
| | 配送单号：424362302547854784117 |

图 18-22　读入申领发票相关纳税人信息

## 任务评价

任务评价如表 18-3 所示。

表 18-3　任务评价

| 核心工作任务 | 自我评价 | 教师评价 |
|---|---|---|
| 查阅发票管理相关的法律法规 | | |
| 分析发票管理业务流程 | | |
| 登录税务系统领购发票 | | |
| 对发票的领购、领用、签收和使用等情况进行登记 | | |
| 学习态度 | | |
| 收获： | | |

## 素养课堂

本项目通过完成企业相关纳税业务操作，让学生明白应及时纳税、合理纳税、不偷税、逃税和抗税，培养学生遵纪守法、切实纳税的意识。

党的二十大报告提出：健全现代预算制度，优化税制结构，完善财政转移支付体系。税收，在国家治理中发挥着基础性、支柱性、保障性作用。党的二十大以来，各级税务部门认真贯彻党中央、国务院决策部署，积极落实新的组合式税费支持政策，通过系列"组合拳"为企业纾困解难，提振市场主体信心，激发市场主体活力，助力稳定宏观经济大盘。

北京市税务部门充分发挥税收大数据作用，不断加强部门间协作，深化税收数据的共享共治。一是深挖税收大数据，"以数资政"贡献税务智慧。充分发挥税收大数据优势，聚焦首都重点产业，与市经信局联合开展电子信息、汽车交通、氢能等6个重点产业京津冀供应链协同构建情况研究，为市政府制定相关强链补链政策提供重要参考。为北京市经济运行监测调度平台提供分地区、分行业开票汇总数等税务高频指标；围绕数字经济、地方级税收收入500强企业、独角兽企业等开展分析，形成一批含金量较高的经济分析报告，为服务首都高质量发展贡献力量。二是强化协同监管，提高税收管理和服务质量。比如，与市场监管局通力合作，建立个人股权转让"先税后证"协同监管机制，通过两部门系统对接，在全国率先实现股权变更登记环节，对纳税情况线上自动化、"无感式"、精准化的数据交互查验，纳税人既不需要上门，又无须提交纸质资料，尽可能为纳税人、登记人创造便利的条件。同时，与市场监管部门同步设置了业务和技术专线，进一步提升对办理股权转让业务的纳税人、登记人业务提醒及政策解答的针对性，有效解决自然人纳税人办理股权转让纳税申报方面的实际问题。三是加强部门协作，提升税收共治质效。与市发改委、市规自委、市住建委等部门加强工作对接，多部门协作配合，高效推进土地增值税清算审核工作。与市规自委、市住建委应用"区块链"技术开展信息共享，实现数据在部门间的传递共享，纳税人在网上即可办结不动产的交易、缴税、登记等各个流程，实现不动产登记"一网通办"居家拿证。持续深化与国际税收组织等跨部门、跨区域的监管联动响应和协作机制，加强与公检法、检察、海关、人民银行、外汇管理等部门的密切协作，不断提升税收协同共治能力。

# 参 考 文 献

[1] 中联集团教育科技有限公司. 智能财税基础业务[M]. 北京：高等教育出版社，2019.
[2] 张瑞珍. 纳税实务[M]. 北京：人民邮电出版社，2021.